D1702541

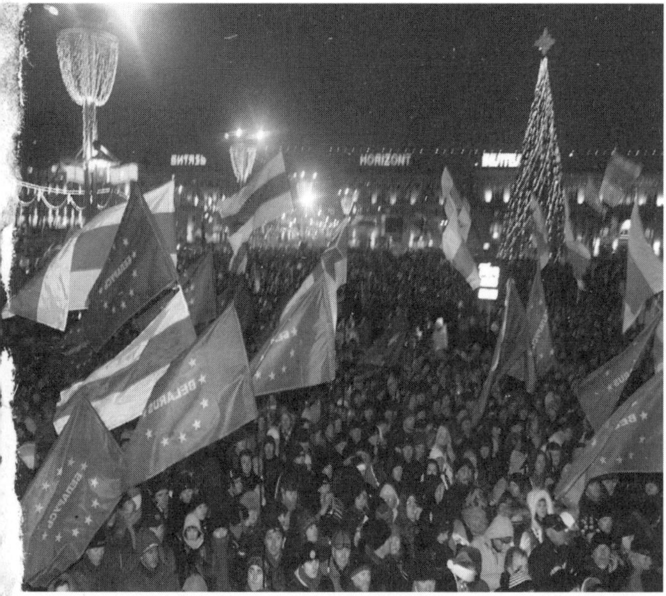
HORIZONT
BELARUS

OBLICZA DWUDZIESTEGO PIERWSZEGO WIEKU

Współczesna polska i europejska literatura faktu. Głosy uczestników i świadków najważniejszych wydarzeń oraz zapis procesów społecznych. Opowieści, które pozwalają zrozumieć świat, w którym żyjemy.

ANDREJ SANNIKAU

Białoruska ruletka

Opozycyjny kandydat
na prezydenta o walce
z dyktaturą

ZE WSTĘPEM Swietłany Aleksijewicz
Z ROSYJSKIEGO PRZEŁOŻYŁ Michał B. Jagiełło

WARSZAWA 2016

TYTUŁ ORYGINAŁU *Moja istorija. Biełorusskaja „Amierikanka" ili wybory pri diktaturie*

© Andrej Sannikau, 2016
© for this edition by Ośrodek KARTA, 2016
© for the Polish translation by Michał B. Jagiełło, 2016

TŁUMACZENIE Z JĘZYKA ROSYJSKIEGO Michał B. Jagiełło
REDAKTOR SERII Agnieszka Knyt
REDAKCJA, OPRACOWANIE PRZYPISÓW Agnieszka Knyt
OPRACOWANIE GRAFICZNE SERII rzeczyobrazkowe
SKŁAD Tandem Studio
ZDJĘCIE NA OKŁADCE Mińsk, 19 grudnia 2010. Demonstracja białoruskiej opozycji demokratycznej na placu Niepodległości. Fot. ze zbiorów Autora

DOFINANSOWANO ZE ŚRODKÓW
Ministra Kultury i Dziedzictwa Narodowego

Autor składa podziękowania Niemieckiej Fundacji Marshalla Stanów Zjednoczonych i Fundacji Solidarności Międzynarodowej za pomoc w napisaniu tej książki

oraz

szczególne podziękowania Źmicierowi Bandarence i Natalli Radzinie za bezcenne uwagi, rady i przyjacielską pomoc

Ośrodek KARTA
ul. Narbutta 29, 02-536 Warszawa
tel. (48) 22 848-07-12, faks (48) 22 646-65-11
e-mail: kolportaz@karta.org.pl, www.karta.org.pl

DRUK READ ME, Łódź

Wydanie I
Warszawa 2016

ISBN 978-83-64476-61-7

OD WYDAWCY

Białoruska ruletka otwiera nową serię wydawniczą Ośrodka KARTA – „Oblicza XXI wieku". Pod tym hasłem publikować będziemy współczesną literaturę faktu – relacje ludzi, którzy znajdują się w sytuacjach granicznych, rozstrzygających o życiu lub śmierci, stają przed nieoczywistymi wyborami... Książki tej serii będą również przedstawiać procesy – zwłaszcza naszego regionu świata – stanowiące niejako kontynuację poprzedniego stulecia. Bo też ono ciągle trwa – w umysłach rządzących, w konformistycznych postawach, w wydarzeniach kopiujących wprost doświadczenia totalitarne.

Pierwszy zapis – Andreja Sannikowa – pokazuje, co działo się na Białorusi w okresie wyborów prezydenckich w 2010 roku i zaraz po nich. W Polsce informacje na ten temat są szczątkowe, tak jak w ogóle wiedza o wschodnich sąsiadach. Skupiają oni naszą uwagę głównie w momentach dramatycznych, kiedy trzeba skonfrontować się z wojną (jak ta na Ukrainie) czy z innymi wymiarami ekspansji Kremla. Informacje o Białorusi zazwyczaj umykają w takim kontekście wydarzeń. Nie wiemy prawie nic o tym kraju, o warunkach narastającej dyktatury, gdzie zabija się przeciwników politycznych, zamyka ludzi w obozach koncentracyjnych – nie tylko z powodu ich działalności publicznej, ale nawet uzależnionych od alkoholu czy narkotyków.

Białoruś, na terenie której został podpisany traktat kończący formalnie istnienie ZSRR, nadal jest reliktem sowieckiej rzeczywistości. Ożywienie społeczne i polityczne, którego Białoruś doświadczyła w latach 1988–94, nie wystarczyło, żeby stała się wolnym i demokratycznym krajem. Aleksandr Łukaszenko mógł więc ustanowić państwo na podobieństwo komunistycznego kołchozu, a w jego symbolice wrócić do swojego ulubionego Kraju Rad.

Społeczeństwu białoruskiemu, tak jak innym narodom wschodniej i środkowej Europy w latach 70. i 80., wciąż brak sił, by samodzielnie wyzwolić się spod despotii. Ogromny wpływ na to ma historia Białorusinów i wciąż silny nacisk ze strony imperialnej Rosji. Reżim Łukaszenki kontynuuje zaś sowiecką politykę rusyfikacji wobec Białorusinów (w kraju nie ma ani jednej wyższej uczelni z językiem białoruskim jako wykładowym). Białoruskiego używa niewielka część społeczeństwa – środowiska wiejskie, a głównie opozycja, zaś język rosyjski jest używany w dużych miastach, na uczelniach, w urzędach państwowych, oficjalnych mediach. (W tłumaczeniu tej książki zastosowaliśmy rozróżnienie w transkrypcji nazwisk – w przypadku osób związanych ze środowiskami demokratycznymi wprowadzono tę z języka białoruskiego, natomiast nazwiska działaczy państwowych, funkcjonariuszy służb bezpieczeństwa podane są w transkrypcji z języka rosyjskiego. Wyjątkiem jest Swietłana Aleksijewicz, której brzmienie nazwiska z rosyjskiego zostało już powszechnie przyjęte.)

Mimo represyjnego reżimu i dążeń Kremla, by całkowicie podporządkować sobie Białoruś, jej obywatele wciąż walczą o swoją wolność i niezawisłość. Rośnie zainteresowanie białoruskim językiem, kulturą i historią Białorusi jako państwa europejskiego. Wybory prezydenckie 2010 roku, w których brali jeszcze udział kandydaci opozycji, zakończyły się wielotysięczną akcją protestu przeciwko sfałszowaniu głosowania. Plac Niepodległości w Mińsku w grudniu tamtego roku znów pokazał potencjał oporu, który istnieje w społeczeństwie. Represje, jakie zastosował reżim Łukaszenki po wyborach, osłabiły białoruską opozycję – do więzień i kolonii karnych trafili prawie wszyscy niezależni kandydaci na prezydenta oraz setki innych działaczy demokratycznych, wielu musiało potem emigrować. Tak też było z Andrejem Sannikowem.

Mimo to autor nie zrezygnował z walki o wolną Białoruś. W swoich wspomnieniach mówi nie tylko o osobistym doświadczeniu opozycjonisty, podejmującego wyborczą rywalizację z dyktatorem, ale też definiuje sytuację społeczną i polityczną współczesnej Białorusi. Andrej Sannikau – choć został zmuszony do wyjazdu ze swojego kraju – jest doskonałym przewodnikiem po Białorusi. Pomaga zrozumieć, co dzieje się tuż za naszą granicą, od wewnątrz, z samego centrum wydarzeń.

Listopad 2016   AGNIESZKA KNYT

IDŹ I POZOSTAŃ CZŁOWIEKIEM

W latach dziewięćdziesiątych byliśmy romantykami. Śpiewaliśmy w kuchniach pieśni bardów, marzyliśmy o wolności, ale nikt nie wiedział, czym jest wolność. Nikt nie wiedział, czego chcą ludzie – czy chcą wolności, czy chcą po prostu lepiej żyć. Wiza do strefy Schengen, używane zachodnie auto i urlop w Egipcie. Dwadzieścia gatunków kiełbasy i sera. Właśnie to miałoby oznaczać wolność. Ostatnie dwadzieścia lat otrzeźwiło nas, naiwnych głosicieli pierestrojki. Zrozumieliśmy, że droga do wolności będzie długa, że będziemy musieli być jeszcze bardziej odważni niż w latach komunizmu, bo ci, którzy mają dziś władzę, nie są ideowcami, są właścicielami kraju. Zwyciężył atawistyczny, drapieżny instynkt posiadania.

Autor tej książki jest jednym z tych, którzy rzucili wyzwanie nowemu autorytarnemu systemowi. To były kandydat na prezydenta Białorusi. Wtrącono go za to do więzienia, gdzie przeszedł przez wszystkie kręgi piekła. Bezcenne świadectwo. Bardzo aktualna książka. Przewracając kartki, z przerażeniem stwierdzicie, że Stalin, Gułag – to nie tylko historia, nic nie odeszło w przeszłość, stalinowska machina powróciła: donosiciele, tortury, przesłuchania... Powrócił ten sam wszechobecny i paraliżujący strach. Pojawia się przed nami cała galeria dobrze znanych oprawców. Każdy, tak jak pół wieku temu, a w zasadzie, więcej – siedemdziesiąt lat temu, ma wybór: pozostać człowiekiem lub nie. Przypomina się definicja Hanny Arendt dotycząca banalności zła – nie ma chemicznie czystego zła, zło w naszym życiu jest rozproszone, rozpylone. Oprawca i człowiek żyją w jednym ciele: „Rozumiecie... mam dzieci", „Wstawiałem się za wami... ale podpiszcie protokół", „Taką mamy pracę". Oprawcy są obok nas w metrze, w kawiarni, w kolejce do kasy w supermarkecie... Zwykły człowiek... Zwykli ludzie... Jak łatwo stanąć obok nich.

Największy pisarz XX wieku Warłam Szałamow, który przesiedział w stalinowskich łagrach siedemnaście lat, mawiał, że łagier demoralizuje i oprawcę, i ofiarę. To samo stało się z nami, zakodowało się w naszych genach. Odzywa się za każdym razem, wpadamy ciągle w tę samą pułapkę. Rzucamy się na coś i ciągle nic nam nie wychodzi. Dobrze, że są ludzie gotowi spróbować jeszcze raz.

Książka Andreja Sannikowa mówi o tym, że diabłu trzeba pokazać lustro, żeby nie myślał, że jest niewidzialny. Idź i pozostań człowiekiem – mówi autor.

Chciałoby się wierzyć, że kiedyś mój naród wybierze właśnie takiego prezydenta. Wybierze przyszłość.

Swietłana Aleksijewicz

*Mojej Mamie, Siostrze, Żonie
z miłością i zachwytem*

PRZEDMOWA

Urodziłem się i dorastałem w Mińsku. W samym centrum miasta. Na miesiąc przed moim urodzeniem w naszej kamienicy otwarto kino „Centralne", co po raz kolejny podkreśliło przynależność naszego domu do tegoż centrum. W końcu podwórza, za płotem widać tylną część budynku w stylu mauretańskim. To niegdysiejsza mińska synagoga, w której obecnie mieści się... Rosyjski Teatr im. Gorkiego.

Dom numer 13 stoi tam, gdzie stał, ale za mojej pamięci kilka razy zmieniał, z przyczyn politycznych, adres. Najpierw był to prospekt Stalina, potem Lenina, potem Franciszka Skaryny, a teraz – Niepodległości. Natomiast szpital położniczy, w którym przyszedłem na świat, cały czas jest przy ulicy Wołodarskiego.

Naprzeciwko porodówki znajduje się najstarsze mińskie więzienie Wołodarka, nazwane tak z powodu patrona ulicy. Wcześniej więzienie nazywano Zamkiem Piszczałłowskim, na cześć Rudolfa Piszczałły, dziedzica, który ufundował budynek. Więźniami byli powstańcy 1831 i 1863 roku, pisarze Wincenty Dunin-Marcinkiewicz i Jakub Kołas, naczelnik państwa polskiego Józef Piłsudski, a także twórca i inspirator CzeKa-KGB Feliks Dzierżyński – białoruski Drakula.

Szkoła średnia numer 42, znakomita „gwardyjska, nieprzemakalna" również znajduje się pod dawnym adresem, przy ulicy Komsomolskiej, kwartał od mojego domu. Cały ten kwartał zajmuje gmach KGB i MSW. Charakteryzował się tym, że na jego fasadzie w czasach sowieckich wywieszano ogromne portrety członków Biura Politycznego KC KPZR. Za fasadą, dobrze ukryte, znajduje się najbardziej ponure białoruskie więzienie – Amerykanka.

Chodząc przez dziesięć lat do szkoły, mijałem kolumny przy wejściu do KGB, a nasz bal maturalny odbywał się w Klubie im. Dzierżyńskiego – w tej samej dzielnicy, naprzeciwko szkoły. Zgodnie z tradycją włóczyliśmy się do rana i świt zastał nas na lotnisku, do którego z centrum była godzina marszu piechotą.

Parę przecznic od mojego domu znajduje się plac Październikowy, dawny Centralny. Kiedyś stał na nim ogromny pomnik Stalina, wysadzony nocą w 1961 roku. W czasach sowieckich organizowano tu parady i festyny ludowe. Z drugiej strony kwartał od mojego domu znajduje się plac Niepodległości, wcześniej Lenina, gdzie wznosi się Dom Rządu, jeden z niewielu budynków ocalałych podczas wojny, zabytek konstruktywizmu. W centrum kompleksu rządowego, przed wojną największego budynku na Białorusi, stoi spiżowy Lenin na trybunie.

Właśnie w tym miejscu wyrosłem, dobrze je znam, ale kilka lat temu przyszło mi poznawać rodzinne okolice od nowa, odkrywać ich inne życie, niedostępne oczom postronnych.

W 2010 roku na Białorusi odbyły się „wybory" prezydenckie. Startowałem w nich jako kandydat. Najważniejsze wydarzenia związane z tymi „wyborami" rozgrywały się właśnie w centrum Mińska, na placach i w więzieniach mojej dzielnicy. O tym piszę w tej książce.

Włodarzu świata, wszechmocny Zbawco,
Stwórco serc małych i wielkich słońc,
Otocz Białoruś, miłą i jasną,
Swoją opieką i łaską swą.

Sił nam do pracy daj żmudnej, szarej,
Niech chleb przyniesie ten wspólny trud,
Mądrość, dojrzałość, daj nam i wiarę
W prawdę i przyszłość – uczyń ten cud.

Ziarnem obdaruj pszeniczne niwy,
Uczynkom dobrym obrodzić daj,
Spraw, żeby wolnym, żeby szczęśliwym
Był naród i nasz wspaniały kraj.

Natalla Arseniewa

SFORA

„Może jakoś się ułoży. Nie denerwujcie się tak" – wyrażał współczucie pułkownik Orłow, naczelnik więzienia KGB, odpowiedzialny za tortury osób zatrzymanych po rozruchach 19 grudnia[1]. Nie pamiętam dokładnie, w jaki sposób właśnie on poinformował mnie, że Dańkę zabierają do przytułku i że jedynym ratunkiem jest formalne przekazanie opieki nad nim babciom i dziadkowi. Nie mogłem się pogodzić z tym, że moja żona Ira[2] siedzi w celi obok. Nie byłem też w stanie wyobrazić sobie, że oszalała sfora nie oszczędzi nawet trzyletniego dziecka. Na pewien czas straciłem wzrok. Ciemność, a później jakieś rozmazane plamy.

„Nie wierzycie? To popatrzcie" – Orłow pokazał smartfon. Na ekranie była otwarta strona internetowa. Prześlizgnąłem po niej spojrzeniem, ale nie mogłem odcyfrować niczego oprócz logotypu. Orłow zrozumiał to po swojemu: „Nie wierzycie, co jest napisane na tej stronie? Popatrzcie na inną". Puknął palcami w ekran i nagle zobaczyłem logo portalu Karty '97 – charter97.org[3].

Jakimś cudem, bez okularów, przeczytałem na ekranie smartfona informację o próbie uprowadzenia Dańki z przedszkola. Później dowiedziałem się, że kilka pierwszych aktualizacji strony internetowej po zniszczeniu biura Karty '97 robiła Julia Bandarenka, córka Źmiciera[4]. Robiła to w swoim mieszkaniu w Mińsku, ryzykując aresztowanie. Julia, wnuczka partyzanta i córka działacza podziemia, dokładnie wiedziała, jak należy postąpić. Portal internetowy uratowali aktywiści Karty '97, którzy potajemnie pojechali do Wilna i tam bez pieniędzy, bez lokalu odpalili go ponownie na całego. To, że portal tak szybko ruszył i że został uratowany, było wielkim sukcesem.

Informacje o synu chłonąłem jak gąbka, dokonywałem błyskawicznej analizy wydarzeń, nawet nie podejrzewając, że będę do tego zdolny. Spróbuję sobie to wszystko przypomnieć.

Szok z powodu próby uprowadzenia Dańki zastąpiły przebłyski nadziei – portal Karty działa! To był cud. Wiedziałem już, że Natalla Radzina[5], redaktorka portalu, została aresztowana. Logika podpowiadała, że biuro www.charter97.org zostało zamknięte, a wszyscy zaangażowani w tworzenie portalu zatrzymani. Jeśli jednak tak szybko znów pojawiła się w internecie – a doprowadzenie do Orłowa nastąpiło gdzieś około 25 grudnia – oznaczało to szansę, że z Mińska pójdzie w świat obiektywna informacja. A jeśli portal jest pod kontrolą KGB? Niemożliwe, informacja o Dańce została podana w stylu Karty, nie w stylu służb. A więc zadziałały mechanizmy solidarności, nie udało się tajne porwanie naszego syna. Było to zwycięstwo, gdyż mocno wierzyłem, że znajdą się ludzie, gotowi pomóc rodzicom Iry, z którymi został Dańka.

Wszystko to przemknęło mi przez głowę w ułamku sekundy i dałem radę przetrwać przymusową rozmowę z Orłowem, nie załamując się. Orłow straszył mnie, że Lucynie Jurijewnie, mamie Iry, mogą nie wydać zaświadczenia o stanie zdrowia, niezbędnego przy załatwianiu formalnej opieki nad wnukiem – „ma problemy z sercem". Spotkanie z Orłowem udało się wytrzymać, ale wszystkie następne dni, godziny, minuty spędziłem w strachu i po prostu zabraniałem sobie myśleć o Dańce, dopóki nie dotarła do mnie informacja, że kwestia opieki została załatwiona.

Później dowiedziałem się, co się działo na wolności. Opowiedziała i napisała o tym Ira. Jej z kolei opowiedziano o tym świństwie dopiero 29 grudnia. Jak widać, dokładnie badano moją reakcję i zachowanie, próbując sobie wyobrazić na tej podstawie, jak z kolei zachowa się ona.

Iryna Chalip: O tym, jak Danię próbowano uprowadzić z przedszkola, napisały wszystkie media na świecie. Nie będę się powtarzać. Powiem tylko, że kierowniczka mińskiego przedszkola nr 26, Liliana Strielska, wykazała się nadzwyczajną czujnością i rozstawiła wszystkich wychowawców przy wejściach do budynku, żeby dziadkowie nie zabrali do domu własnego wnuka.

Wychowawcy i opiekunki posłusznie wyprężyli się na baczność i nikt nie powiedział kierowniczce: „A poszła ty... ". Ciekawe, czy ta baba, podobna do wzorcowej sowieckiej bufetowej, dostała premię za strategiczne myślenie? Czy wychowawczynie dostały cokolwiek za posłuszeństwo, oprócz groszowej pensji? Nie wiem. Ich los kompletnie mnie nie interesuje.

Mój syn więcej nie pójdzie do przedszkola – gestapo to nie miejsce dla dzieci.

Następnie rozpętało się piekło. Dobrze, że o tym nie wiedziałam. Zgodnie z białoruskim Kodeksem rodzinnym ustanowienie opieki trwa pół roku. Jest jednak jeden paragraf, rzadko stosowany, ponieważ nie zna go nawet wielu adwokatów. Mówi on, że okres ustanowienia opieki skraca się do jednego miesiąca, jeśli rodzice zmarli lub zostali aresztowani. Jeśli uwzględni się formalnie istniejące domniemanie niewinności, to każdy aresztowany może wyjść z więzienia nie tylko w ciągu pół roku, lecz nawet następnego dnia lub po miesiącu. Jednakże według prawodawstwa białoruskiego, jeśli zostałeś aresztowany – jesteś już martwy.

Mojej mamie, która natychmiast wystąpiła o ustanowienie opieki, podyktowano długą listę dokumentów i uprzedzono, że w ciągu miesiąca musi zebrać wiele zaświadczeń o stanie zdrowia od lekarzy specjalistów, przy czym tylko od tych, którzy pracują w poradniach rejonowych. Na Białorusi dostanie się w ciągu miesiąca do lekarzy specjalistów nie jest możliwe. Do endokrynologa trzeba zapisać się na jakieś dwa miesiące wcześniej. Zdobycie zaświadczeń od wszystkich lekarzy w ciągu miesiąca jest po prostu fizycznie niemożliwe. I wtedy z pomocą przyszło to, co nazywamy ludzką solidarnością.

Kierowniczka oddziału polikliniki prowadzała mamę po gabinetach, wszędzie przyjmowano ją bez kolejki. Przymykano oczy na przypadłości typowe dla wieku, żeby nie utrudniać podjęcia przez komisję decyzji o przyznaniu opieki. Wielu podawało numery swoich komórek i mówiło: „Jeśli pani lub ktoś z rodziny będzie potrzebował pomocy w mojej specjalizacji, proszę dzwonić".

Kiedy mama przyjechała do poradni zdrowia psychicznego po zaświadczenie, że nie jest jej pacjentką, powiedziano jej: „W pani wieku my takich zaświadczeń tak od ręki nie wydajemy, musi pani przejść badanie specjalistyczne". Mama udała się na badanie i była wstrząśnięta, gdy pokazano jej obrazek, na którym były narysowane trzy kwiatki i traktor, i zapytano: „Co tu jest niepotrzebne?". Takie samo pytanie zadano mojemu synowi, który także był zobowiązany przejść badanie psychiatryczne (mama i Dania dostali w końcu zaświadczenia, że są siebie godni ze względu na wysoki potencjał intelektualny).

Szczerze mówiąc, mojego syna uratowała od domu dziecka nasza rodzinna nienawiść do państwa w każdym jego przejawie – od administracji mieszkaniowej do rządu. Gdyby nie ta nienawiść, Dani nie zostawiono by z babcią. Chodzi o to, że siedem lat wcześniej u mojej mamy wykryto wadę serca i przeprowadzono skomplikowaną operację. Lekarze radzili, żeby wystąpiła o przyznanie grupy inwalidzkiej. Grupa inwalidzka oznaczała w tamtych czasach dodatek do emerytury i różne ulgi. Ale mama powiedziała: „Mam biegać za papierkami? Stać w kolejkach po zaświadczenia? Co roku udowadniać komisji, że mam serce, a nie silnik? Mam to w dupie!". To nas uratowało, gdyż grupa inwalidzka z miejsca dyskwalifikuje człowieka jako kandydata na opiekuna.

Nawiasem mówiąc, mama przez te wszystkie lata czuła się doskonale. A w grudniu nagle – w zasadzie nie tak znowu bez powodu – atak serca. Mama położyła się na kanapie i pomyślała: „Jeśli wezwę pogotowie – lekarz od razu powiadomi przychodnię i opieki mi nie przyznają. Zabiorą Dańkę. Jeśli nie wezwę karetki – mogę umrzeć. Ale mogę i nie umrzeć. A to już jest szansa". I mama wykorzystała tę szansę.

Prawie to samo działo się z moją teściową, Ałłą Uładzimirawną. Dwie babcie umówiły się, że jeśli mamie nie zostanie przyznana opieka, podanie złoży teściowa. A zatem ona też nie mogła mieć do czynienia z pogotowiem. I wtedy prawie równocześnie atak serca zdarzył się teściowej, wezwała lekarza, ale podała inne nazwisko – przedstawiła się nazwiskiem swojej kuzynki z prowincji.

Kiedy mama z drżeniem serca otworzyła drzwi ostatniego gabinetu – kardiologa w przychodni rejonowej – on powiedział: „Musi pani koniecznie przyjmować ten preparat". Mama odpowiedziała: „Przyjmuję go stale". Kardiolog uśmiechnął się: „Oczywiście, przecież ma pani stenokardię, ale ja tego w opisie nie napisałem!".

Ogólnie rzecz biorąc, zgodnie z tym, co napisano w zaświadczeniu, mama miała zdrowie jak kosmonauta. „Służby" co prawda od czasu do czasu wrzucały dziennikarzom fałszywkę i na portalach informacyjnych pojawiały się nagłówki typu: „Państwo już znalazło rodzinę zastępczą dla Dani Sannikowa". Moi koledzy zaczynali dzwonić do mamy i prosić o komentarz do ostatnich nowości. Mama, która nie miała komputera, bo został skonfiskowany w czasie rewizji u niej w domu, w ogóle nie wiedziała, o co chodzi. Zaczynała dzwonić do organów opiekuńczych, gdzie ją informowano, że do końca miesiąca ma wszystkie prawa i jak na razie nikt nie zamierza szukać rodziny zastępczej. Jednocześnie interesowano się, czy wystarczy jej pieniędzy na utrzymanie wnuka.

Mama mówiła:
– Jak możecie w ogóle zadawać takie pytania?!
– Proszę się nie obrażać – odpowiadała jej inspektor do spraw opieki Antonina Drugakowa – w mojej pracy nie ma pozytywnych emocji.

I opowiedziała, jak to niedawno jedna babcia była szczęśliwa, bo dla wnuka znaleziono rodzinę zastępczą i ona nie musiała utrzymywać go ze swojej emerytury.

– Jeśli mi nie wystarczy pieniędzy, pójdę myć podłogi. Dam radę – odpowiadała moja mama.

Sadystyczne akcje reżyserowane przez Orłowa podpowiadały mi, jak mam się zachowywać w więzieniach i koloniach: nigdy nie wierzyć, że sytuacja jest bez wyjścia, ale i nie cieszyć się, jeśli pojawi się nadzieja. Kontrolowanie uczuć w więzieniu to sposób na przeżycie. W moim przypadku ta kontrola osiągnęła przerażający poziom – zacząłem kontrolować swoje sny. W jakiś nadprzyrodzony sposób nauczyłem się rozróżniać we śnie, że jest to sen, a nie jawa i zmuszałem się do budzenia się, jeśli sen szedł w złym kierunku, zwłaszcza jeśli śniło mi się coś dobrego. Dotyczyło to snów o domu.

Wszystko to było później, po wyborach prezydenckich, po rozpoczęciu najokrutniejszego w najnowszej historii Białorusi rozliczania się z opozycją i „nieprawomyślnością", które trwa do chwili obecnej.

POCZĄTEK

Publiczny start nastąpił niespodziewanie. Decyzję o zgłoszeniu swojej kandydatury na prezydenta Białorusi podjąłem w końcu 2009 roku, ale nie śpieszyłem się z podaniem jej do publicznej wiadomości. Na początku marca 2010 zostałem zaproszony na nagranie *talk-show* „Forum" niezależnego białoruskiego kanału telewizyjnego „Biełsat" Telewizji Polskiej. Nagranie odbywało się w Wilnie, zdecydowaliśmy pojechać tam całą rodziną samochodem. Dołączył do nas Źmicier Bandarenka. Już od kilku miesięcy nie czepiano się nas przy przekraczaniu granicy, nie urządzano upokarzających kontroli, nie szukano zakazanych „nośników informacji", uznaliśmy zatem, że możemy zabrać ze sobą Dańkę.

Ale na granicy nas zatrzymano. Kiedy zdarza się coś takiego, istnieje kilka wariantów działań służb granicznych, poinstruowanych przez KGB telefonicznie lub bezpośrednio na miejscu. Najłagodniejszym działaniem jest kontrola, zatrzymanie na jakąś godzinę, żądanie wypełnienia deklaracji, której zgodnie z przepisami się nie wypełnia, jeśli nie wieziesz niczego zabronionego. Tym razem pogranicznicy otrzymali polecenie, by działać ostrzej. Celnicy sprawdzili samochód, przeryli się przez rzeczy, gdzieś znikali, ale nas z samochodu nie wypuszczano. Przetrzymali nas tak ponad trzy godziny. Zarekwirowali notebook. Nie pozwalali nawet zaprowadzić Dańki do toalety. To było jego pierwsze zetknięcie z potworami u władzy.

Informacja, że zamierzam startować w wyborach, pojawiła się już w prasie i była dyskutowana w kręgach opozycji. Tak więc służby specjalne postanowiły postraszyć mnie zawczasu. W końcu pod wieczór wypuścili nas, ale bez notebooka. Po zainstalowaniu się w hotelu, odbyliśmy niewielką naradę wojenną i postanowiliśmy, że pora poinformować o moim starcie w wyborach, żeby władze nie myślały, że się wystraszyłem. Wyszło tak, że ogłosiłem to w trakcie nagrywania programu.

Na moją decyzję miała wpływ ważna okoliczność: „przeprosiliśmy się" ze Stanisławem Szuszkiewiczem[6], pierwszym przywódcą niezależnej Białorusi. W zasadzie nie kłóciłem się z nim i zastanawiałem się, dlaczego nagle jego stosunek do mnie stał się tak bardzo negatywny. Wyjaśnił mi później, że uwierzył w plotki pewnego drania. Przez dziesięć lat nie kontaktowaliśmy się i nawet nie mówiliśmy sobie dzień dobry. Męczyło mnie to. Nie tylko szanowałem Stanisława Stanisławowicza ale też byłem mu wdzięczny za jasne stanowisko w sprawie wyprowadzenia broni jądrowej z terytorium Białorusi. Bardzo mi to pomagało w pracy w MSZ. Szuszkiewicz jest znany na świecie przede wszystkim z tego, że razem z Jelcynem i Krawczukiem podpisał w Wiskulach porozumienie o utworzeniu Wspólnoty Niepodległych Państw, w którym ogłosili rozwiązanie ZSRR.[7] Otrzymał za to od narodu honorowy tytuł „Białowieskiego Żubra". Teraz, w kontekście wojny na Ukrainie, widać wyraźnie, że w 1991 roku udało się uniknąć rozlewu krwi, wojny domowej i rozruchów. Związek Radziecki zmarł pokojowo i była to ogromna zasługa Szuszkiewicza, który był gospodarzem historycznego spotkania prezydentów w Puszczy Białowieskiej.

Kiedyś spotkaliśmy się w Gdańsku z Lechem Wałęsą i Szuszkiewicz powiedział do niego:

– Lechu, jesteś moim bohaterem. To, czego dokonałeś, jest po prostu niewiarygodne.

– Nie, Stasiu – odpowiedział Wałęsa – gdybyś nie zlikwidował Związku Radzieckiego, czołgi na pewno by wróciły. Prawdziwym bohaterem jesteś ty.

W 2009 roku w końcu znowu zaczęliśmy się kontaktować i Stanisłau Szuszkiewicz poparł moją kandydaturę.

Wcześniej Szuszkiewicz wyszedł z inicjatywą wspólnego spotkania wszystkich liderów politycznych w celu omówienia sytuacji na Białorusi. Zorganizowano kilka takich zakonspirowanych spotkań w gościnnym domu na wsi. Omawiano różne warianty udziału w kampanii prezydenckiej. W istocie, nie zaproponowano niczego nowego – cały czas te same prawybory, jeden kandydat ze strony opozycji, burzliwe dyskusje i jednogłośna ocena kolaboracji grupy Alaksandra Milinkiewicza[8]. Tym niemniej dla mnie te spotkania były bardzo korzystne. Szukałem podczas nich odpowiedzi na dwa pytania: czy istnieje kandydat, którego moglibyśmy poprzeć w czasie przyszłej kampanii, i kto może być sojusznikiem naszej drużyny w tej kampanii. Niestety, odpowiedź na pierwsze pytanie była negatywna. Na kandydatach już się sparzyliśmy i w roku 2001, i w 2006. Odpowiedź na drugie pytanie też była niezbyt pocieszająca, ponieważ różnym grupom przyświecały różne cele i nie było chęci omawiania zwycięskiego scenariusza. Natomiast zorganizowana przez Szuszkiewicza burza mózgów, moim zdaniem, przekonała Stanisława Stanisławowicza do poparcia mnie.

Wpływ na mój wybór miał jeszcze jeden człowiek. Człowiek-legenda, nieuchwytny „kurier z Warszawy" z czasów drugiej wojny światowej, „wróg numer jeden" komunistycznej Polski, twórca i pierwszy dyrektor Rozgłośni Polskiej Radia Wolna Europa, doradca czterech prezydentów USA – Jan Nowak-Jeziorański. Znajomość z nim zawdzięczam twórcy i pierwszemu szefowi Związku Polaków na Białorusi, Tadeuszowi Gawinowi. Z Tadeuszem poznaliśmy się jeszcze w czasach tworzenia Karty '97 i do chwili obecnej utrzymujemy dobre i pełne szacunku stosunki. Tadeusz – człowiek uczciwy i honorowy – dużo zrobił i dla mniejszości polskiej na Białorusi, i dla białoruskiej demokracji.

To właśnie on zaprosił w 2003 roku Jana Nowaka-Jeziorańskiego do Grodna i zaproponował, abym przyjechał na spotkanie z nim. Pojechałem razem ze Żmicierem Bandarenką i Alehem Biabeninem[9]. Od razu znaleźliśmy się pod wpływem uroku „dziadka", jak go między sobą nazywaliśmy. Miał już 90 lat i w czasie spotkania co półtorej godziny musiał robić przerwę na odpoczynek. Nie przeszkodziło to jednak panu Janowi chwacko wychylić przy kolacji paru kieliszków wódki „Brzozowej" z Brześcia, która bardzo mu zasmakowała.

Po podróży do Grodna, Jan Nowak opublikował w „Gazecie Wyborczej" artykuł pod tytułem *Obudzić Białoruś*[10] – o konieczności wsparcia białoruskich sił demokratycznych i o tym, że takie wsparcie odpowiada państwowym interesom Polski. Później, na jego prośbę, kilkakrotnie przyjeżdżałem do Warszawy, w tym raz z kolegami, gdzie omawialiśmy sytuację na Białorusi, dyskutowaliśmy, w jaki sposób można doprowadzić do przemian demokratycznych i co Zachód powinien w tym celu zrobić. I nie były to jedynie teoretyczne rozważania. Zimą 2004 roku Jan Nowak udał się do Waszyngtonu, gdzie przeprowadził rozmowy na temat sytuacji Białorusi zarówno w kręgach oficjalnych, jak i z organizacjami pozarządowymi. Po powrocie z Waszyngtonu zaprosił mnie do Warszawy i powiedział: „Zrobiłem, co do mnie należało, przekonałem, jak ważna jest Białoruś, teraz wasza kolej. Wierzę wam i wierzę w was. Widziałem na Białorusi liderów zdolnych do rządzenia krajem, do przeprowadzenia reform. Powinien pan pojechać, dam panu kontakty i rekomendacje".

Do Stanów poleciałem wiosną 2004 roku i przekonałem się, że Jan Nowak-Jeziorański jest niekwestionowanym autorytetem, człowiekiem bardzo wpływowym. Umiał poruszyć amerykański establishment, obudzić zainteresowanie Białorusią, a jego nazwisko otwierało drzwi gabinetów osób na wysokim szczeblu. W organizacji spotkań pomagali amerykańscy przyjaciele Jana Nowaka jeszcze z czasów „Solidarności", udostępnili mi nawet biuro do pracy i spotkań. „Dziadek" prosił, aby informować go, jeśli którekolwiek z zaplanowanych spotkań miałoby zostać odwołane. Parę razy faktycznie taka sytuacja zaistniała, ale wszystko się wyjaśniało po jednym telefonie lub faksie Jana Nowaka. Wysocy rozmówcy w czasie takich spotkań mówili: „Nie mogę odmówić prośbie Jana".

W czasie tej podróży spotkałem się ze Zbigniewem Brzezińskim i wręczyłem mu niewielki upominek – jego własną książkę *Wielka szachownica* w przekładzie na rosyjski, z dedykacją. Kiedy wręczyłem książkę, profesor Brzeziński popatrzył na mnie z niedowierzaniem, nawet jakby z przestrachem, ale usłyszawszy wyjaśnienia, wzruszył się. To klasyczne opracowanie geopolityczne czytaliśmy ze Źmicierem Bandarenką i Leanidem Małachowem[11] na głos, siedząc w więzieniu w marcu 2003 za organizację demonstracji protestacyjnej. Spieraliśmy się wtedy i dyskutowaliśmy. Wszyscy trzej umieściliśmy autografy na egzemplarzu *Wielkiej szachownicy*, który podarowałem Brzezińskiemu.

Podróż Jana Nowaka do Waszyngtonu w wieku 90 lat nie przeszła bez śladu. Zachorował na zapalenie płuc, z którego nie mógł się do końca wyleczyć. Jan Nowak-Jeziorański zmarł w Warszawie 20 stycznia 2005. Do ostatnich chwil zajmował się sprawami Białorusi.

Inny legendarny Polak, Bronisław Geremek, wygłosił historyczny pogląd: „Polacy mają wobec Białorusinów zobowiązanie moralne. Oni potrzebują naszej pomocy, by stać się wolnymi". Jan Nowak-Jeziorański był przykładem, jak Polacy rozumieją to zobowiązanie. Znajomość z nim, jego wiara w demokratyczną Białoruś, jego sympatia dla ludzi, z którymi się spotykał i jego słowa wypowiedziane w Waszyngtonie, że na Białorusi są liderzy klasy europejskiej, wpłynęły na moją decyzję o zgłoszeniu kandydatury na prezydenta.

Błogosławieństwo do udziału w wyborach dał mi również Michaił Marynicz, chyba najbardziej doświadczony polityk na Białorusi. Był merem Mińska, posłem do parlamentu, ministrem, ambasadorem w Czechach, Łotwie i w innych krajach. Dobrze się nam współpracowało, gdy byłem w MSZ, a Marynicz był ministrem kontaktów gospodarczych z zagranicą.

W 2001 roku Marynicz sam kandydował na urząd prezydenta. Łukaszenko, znany ze swojej pamiętliwości, nie zamierzał wybaczyć mu tego nieposłuszeństwa. W 2004 Marynicza aresztowano, oskarżając o kradzież urządzeń należących do ambasady USA w jego stowarzyszeniu Business Belarus. Ambasada przedstawiła dokumenty odrzucające to idiotyczne oskarżenie, ale Marynicza to nie uratowało. Skazano go na 5 lat kolonii karnej. W czasie rozprawy świadkiem oskarżenia był białoruski pracownik ambasady amerykańskiej. Na Białorusi jest to możliwe.

Kiedy Marynicza aresztowano, rozpoczęliśmy kampanię na rzecz uznania go za więźnia sumienia i natychmiastowego jego uwolnienia. Kampanię prowadziliśmy razem z synami Marynicza, Iharem i Pawłem. Zaprzyjaźniliśmy się z nimi.

Marynicz odsiedział dwa lata z pięciu zasądzonych, w więzieniu przeszedł udar, ledwo przeżył. Uratował go jeden z więźniów politycznych, o którego uwolnienie walczyliśmy – Alaksandr Wasiliew, San Sanycz[12] (później weźmie udział w mojej kampanii). To właśnie on zwrócił uwagę, że Marynicz nie pojawił się na terenie „kwarantanny". San Sanycz podniósł raban, przekazał na wolność alarmistyczną informację i dopiero wtedy administracja kolonii została zmuszona do udzielenia Maryniczowi pomocy. Przeżył cudem. Po udarze zostawiono go w baraku, żeby umarł bez lekarstw i pomocy medycznej. Z pewnością było to polecenie z góry, a nie od administracji kolonii.

Na wolność wyszedł ze zrujnowanym zdrowiem, ale też z wolą walki o przemiany na Białorusi. Łatwo się z nim dyskutowało i omawiało możliwości wspólnych działań. W moją kampanię prezydencką włączył się jego syn, Pawał, energiczny, komunikatywny, trochę zawadiaka – ale w kampanii te cechy są przydatne. Po 19 grudnia 2010 Pawał musiał się ukrywać na Białorusi, a potem uciekać do Litwy. Kiedy był już bezpieczny, nie mógł sobie odmówić przyjemności zadzwonienia na telefon, który specsłużby perfidnie zostawiły jego mamie. Kiedy zrozumiał, że na drugim końcu słuchawki jest funkcjonariusz KGB, powiedział wszystko, co myśli o nim, o jego przełożonych, Łukaszence itd. Oczywiście w słowach niecenzuralnych. W Wilnie Pawał Marynicz pomógł w przywróceniu działania strony internetowej charter97.org.

Wsparcie takich politycznych gigantów jak Stanisłau Szuszkiewicz i Michaił Marynicz odegrało ważną rolę w dalszym tworzeniu sztabu wyborczego. Myślę, że mieliśmy w swoim składzie najlepszych ludzi na Białorusi. Z takim zespołem można zwyciężyć w każdym kraju świata, gdzie odbywają się prawdziwe wybory.

EKIPA

Bardzo duże znaczenie miało dla mnie wsparcie mojej żony Iry – Iryny Chalip. Uważam ją za najlepszą białoruską dziennikarkę i wiele osób się ze mną zgadza. Tak samo myślą władze. Nie bez powodu liczne niezależne gazety, w których Ira pracowała, zostały pozamykane. Myślę, że nie bez znaczenia było to, że swoimi publikacjami tępiła reżim. Ira była widoczna nie tylko w dziennikarstwie, lecz także w akcjach protestacyjnych. Robiła to, co mówiła, a to zawsze jest cenione, była wiarygodna. Starałem się nie mówić jej o wszystkim, co działo się w czasie kampanii, chroniłem ją, nie zawracałem jej głowy drobiazgami. Ira redagowała niezłą kolumnę w rosyjskiej „Nowej Gaziecie" o przebiegu kampanii, niestety pod idiotycznym tytułem *Dziennik kandydatki na pierwszą damę*. Nie miała wpływu na ten tytuł, tak zarządziło szefostwo. Ira próbowała go zmienić, ale szefowie upierali się przy swoim – nie rozumieli, że na Białorusi takie żarty przyjmowane są negatywnie.

Moją kampanią wyborczą kierował Źmicier Bandarenka. Przyjaźniliśmy się od ponad piętnastu lat. Źmicier jest człowiekiem wyjątkowo utalentowanym, wszechstronnie doświadczonym – był sportowcem, trenerem, żołnierzem specnazu, pracownikiem reklamy, dyrektorem do spraw komercyjnych w niezależnym Radiu 101.2, organizatorem masowych akcji protestacyjnych. Stale się przy tym dokształca, czyta wszystkie nowości na tematy, którymi się aktualnie zajmuje. Nigdy nie rozmawia o czymś bez dogłębnej znajomości przedmiotu.

Mało kto wie, że Źmicier był jednym z organizatorów praktycznie wszystkich znaczących masowych akcji na przestrzeni ostatnich piętnastu lat. Pomagał tworzyć Młody Front, a następnie ruch młodzieżowy „Żubr"[13]. Dzięki Źmicierowi w 1999 roku zrodziła się „nowa fala" młodych polityków, która wyniosła na pozycje liderów partii Wincuka Wiaczorkę (Białoruski Front Ludowy) i Anatola Labiedźkę (Zjednoczona Partia Obywatelska).

W 2003 roku odsiedziałem razem ze Źmicierem swoje pierwsze piętnaście dni za organizację demonstracji protestacyjnych. Siedzieliśmy w izolatce przy ulicy Okrestina, ale w porównaniu z tym, co się działo po 19 grudnia 2010, ta odsiadka była spacerkiem. Nie szarpali nas „do gabinetów", dali siedzieć spokojnie. Przyjaciele przesyłali nam paczki, nawet stworzyli specjalną gazetę o tym, co się dzieje na wolności. Żeby jakoś przemycać gazetę za kraty, zredagowali ją jako skrajnie prawosławną agitkę i nazwali „Błagowiest" [Dobre Wieści]. Udało się!

Źmicier kierował moją kampanią wyborczą. Był jej centralnym mózgiem i organizatorem. Bez jego samozaparcia i strategii, takiej pomyślnej kampanii na pewno byśmy nie mieli.

Natalla Radzina przyszła do Karty'97 z gazety „Imia" w 2001 roku, w czasach, kiedy była to jeszcze inicjatywa obywatelska. Pracowała w innych niezależnych gazetach: „Nawiny", „Swaboda", „Biełorusskaja Diełowaja Gazieta", „Narodnaja Wola", „Nasza Swaboda". Przyprowadził ją Aleh Biabenin. Przychodziło do nas sporo dziennikarzy, ale kiedy docierało do nich, jak dużo jest pracy, z reguły znikali. Natasza zjawiła się z twardym postanowieniem, że zostanie. Ile razy bym nie przyszedł do biura na prospekcie Skaryny, zawsze widziałem Nataszę przy komputerze. Oprócz tego studiowała dziennikarstwo na Białoruskim Uniwersytecie Państwowym. Wkrótce Natasza stała się znaczącą osobą w ulicznych akcjach opozycji. Odważnie rzucała się z dyktafonem w sam środek zdarzeń, wykrzykując do fotoreporterów, żeby nagrywali to, co się dzieje. Mogła pracować i pracowała całą dobę. Dziś Natalla kieruje najbardziej popularnym portalem internetowym charter97.org. To, że portal po kilku pogromach i zniszczeniu biura w 2010 roku, stał się jeszcze bardziej popularny – to jej zasługa i niewątpliwe osiągnięcie.

Oto jej portret Mikoły Chalezina, z książki o więźniach politycznych, wydanej przez białoruską redakcję Radia Swoboda.

DZIEWCZYNA ZE STALI: Weszła do gabinetu i usiadła na krześle. Zapanowała pełna napięcia cisza.

Czarnooka, gładko uczesana siedemnastolatka w żakiecie i spodniach patrzyła na szefów wzrokiem partyzantki przygotowanej na przesłuchanie. Usta miała zaciśnięte i całą sobą pochyliła się do przodu, przygotowana na każdą okoliczność.

Dział informacyjny gazety „Imia" wzbogacił się o nową pracownicę – Natallę Radzinę, studentkę pierwszego roku dziennikarstwa. Wygrała z trzydziestoma osobami poszukującymi pracy, które przyniosły za sobą teczki nabite publikacjami swojego autorstwa i długie wykazy wydań, w których miały swój udział. W jej wzroku było wszystko, co jest potrzebne w zawodzie dziennikarza – zdecydowanie i ciekawość. Zadawanie dodatkowych pytań w czasie rozmowy kwalifikacyjnej było zbędne.

Będę wspominać jej spojrzenie później, kiedy trafi do więzienia, a brak wieści będzie podsuwał ponure wizje tego, co mogło się z nią stać. Pozostawało liczyć na jej spojrzenie, które nie pozwoli funkcjonariuszom specsłużb pastwić się nad bezbronną dziewczyną. Spojrzenie zdolne pozbawić złudzeń i zmusić do równego traktowania.

Poczucie winy to jeszcze jeden znak tamtego czasu. Ty na wolności, ona w więzieniu. Nawrzeszczałem na nią tuż przed aresztowaniem. Chcąc być w samym środku zdarzeń, wpadła między szeregi omonowców i demonstrantów. Rezultat – uderzenie tarczą i wstrząs mózgu. Wróciła do redakcji i pracowała dalej aż do chwili, kiedy drzwi biura Karty zostały wyważone przez funkcjonariuszy specsłużb. Wcześniej krzyczałem jej do słuchawki, że jako doświadczona dziennikarka nie miała prawa tak ryzykować i być w miejscu, gdzie można stracić życie od jednego uderzenia w skroń. Odpowiedziała cicho: „Uważasz, że to jest na miejscu, tak na mnie wrzeszczeć?". Nie, nie na miejscu. Głupio. Nieodpowiedzialnie. Krzyczeć na dziewczynę, której w tej chwili ból nie pozwalał pokręcić głową, a mdłości nie opuszczały ją nawet na sekundę... Na dziewczynę, którą godzinę później aresztują i wsadzą do więzienia.

Nie przypominam sobie, aby w ciągu tych piętnastu lat Natasza nie zrobiła czegoś, o co ją poproszono. Nie było takiego przypadku. Stalowa niezawodność, tak nietypowa dla infantylnego pokolenia okresu białoruskiej dyktatury. Chorobliwa wręcz uczciwość, niekiedy przeszkadzająca w stosunkach z ludźmi. Nadzwyczajna przyzwoitość, często mylnie przyjmowana za pozę.

„Jesteś naprawdę gotowa?" – „Tak." – „Rozumiesz, że będziesz siedzieć bez kontaktu do czasu, aż pojawi się możliwość wyjazdu z kraju?" – „Tak." – „Będziesz musiała całkowicie zaufać człowiekowi, który zajmie się twoją ewakuacją; wszystkie decyzje będzie podejmować tylko on." Po chwili, jakby nie chcąc tracić możliwości kontrolowania sytuacji: „Tak". Kilka tygodni w domu, z dala od skupisk ludzkich – bez kontaktu, bez środków komunikacji. Przerwa między więzieniem a wolnością. Potem kilka godzin jazdy, przekroczenie granicy. Tylko ona może powiedzieć, o czym myślała w tym niekończącym się czasie. Można tylko snuć przypuszczenia. O przyjaciołach, którzy pozostali w więzieniu; o naszym przyjacielu Alehu Biabeninie, którego straciliśmy jesienią, przed wyborami; o rodzicach, których przesłuchują po ucieczce córki...

W ciągu wielu lat – wsparcie rodziców. Bezwarunkowe, oparte na całkowitym zaufaniu. Rodzice, uwielbiani przez córkę; rodzice, których tak brakowało w tamtych miesiącach. Tylko krótkie rozmowy telefoniczne za pośrednictwem dwóch komputerów, żeby nie można było namierzyć telefonu. I długo oczekiwane spotkanie z mamą, która nawet nie wiedziała, w jakim kraju znajduje się jej córka.

Kiedy zobaczyła zdjęcia z demonstracji w Londynie, w czasie której Jude Law niósł jej portret, zażartowała przez łzy: „Przeżyłam życie nie na darmo". Nie na darmo. Ale nie dlatego, że Jude Law niósł jej portret, a dlatego, że idzie przez życie prostą drogą – konsekwentnie, uczciwie, bez usprawiedliwiania się słabościami.

Ten rok zmienił Nataszę. Przez jej „stalową" otoczkę przeniknął nowy obraz – uroczej młodej kobiety, gotowej do przemian, gotowej zaakceptować siebie inną niż dotychczas. Tak jakby wysoka temperatura zdarzeń rozgrzała ją, pozbawiając zewnętrznego pancerza. Dostojewski w swoim *Podrostku* napisał: „Śmiech zdradza człowieka, nagle dowiadujecie się całej prawdy o nim". Ona śmieje się otwarcie i zadziornie, pokazując nam siebie nową, zmienioną, otwartą, ale nie spoufalającą się; rozsądną, ale zdolną do zuchwałych postępków, łagodną, ale nie słabą...

Szefem sztabu wyborczego był Wład Kobiec[14]. Przyłączył się do nas w 2000 roku. Żmicier Bandarenka i Mikoła Chalezin poznali go w czasie podróży do USA i przyprowadzili do nas. W tamtym czasie pracował w Ministerstwie Zasobów Naturalnych, ale wkrótce zwolnił się i włączył do naszej pracy. Mikoła i Aleh Biabenin lubili żartować z jego „urzędniczych" nawyków, ale mnie brakowało w środowisku opozycyjnym takich „urzędników" – odpowiedzialnych, obowiązkowych i kompetentnych. Wład, właśnie dzięki swojemu urzędniczemu podejściu, okazał się niezastąpiony przy tworzeniu „Żubra", najbardziej masowego ruchu młodzieżowego w historii Białorusi. Trudno byłoby znaleźć lepszego szefa sztabu wyborczego.

Rzecznik prasowy Alaksandr Atroszczankau[15] bardzo cierpiał, kiedy rezygnowaliśmy ze spotkań z dziennikarzami. Alaksandr – nie przesadzam! – miał kontakty z całą Białorusią, z całym światem. Siłą rzeczy chciał wcisnąć te kontakty w sztywne ramy naszej kampanii. Jako rzecznik prasowy, nabierał doświadczenia w ruchu młodzieżowym „Żubr". Z powodu swojej aktywnej działalności społecznej został usunięty z Białoruskiego Uniwersytetu Państwowego. Zdarzyło się to za czasów byłego rektora Alaksandra Kazulina, który w 2006 roku został opozycjonistą i uczestniczył w kampanii prezydenckiej. Usunięty student Alaksandr Atroszczankau współpracował z nim w czasie tej kampanii. Takie paradoksy zdarzają się w nienormalnej sytuacji na Białorusi.

Liderzy młodzieżowi Jauhen Afnagel, Maksim Winiarski, Dzmitry Barodka – których można z całą pewnością nazwać weteranami ruchu oporu – wspierali kampanię swoją energią i jednocześnie byli jej ogniwem organizacyjnym. Wszyscy oni przeszli szkołę „Żubra". O każdym z nich można i trzeba napisać książkę.

Jauhen Afnagel – niestrudzony, pracowity organizator akcji ulicznych, zachowujący zimną krew w najtrudniejszych sytuacjach. To właśnie jego głos słyszałem tuż przed utratą przytomności, po uderzeniu pałką. Jauhen do końca stał na trybunie, którą był pomnik Lenina na Placu, krzycząc do mikrofonu, próbował powstrzymać masakrę, uspokoić ludzi: „Nie bójcie się, nie to jest straszne. Straszne jest życie w czasach dyktatury". Jego zasługą było także podłączenie dźwięku w czasie demonstracji.

Maks Winiarski, nieśmiały i inteligentny, wyrósł na odważnego bojownika ulicznego. Było oczywiste, że Maks zaangażował się w kampanię nieustraszenie, z przekonania. Tak samo jak i to, że nie tylko będzie na Placu, ale i przyprowadzi ze sobą ludzi.

Do ekipy przystały znaczące białoruskie osobistości, z którymi współpracowałem wcześniej: przewodniczący Rady Najwyżej XII kadencji generał Mieczysłau Hryb, pierwszy minister obrony Białorusi generał Pawał Kazłouski, były komendant Korpusu Grodzieńskiego generał Waleryj Frałou, jeden z założycieli Białoruskiego Frontu Ludowego (BNF[16]) profesor Jury Chadyka, założyciele białoruskiego niezależnego Teatru Wolnego Mikoła Chalezin i Natalla Kalada, były minister, deputowany i ambasador Michaił Marynicz.

Kiedy siedzieliśmy w więzieniu, generał Frałou wspominał naszą ekipę:

Przyjazna i jednocześnie rzeczowa atmosfera w sztabie. Żadnej histerii, narad, podczas których ktoś chce zademonstrować swoje oddanie czy zatroskanie. Nawet mało znani dotychczas ludzie w ekipie Sannikowa znajdują wspólny język i cieszą się z nowych znajomości. Wysoka dyscyplina, wzajemny szacunek, zaufanie. Jeśli ktoś z jakiegoś powodu nie może gdzieś pojechać – od razu widać po twarzy, że człowiek się denerwuje.

Spotkania w dziesiątkach miast. Ludzie przychodzili na te spotkania w podniosłym nastroju, rozmawiali z naszą ekipą na wszystkie tematy, ale w większości przypadków nie kryli, że oczekują zmian. Pamiętam, jak w Lidzie przyszła na spotkanie kobieta i miała takie wystąpienie, że pomyślałem: „I po co my jeździmy? Przecież ludzie sami rozumieją co, dlaczego i po co".

Uwierzcie, w całym swoim życiu spotykałem różnych szefów. Praca z Sannikowem była przyjemna, komfortowa i zaszczytna. Z satysfakcją wspominam niedawny okres naszej współpracy. Jestem pewien, że ta ekipa będzie działać dalej.

Nadciągnęła elitarna gwardia, która aktywnie działała jeszcze w sprawach Karty, na przykład Galina Juryna, mająca ogromne doświadczenie w pracy przy wyborach na Białorusi i w Rosji. Niestety, nawet teraz nie mogę podać wszystkich nazwisk, jak na ironię muszę ograniczyć się do tych osób, które pojawiły się w aktach mojej sprawy karnej.

Ogromną pomocą służył weteran białoruskiego ruchu narodowo-demokratycznego, Wiktar Iwaszkiewicz, jeden z twórców BNF. Z Wiktarem znaliśmy się od dawna, charakterystyczne dla niego było to, że w potrzebie zawsze służył wsparciem. Tak było, kiedy współpracowaliśmy w ramach Karty '97, kiedy zaczął popadać w kłopoty Uniwersytet Ludowy, którego byłem rektorem, jeden z bardziej interesujących projektów edukacyjnych, skupiający intelektualistów z różnych partii. W zasadzie Wiktar go uratował. Podobnie było w trakcie kampanii prezydenckiej. Autorytet Iwaszkiewicza w środowisku narodowo-demokratycznym pomógł w pozyskaniu starej gwardii do aktywnej współpracy przy naszej kampanii. Po wyjściu z więzienia dowiedziałem się, że Wiktar silnie podupadł na zdrowiu. Zmarł na początku października 2013. A jeszcze dwa miesiące wcześniej spotkaliśmy się w Wilnie, omawialiśmy plany, pomysły, których Wiktarowi nie brakowało.

Wspierali mnie: narodowa artystka Białorusi, nasza legendarna spikerka Zinaida Bandarenka; jeden z najbardziej wybitnych działaczy białoruskiego „Odrodzenia", artysta Aleksiej Maroczkin; rzeźbiarz Aleś Szaternik, znakomity rockman Ihar Waraszkiewicz, przywódca związkowy Hienadź Fiedynicz i wielu innych.

Mieliśmy wyjątkowego finansistę – Siarhieja Mudraczenkę. Nadzwyczaj pedantyczny w prowadzeniu spraw i dokumentacji. Po wyjściu z więzienia dowiedziałem się, że w ustalonym terminie po wyborach zaniósł całą wymaganą dokumentację i sprawozdania do Centralnej Komisji Wyborczej. Wyobrażam sobie miny członków komisji, tych skończonych fałszerzy: dookoła pełny pogrom, trwają masowe aresztowania, kandydaci i ich ekipy w więzieniach lub przysięgają wierność reżimowi, a tu – proszę bardzo, oto sprawozdanie, żyjemy i działamy. Nie sądzę, aby którykolwiek z kandydatów dopełnił tej formalności po krwawej niedzieli. Na pewno nie Łukaszenko, który wydał na zachowanie władzy miliardy dolarów ze środków publicznych.

Jestem pewien, że mieliśmy najbardziej praworządną ekipę wśród wszystkich alternatywnych kandydatów. Wystarczy wspomnieć, że w jej składzie byli obaj szefowie Białorusi przed wprowadzeniem stanowiska prezydenta: Stanisłau Szuszkiewicz i Mieczysłau Hryb. Trzon ekipy stanowili ludzie, którzy działali razem przez wiele lat, siedzieli w więzieniu, byli bici, rozstawali się z byłymi sojusznikami, potrafili w najtrudniejszych sytuacjach wybierać optymalne formy walki z dyktaturą.

ALEH

Kluczową osobą kampanii był twórca strony internetowej charter97.org Aleh Biabenin. Jego tragiczną śmierć we wrześniu 2010, na samym początku kampanii, przyjęliśmy jako krańcowo brutalną próbę władz przeszkodzenia nam w udziale w wyborach. Po jego śmierci było mi bardzo trudno kontynuować kampanię. Abstrakcyjne rozważania w gronie przyjaciół, że każdy ryzykuje na własną odpowiedzialność, natrafiły na realną śmierć bliskiego człowieka, młodego chłopaka. Mogło się okazać, że nie jest to ostatni zgon... W naszej sytuacji przerwanie walki mogło być jeszcze bardziej niebezpieczne – reżim rozprawiał się z przeciwnikami do końca. Zastanawialiśmy się, co robić. Postanowiliśmy mimo wszystko kontynuować kampanię, choćby ze względu na pamięć o Alehu. Ci, którzy nie chcieli ryzykować, odeszli, ale było ich niewielu.

Aleh był człowiekiem wszechstronnym, mógł zajmować się i zajmował wszystkim z jednakowo dobrym skutkiem. Dziennikarz, założyciel strony internetowej Karty '97 był specjalistą, którego w tamtym momencie potrzebowaliśmy. Organizował transport, zdobywał aparaturę nagłaśniającą, załatwiał sprawy w drukarni, urządzał przeprowadzki z biura do biura. Oprócz tego bardzo kochał swojego młodszego syna, co nas jeszcze bardziej zbliżyło. Aleh był ode mnie młodszy o ponad dwadzieścia lat, a Ściapan – starszy od mojego młodszego syna o rok. Zaś Aleh, moim zdaniem, lubił rozmawiać ze mną o naszych synach, jak starszy z młodszym, z pozycji swojego większego doświadczenia ojcowskiego. Rozmawialiśmy o naszych dzieciach prawie codziennie, od rana... Nie mógł dobrowolnie rozstać się z życiem.

Do dziś korzystam z kont założonych i prowadzonych przez Aleha w mediach społecznościowych i nie mogę się pogodzić z tym, że go nie ma, choć widziałem jego ciało w tamten chłodny wieczór 3 września i towarzyszyłem mu w ostatniej drodze.

Nie może pogodzić się z tym również jego przyjaciel Fiodar Pauluczenka[17]:

Minęły trzy miesiące[18] od tragicznej śmierci Aleha Biabenina. Aleh był moim przyjacielem. Myślę o tym przez cały czas i ból straty nie opuszcza mnie nawet na chwilę. Boję się myśleć, co przeżywają jego żona i rodzice. Najprościej jest milczeć, zapomnieć i odsunąć wszystko od siebie, wszak życie toczy się dalej. Jednak to, że Aleha nie ma, nie pozwala żyć spokojnie. Nieraz pisałem i mówiłem – nie wierzę w samobójstwo. To nie są słowa rozpaczy – był czas, żeby zastanowić się nad tą tragedią. Im dłużej analizuję fakty, tym mniej mam wątpliwości. A było ich sporo. Każdy człowiek bywa słaby, nie jesteśmy pozbawieni egoizmu. Ale to nie dotyczy Aleha.

W ciągu trzech miesięcy kilka razy składałem zeznania w prokuraturze, rozmawiałem z ekspertami OBWE, ze znajomymi i kolegami Aleha. W pewnym momencie wydawało się, że oczywiste fakty zostaną zauważone, a prokuratorzy przynajmniej spróbują stworzyć pozory śledztwa. Wiceprokurator obwodu mińskiego Nikołaj Pilinkiewicz oświadczył, że dla nich wszystko jest jasne. Dla nich jasne było wszystko nawet trzy miesiące wcześniej, w czasie mojego pierwszego przesłuchania. Nie to jednak jest denerwujące. Nie oczekiwałem uczciwości od reżimowych funkcjonariuszy prokuratury. Oni sami niespecjalnie ukrywali, że inne wersje ich nie interesują. Po tragedii zapanował moment zawieszenia – strach, zamieszanie, zrozumieliśmy, że żyjemy w innym kraju. W pierwszej chwili wypowiedzieli się wszyscy, którzy mieli odwagę, a potem zaczęły się łgarstwa. Im dalej, tym więcej tych łgarstw się wylewało. Śluzę otworzył (czemu się nie dziwię) sam Aleksandr Grigorjewicz[19] – plątał się w zeznaniach, mówiąc raz o „samobójstwie" drugi raz o „przestępstwie kryminalnym". Telewizja białoruska interpretowała zdarzenie na wszystkie możliwe sposoby.

Szokiem było dla mnie osobiście tak zwane śledztwo agencji informacyjnej BiełaPAN, które doprowadziło do jednoznacznego wniosku, że w śmierć Aleha zamieszani są koledzy.

Specyfika mojej pracy wymaga codziennego śledzenia serwisów informacyjnych na Białorusi i mogę stanowczo powiedzieć, co było powodem napisania takiego a nie innego artykułu. Przez ostatnie pół roku z zainteresowaniem śledzę „spusty" informacyjne dziennikarza projektu spółki BiełaPAN „Biełorusskije Nowosti", Wiktora Fiodorowicza. Dziennikarz zwrócił na siebie uwagę tym, że wbrew białoruskim realiom jest dokładnie poinformowany o wszystkich konfliktach i „twórczej" drodze najbardziej znienawidzonego towarzysza broni Łukaszenki – Wiktora Szejmana[20]. Urzędnik będący w niełasce, ale dzięki stronie internetowej „Biełorusskije Nowosti" i Wiktorowi Fiodorowiczowi stale obecny w mediach i niezmiennie zajmujący pierwsze miejsce w wiadomościach, które z kolei z satysfakcją powtarza największy portal kraju TUT.by. Mało tego, Wiktor Fiodorowicz znajduje się w centrum uwagi struktur siłowych w związku ze sprawą swojej współpracownicy – Swietłany Bajkowej. Zaproszono go nawet do Prokuratury Generalnej w celu złożenia wyjaśnień.

I to właśnie Wiktor Fiodorowicz staje się „tubą demaskatorską", która zrywa „zasłonę tajemnicy" w sprawie Aleha. Dziennikarz zebrał i posklejał oderwane fakty, domysły i fragmenty śledztwa prokuratury (skąd je miał zwykły dziennikarz?) tak, jak to było potrzebne. Komu było potrzebne?

Jakże nie wspomnieć tu artykułu szanowanej przeze mnie Swiatłany Kalinkiny, która w sprawie Aleha wystąpiła z pytaniem „dla kogo to było korzystne?" i natychmiast zaczęła dostawać pogróżki pod swoim adresem. Przypomnę, że zgodnie z tezą dziennikarki, śmierć Aleha była korzystna właśnie dla Wiktora Szejmana. Przestraszony Łukaszenko powinien był przywrócić odsuniętego funkcjonariusza do łask (co miało miejsce, gdyż Szejman *de facto* został szefem jego sztabu przedwyborczego).

W czasie drugiego przesłuchania w prokuraturze starałem się zwrócić uwagę śledczych na te wątki, ale nikt mnie nie chciał słuchać. Pozostała jedyna możliwość – poinformować o tych zagrożeniach przez Internet, poprzez stronę i internautów. Mam nadzieję, że kiedyś, po zmianie władzy, niezależni śledczy zwrócą uwagę na te zadziwiające fakty.

O tym, że Aleha znaleziono powieszonego na daczy, powiadomił mnie jego brat Sasza. Rankiem 3 września do biura zadzwoniła Katia, żona Aleha, powiedziała, że nie nocował w domu, a ona denerwuje się, czy coś się nie stało. Byłem w domu, w przeddzień umówiliśmy się z Alehem na spotkanie w drugiej połowie dnia. Zaczęło się obdzwanianie wszystkich. Poprzedniego wieczoru Aleh wybierał się z przyjaciółmi na nowy film amerykański. Był kinomanem i nie przepuścił żadnej premiery. Później jego połączenia telefoniczne i esemesy potwierdziły, że wybierał się do kina.

Znowu zadzwoniła Katia i powiedziała, że nie znalazła kluczy od daczy. Poprosiła swoje koleżanki, by pojechały i sprawdziły, czy nie ma tam Aleha. Pojechał tam również Sasza, jego brat. Sasza zadzwonił w ciągu dnia, przekazał straszną wiadomość. Żmicier

Bandarenka, Alaksandr Atroszczankau, Fiodar Pauluczenka i ja pojechaliśmy na daczę do Aleha.

Przyjechaliśmy, poczekaliśmy na milicję. Było bardzo zimno. Czekaliśmy kilka godzin. I to rodzi pierwsze pytania. Komenda rejonowa znajduje się nie tak znowu daleko. Dlaczego milicja nie przyjechała od razu po znalezieniu zwłok? Jedno z wyjaśnień brzmi – uzgadniali działania z przełożonymi.

Razem z milicją wzięliśmy udział w oględzinach miejsca tragedii. Wątpliwości było dużo. Rzucał się w czy nadzwyczajny porządek we wszystkich pomieszczeniach. Tylko w kominku pozostało trochę popiołu, z jednego polana lub po jakichś papierach. O wiele za mało, by ogrzać przestronny dom. Żadnych śladów pobytu człowieka w domu, oprócz ciała Aleha, wiszącego na drzwiach. Nawet nie wiszącego, w zasadzie klęczącego. Kostka prawej nogi nienaturalnie wygięta, jakby złamana. W pokoju pod ścianą demonstracyjnie ustawione dwie puste butelki po „Białoruskim balsamie" – gorzale, której nie piją nawet alkoholicy.

Dwaj milicjanci byli zdenerwowani. Kiedy zwracaliśmy im uwagę na jakieś ważne, naszym zdaniem, szczegóły, niezmiennie próbowali przekonać nas, że jest wręcz odwrotnie. Aleh miał na kostkach palców lewej ręki zadrapania naskórka, które mogły świadczyć o stawianiu oporu. Wyglądał tak, jakby śmierć nastąpiła niedawno, żadnego zesztywnienia zwłok lub innych oznak, które świadczyłyby, że minęło sporo czasu, a po sekcji stwierdzono, że wszystko zdarzyło się 2 września, to znaczy dzień przed znalezieniem ciała.

Wiele szczegółów nie pasowało do wersji samobójstwa, jednak tylko ono było brane pod uwagę przez oficjalne organa. Zaczęto wzywać przyjaciół Aleha na przesłuchania. Okazało się, że fabrykowano wersję samobójstwa z powodu jakichś ciemnych spraw finansowych. W Internecie pojawiły się informacje, że jakoby ukradł dużą sumę pieniędzy. Potem rozpowszechniono wersję, że to ja z nim się rozprawiłem. Jeden ze śledczych uparcie wypytywał mnie o ostatnie spotkanie z Alehem na dzień przed jego zniknięciem. Pokazywał mi kartki z wydrukami wskazującymi miejsca, w których przebywałem. W ten sposób dowiedziałem się, że bardzo łatwo jest namierzyć człowieka z telefonem komórkowym. Operatorzy sieci określają to z dokładnością do kilku metrów. Śledczego szczególnie interesowało, dlaczego to siedzieliśmy w pomieszczeniu, to wychodziliśmy na ulicę. Trzeba było mu wyjaśnić, że wychodziliśmy, bo chcieliśmy uniknąć podsłuchów ze strony jego kolegów ze służb i dlatego wyjmowaliśmy z telefonów baterie.

Ponieważ śmierć Aleha zaczęto wykorzystywać do wywierania na nas presji, zażądaliśmy niezależnego międzynarodowego śledztwa. Tego samego żądali dziennikarze. Nieoczekiwanie sam Łukaszenko powiedział, że śmierć Aleha nie była samobójstwem.

Oto co pisały na ten temat środki masowego przekazu:

Do dnia dzisiejszego prokuratura białoruska twierdziła, że było to samobójstwo, jednakże 4 listopada w wywiadzie udzielonym polskim dziennikarzom Aleksandr Łukaszenko oświadczył, że jest pewien kryminalnego charakteru śmierci Aleha Biabenina.

„Uważam, że jest to sprawa kryminalna, kiedy zostanie wyjaśniona, ktoś bardzo źle na tym wyjdzie – ci, którzy rzucają dziś cień na władzę. Jak to się mówi: na złodzieju czapka gore. Jestem winny o tyle, że zdarzyło się to w moim kraju" – cytuje Łukaszenkę BiełaPAN.

Zgodnie ze słowami Łukaszenki, cokolwiek by się zdarzyło na Białorusi, musi to być związane z polityką. „Jak z tym Biabeninem. W ogóle go nie znałem, jakiś dziennikarz opozycyjny – oświadczył Łukaszenko. – Okazuje się, że w Internecie na Karcie coś tam pisał. Bóg z wami. W tym Internecie tyle piszą, tyle złego o państwie..."

Łukaszenko poruszył także temat znikania znanych ludzi na Białorusi. „Jeśli chodzi o zaginionych w naszym kraju, to ja jestem najbardziej zainteresowany. Zastanawiam się, dlaczego akurat tych ludzi uprowadzono. Na przykład Źmicier Zawadzki[21], pracował jako mój operator, dobry chłopak. Nie miał nic wspólnego z polityką, dla mnie to żaden przeciwnik. Co ja mam z tym wspólnego? Ale to mnie oskarżano: Łukaszenko wie lub wydawał rozkazy. Co mi ten chłopak zawinił? Albo Hienadź Karpienka[22], który umarł w szpitalu. Co Łukaszenko ma z tym wspólnego? Chcecie sprawdzić – proszę bardzo, przyjeżdżajcie, sprawdzajcie."

Zrozumieliśmy, że spróbują sfabrykować sprawę przeciwko nam, bo nasza kampania prezydencka została już zauważona w całym kraju. Władze postanowiły zaprosić ekspertów OBWE, ponoć w odpowiedzi na oczekiwania społeczne. Czujność budziło wszystko: i to że dyktator zwątpił w wersję samobójstwa, i to że nieoczekiwanie szybko ruszyła sprawa ekspertyzy międzynarodowej. Znamienne było zaproszenie pod egidą OBWE niemieckiego „eksperta" doktora Martina Finke, aby ocenił „akt terroryzmu" Mikoły Autuchowicza – przedsiębiorcy, który walczył o swoje prawa, ujawnił korupcję i został za to wtrącony do więzienia. Doktor Finke przerył się przez papiery i bez wahania stwierdził, że wszczęcie sprawy było zasadne, chociaż później ją umorzono.
    Próbowałem zaprosić w charakterze eksperta fińską specjalistkę Helenę Rantę, moją dobrą znajomą, kobietę odważną i praworządną. Helena Ranta była znana z tego, że kierowała grupami ekspertów, które miały potwierdzić fakty ludobójstwa w byłej Jugosławii. Pisałem do niej i dzwoniłem. Dodzwoniłem się, ale połączenie było fatalne, dowiedziałem się, że jest w Nepalu i nieprędko wróci. Później dowiedziałem się, że poszukiwała miejsc pochówku pięciu studentów aresztowanych i zaginionych w 2003 roku. Helenie udało się znaleźć pięć grobów, ale nam nie zdołała pomóc.
    Podejrzewam, że tak samo jak w przypadku Autuchowicza, tak i w sprawie Aleha nie obeszło się bez pośrednictwa któregoś z dyplomatów i dogadania się z władzami, aby „eksperci" zapew-

nili wnioski zgodne z oczekiwaniami władz. Tak właśnie się stało. Mając w pamięci skandal z ekspertem niemieckim, sprowadzono dwóch skandynawskich specjalistów incognito, bez podawania nazwisk. Zbadali przedłożone im dokumenty, porozmawiali z krewnymi i przyjaciółmi i potwierdzili wersję samobójstwa. Nie mogłem się z nimi zobaczyć, choć spotkanie było zaplanowane. Z niewyjaśnionych przyczyn w tym dniu odwołano lot z Pragi, którym miałem wrócić do Mińska. Było pogodnie, o problemach technicznych nie informowano, wróciłem, kiedy eksperci już wylatywali do domu.

Źmicier Bandarenka spotkał się z tymi ekspertami i tak ocenił ich „działalność":

Na podstawie opinii ekspertów OBWE mogę powiedzieć o dwóch sprawach. Eksperci potwierdzili, że nie przeprowadzili własnego śledztwa, bo nie mogli go przeprowadzić, a jedynie zapoznali się z dokumentami, które udostępniła im prokuratura i milicja Łukaszenki. Jedyne, co udało im się stwierdzić: śmierć Aleha Biabenina nastąpiła na skutek uduszenia. My, przyjaciele i koledzy Aleha, od początku twierdziliśmy, że Aleh nie powiesił się, lecz został powieszony, że władze jeszcze przed wykonaniem ekspertyzy sądowo-medycznej podały do mediów, że Aleh Biabenin popełnił samobójstwo. Inne możliwości nie były przez białoruską milicję ani brane pod uwagę, ani badane.

Powstaje wrażenie, że zaproszeni eksperci stali się zabawką w politycznej grze reżimu białoruskiego i tych zachodnich polityków, którzy usiłują uratować ostatnią dyktaturę Europy. Biorąc pod uwagę fakty potwierdzone przez ekspertów, którzy przyjechali na trzy dni, nie można mówić z pełnym przekonaniem o samobójstwie. Określenie „ekspert OBWE" wkrótce oznaczać będzie na Białorusi czystą fikcję, ponieważ ludzie przyjeżdżający do kraju nie biorą pod uwagę tego, że Białoruś jest państwem totalitarnym i że nie można wydawać opinii tylko na podstawie dokumentów przedłożonych przez struktury siłowe reżimu.

Poprzedni ekspert OBWE, który przyjechał na Białoruś z Niemiec w celu wydania opinii w sprawie więźnia politycznego Mikoły Autuchowicza, znalazł się w niezręcznej sytuacji, gdy na podstawie dokumentów śledztwa potwierdził wersję, że przedsiębiorca jest terrorystą. Wiadomo natomiast, że sprawa Autuchowicza upadła nawet w sądzie reżimowym. Po zmianie władzy na Białorusi zostanie przeprowadzone rzetelne śledztwo w sprawie śmierci dziennikarza Aleha Biabenina, tak samo jak i w innych głośnych sprawach.

W Amerykance, więzieniu KGB, do którego trafiliśmy po wyborach, historia śmierci Aleha miała nieoczekiwany ciąg dalszy. Kagiebiści faktycznie przyznali się Źmicierowi Bandarence, Natalli Radzinie, mojej żonie i mnie, że Aleha zabili. Mówili nam o tym i naczelnik aresztu śledczego KGB pułkownik Orłow, i naczelnik wydziału śledczego, a następnie „kontrrewolucyjnego" KGB, Szuniewicz, który za zasługi został mianowany w 2012 roku ministrem spraw wewnętrznych. Co prawda usiłowali nam wmówić, że to sprawa kogoś „ z zewnątrz", a KGB nie ma z tym nic wspólnego.

Aleha zabrakło. W gorączce kampanii prezydenckiej bardziej skupialiśmy się na tym, by go zastąpić w wielu istotnych sprawach, które wcześniej załatwiał sam. Natomiast dziś coraz częściej wspominamy, jakim był człowiekiem, jak brakuje jego gotowości do poświęceń dla wspólnej sprawy. Czasem chodziło o cenne rzeczy: kiedyś, aby pozyskać człowieka przed akcją, którą przygotowywaliśmy, Aleh podarował pewnemu nieustępliwemu politykowi album z wartościowymi znaczkami, które namiętnie zbierał. Polityk docenił szczodrość podarunku i przystał do koalicji. Jest to historia nie o merkantylnym podejściu polityka, lecz o szlachetności Aleha.

Miał cudowną cechę – interesował się tym, co było ważne i czym interesowali się jego przyjaciele. Po jakimś czasie te zainteresowania stawały się jego własnymi. Cieszyłem się, kiedy w krąg jego zainteresowań weszły moje ulubione filmy i muzyka, choć należeliśmy do różnych pokoleń.

Aleha zabrakło. Gdyby pozostał przy życiu, niewątpliwie odsiedziałby z nami swoje i w Amerykance, i w kolonii, a potem znowu byłby takim niezastąpionym ładunkiem energii i źródłem optymizmu...

AMERYKANKA

Wyjątkowa ekipa, aktywna kampania wyborcza i szybko rosnące poparcie wyborców doprowadziły nas nie do zwycięstwa, które byłoby oczywiste przy jako tako kontrolowanym liczeniu głosów, ale do więzienia. Łukaszence puściły nerwy. Jego klęska, w istocie klęska wyborcza, była ewidentna jeszcze przed dniem głosowania. Na ulicach, w czasie spotkań z wyborcami nie można było nie zauważyć, że liczba zwolenników kandydatów alternatywnych rośnie w postępie geometrycznym.

Nasza ekipa miała najpierw nadzieję, a potem już pewność, że zwyciężyliśmy. Świadczyły o tym nie tylko nastroje ludzi na spotkaniach, ale też liczne sondaże w Internecie. Obiektywnych sondaży społecznych na Białorusi od dawna już nie ma, dlatego głosowania internetowe, szczególnie organizowane profesjonalnie i wykluczające fałszerstwa, były dobrym barometrem nastrojów społecznych. Dodatkowo społeczność internetowa to ludzie wykształceni, młodzież. Tak więc nawet nieprzyjazne nam strony internetowe i inne sondaże nie mogły podać w wątpliwość naszej przewagi.

Po wyjściu z więzienia dowiedziałem się, że udało się zdobyć protokoły podliczania głosów z niektórych komisji wyborczych i dokonać nagrań wideo. Takich dowodów jest ponad dziesięć, czyli niemało jak na warunki dyktatury. Wszystkie one bez wyjątku potwierdzają, że byłem tuż za Łukaszenką, a tu i ówdzie dyktatora wyprzedzałem. Przewaga nad pozostałymi kandydatami była znaczna. Nie ma ani jednego udokumentowanego świadectwa, że Łukaszenko znacznie wyprzedził swoich oponentów. Druga tura była nieunikniona.

Sam dyktator przyznał, że osobiście rozkazał użyć siły przeciwko pokojowym demonstrantom, choć wcześniej próbował go osłaniać minister spraw wewnętrznych, Kuleszow, który oświadczył, że była to jego decyzja. Zwierzęcy strach dyktatora przed utratą władzy cofnął kraj jeszcze bardziej niż w 2010 roku.

Setki aresztowań, pobicia podczas zatrzymań, przesłuchania w aresztach tymczasowych miały jeden cel – zachować władzę dyktatora, zniszczyć w tym celu opozycję i zastraszyć urzędników. Urzędnicy zostali zastraszeni. Opozycja znalazła się w więzieniach. Ja trafiłem do Amerykanki.

Więzienie KGB, lub areszt śledczy KGB, Amerykanka znajduje się w centrum Mińska, ukryte przed oczami postronnych, za budynkiem KGB i MSW. Skąd nazwa Amerykanka – nie wiadomo. Istnieje kilka teorii. Zgodnie z pierwszą, areszt budowano według projektu amerykańskiego. Zgodnie z drugą, plan więzienia przypomina tablicę na stole do ruletki, w wariancie gry zwanej amerykanką. Trzecia teoria mówi, że na początku trzymano tam złapanych szpiegów amerykańskich. Nie jest znany rok budowy Amerykanki. Naczelnik aresztu Orłow twierdzi, że wzniesiono ją w 1927 roku. Masowe egzekucje, przesłuchania, pobicia aresztantów stały się „firmowym" znakiem tego więzienia. W dzisiejszych czasach Amerykanka pełni te same funkcje, służąc wykorzenianiu wolnomyślicielstwa, czy to politycznego, czy też gospodarczego.

W nocy z 29 na 30 października 1937 w podziemiach mińskiego więzienia NKWD, gdzie dziś znajduje się Amerykanka, rozstrzelano ponad stu przedstawicieli elity intelektualnej Białorusi – literatów, działaczy państwowych, uczonych. Wśród zabitych tamtej nocy byli Aleś Dudar, Walery Marakou, Michaś Czarot, Izi Charik, Platon Haławacz, Michaś Zarecki, Janka Niemanski, Julij Taubin, Anatol Wolny, Chackiel Duniec, Wasyl Kowal, Todar Klasztorny, Masiej Kulbak, Jurka Lawonny, komisarze ludowi oświaty i sprawiedliwości BSRR Alaksandr Czernuszewicz i Maksim Lewkow, rektor Białoruskiego Uniwersytetu Państwowego Ananij Dziakau, kierownik katedry Witebskiego Instytutu Weterynarii Jakow Sandomirski, naczelnik Wyższej Szkoły Ludowego Komitetu Oświaty BSRR Wadim Baszkiewicz, przewodniczący KC Związków Zawodowych BSRR Zachar Kowalczuk, zastępca ludowego komisarza sowchozów BSRR Leonard Łaszkiewicz, student Uniwersytetu Sołomon Lampert... Egzekucję kontynuowano następnej nocy, kiedy rozstrzelano ponad trzydzieści osób. W czasie trzech jesiennych miesięcy 1937 roku organa represjonowały ponad sześciuset działaczy społecznych i kulturalnych Białorusi.

Amerykanka niewiele się przez te lata zmieniła. Wszystkie cele w areszcie KGB były dwu–czteroosobowe. Taka była liczba prycz. Faktycznie ludzi w celi mogło być więcej. Prysznic – raz na tydzień, w piątek. W celi umywalka, woda tylko zimna, malutkie kawałeczki mydła wydają tylko pod prysznic, grzałka elektryczna – trzy razy dziennie na pół godziny dla całej celi. Światło włączone całą dobę, nieba prawie nie widać, zegarki zakazane, dlatego łatwo było stracić orientację co do pory dnia. Spacer raz dziennie, na dworze głośna muzyka, żeby więźniowie z sąsiadujących spacerniaków nie mogli się porozumiewać. Każdy strażnik ma swoje ulubione zwyczaje. Klawisze mają obowiązek zaglądać do cel przez wizjer co trzy minuty...

ANONIMOWY ŚWIADEK

Po aresztowaniu w Mińsku dyrektora generalnego „Uralkaliju" Władysława Baumgertnera, którego wsadzono do Amerykanki, do niezależnych portali internetowych przyszedł list pewnego rosyjskiego biznesmena o jego pobycie w tym więzieniu. List jest wart zacytowania. Jego prawdziwość dla nas, więźniów Amerykanki, nie budzi wątpliwości:

W areszcie KGB nic nie dzieje się przypadkowo. Szatański system, stworzony w czasach represji stalinowskich w latach trzydziestych, w tym konkretnym przybytku funkcjonuje do chwili obecnej praktycznie bez zmian.

Bezpośrednio po zatrzymaniu i pierwszych procedurach, do gabinetu śledczego wzywają dwóch strażników – kontrolerów aresztu KGB. Po ich wejściu do gabinetu zaczyna się „karuzela". Zazwyczaj zasada „złego i dobrego policjanta" polega na kontraście „dobrych" śledczych ze „złym" piekłem samego więzienia. Należy podkreślić, że ta szatańska machina represji jest dość innowacyjna i w zasadzie stosuje indywidualne podejście, nie wolne od pewnych niuansów.

Tak więc wizytówką tego piekła, którego głównym celem jest okrutne i błyskawiczne złamanie człowieka, są właśnie dwaj strażnicy. Uprzejmie, acz dokładnie zatrzaskują kajdanki. Uprzejmie proszą o przejście, choć popędzają, na razie wszystko uprzejmie. To wszystko dzieje się do momentu wejścia do budynku Amerykanki i trafienia do piwnicy, do pokoju oględzin. Tu proszą człowieka, by usiadł na drewnianej ławce i trochę poczekał. Kiedy człowiek siada na wskazanej ławce, ochroniarze wychodzą i zamykają drzwi. Te ostatnie pięć–siedem minut spokoju i ciszy są dawane nie bez powodu. Co jakiś czas czekiści zaglądają przez wizjer i czekają, aż człowiek odpręży się i zamknie oczy (są to dwa obowiązkowe warunki).

Jak tylko widzą, że człowiek zaczął się uspokajać... Już czas! Szczęk zamka i „zimny prysznic": „Wszystko z kieszeni, szybko! Rozebrać się do naga! Zdjąć majtki! Pięć przysiadów! Jeszcze pięć! Wszystko, co pozwolił zabrać ze sobą śledczy – zostawić! Lekarstwa – nie wolno! Jutro lekarz obejrzy wasze lekarstwa i powie, co można, a czego nie można. Jeśli zrobi się niedobrze – wezwiemy pogotowie, choć tu rzadko się umiera. W ogóle się nie umiera! W pogotowiu się umiera, u nas – nie! Nie denerwujcie się tak, zorientujemy się, co i jak, tu jest porządek, surowy, ale porządek! To wszystko! Podpiszcie papiery! To wam skonfiskowano. Zostaliście zapoznani z regulaminem współżycia w areszcie i należy go przestrzegać. Zasady przeczytacie w celi, wiszą na ścianie, czasu macie na to pod dostatkiem. Wszystkie pytania zadawajcie dyżurnemu na obchodzie!".

Jak na razie nie krzyczą, nie przeklinają, mówią jednak jakoś niezwyczajnie... Człowiek patrzy na nich i nie rozumie. Niby ludzie mówią w tym samym języku, ale coś jest nie tak, mózg się lasuje od niezrozumienia, co jest „nie tak"! Dopiero później człowiek zdaje sobie sprawę, że wszędzie, absolutnie wszędzie tkwią mikrofony, które są włączone całą dobę, działają też kamery wideo.

Czekiści dla każdego człowieka przygotowują indywidualny scenariusz „łamania" i nie daj Boże, żeby się pomylili – natychmiastowa reprymenda. Czas od zwolnienia ze służby do aresztowania to 72 godziny i półtora błędu. Dlatego pracują tam tylko ci, którzy wykonują swoją pracę świadomie, a nawet z satysfakcją, gorliwie dokładając starań. To aktorzy bez wykształcenia i każdego dnia mają kilka premier!!! Wychodzi z tego jakiś piekielny spektakl. W zasadzie cel osiągnięty, pięć–siedem minut i mózg człowieka zlasowany.

Tak więc pierwszy krok do Piekła zrobiony. Po podpisaniu wymaganych papierów, komenda: „Twarzą do ściany, ręce na ścianę". Potem: „Ręce za plecy i szybkim krokiem marsz. Patrzeć tylko pod nogi, na boki i w górę nie wolno".

Tak więc truchtem (od tej chwili już cały czas truchtem, a jeśli nie, to wezwanie na przesłuchanie ze wszystkimi wynikającymi z tego..., znowu według osobnego indywidualnego scenariusza) prowadzą człowieka z piwnicy schodami na parter. Z parteru na pierwsze piętro już nie schodami, ale po trapie dla strażnika.

Wyjaśnienie: trap to kręte i bardzo wąskie metalowe schody (kto był w wojsku, będzie wiedział, o co chodzi), przeznaczone do wchodzenia na platformę obserwacyjną. Zaprojektowane są dla strażnika zdrowego, w dobrej kondycji fizycznej.

Wysokość każdego stopnia to 35–45 centymetrów. Schody mają poręcz, szerokość około metra. Dla wszystkich, oprócz strażnika, przewidziano oczywiście normalne wejście po schodach, ale w areszcie KGB nic nie odbywa się normalnie. Aresztowany musi skakać po trapie bez względu na swój stan zdrowia i samopoczucie, mimo że jest to trudne, męczące i niewygodne. Tego rodzaju „ćwiczenia" wpływają także na psychikę (zwłaszcza w pierwszych chwilach i taki jest właśnie ich „sens").

Kiedy człowiek, którego mózg już się gotuje po pobycie w pokoju oględzin, wgramoli się po trapie na pierwsze piętro, spotyka go kolejny konwojent, znowu twarzą do ściany, znowu obszukanie, potem prowadzą do celi. Z reguły pierwszego dnia trafia się do celi 17 lub 18, rzadziej do 2 lub 3 (zasiedlają je w ostatniej kolejności, starają się, by były puste). Dlaczego właśnie te cele – trudno powiedzieć, być może składają się na to następujące czynniki:

– są od strony północnej, nie wpada tam światło słoneczne, panuje stały półmrok, bardzo słaba żarówka, oczy szybko się męczą i zaczynają boleć;

– brak toalety, węzły sanitarne są w celach 7, 8, 9, 10, 11 i 12; w pozostałych celach ich nie ma, stoją tam wiadra plastikowe z pokrywką produkcji Belplast SA.

Bliskość trapu – możliwe, że z wygody, ponieważ przez pierwsze dziesięć dni z człowiekiem będą „pracować" na maksymalnych obrotach zarówno funkcjonariusze aresztu, jak i wszyscy pozostali (śledczy, adwokat, prokurator, pracownicy operacyjni itd.).

Tak więc, człowiek po pokoju oględzin, po akrobatyce na trapie, po dwóch rewizjach trafia do celi. W celi także nic nie jest przypadkowe:

– bardzo słabe światło (oświetlenie przypomina garaże spółdzielcze lub babcine szopy, piwniczki), trzeba ciągle wytężać wzrok;

– w dalszym kącie (ten dalszy kąt jest pojęciem względnym, bo cela ma 7,5 metra kwadratowego powierzchni) – umywalka, bliżej wiadro, między nimi prycze.

Prycze – to osobny wytwór szatańskiej sztuki. Łoże jest wykonane w postaci siatki z prętów metalowych, rozmieszczonych co 10–12 centymetrów. Materac, szczególnie stary (wręczany jest przy wejściu do celi razem z poduszką, powłoczką, dwoma prześcieradłami, starym aluminiowym kubkiem, dwoma talerzami i łyżką), po 20–25 minutach leżenia zapada się, metalowa siatka wrzyna się weń i wciska się w ciało metalowymi zgrubieniami w miejscach skrzyżowania prętów. W ciągu tych 20–30 minut człowiek przeważnie nie może zasnąć z bólu, który powoduje metal wpijający się w ciało. Próbuje więc zmienić pozycję, znaleźć na ciele miejsce, które go jeszcze nie boli. To się dzieje dopiero nad ranem. Wieczorem po prostu wyskakuje z łóżka i zaczyna chodzić po celi (trzy i pół kroku w jedną stronę i tyle samo z powrotem).

Oczywiście takie utrudnienia dolewają oliwy do ognia rozgorączkowanemu mózgowi. Dopiero później oceni on „swobodę" zamknięcia w pojedynkę, gdy trafi do celi takich samych rozmiarów, ale z czterema podsądnymi, gdzie nie jest fizycznie możliwe zrobienie trzech kroków. Można zrobić najwyżej dwa lub półtora. W celach trzyosobowych (bywają i takie) między pryczami można się przecisnąć tylko bokiem, a o chodzeniu trzeba w ogóle zapomnieć. Na długość są one takie same, na szerokość – węższe. Ale wszystko to będzie dopiero później. Na razie te trzy kroki nowo przybyłemu wydają się staniem w miejscu.

Architektura. Wszystkie cele stanowią powiększoną kopię trumny, nie ma ani jednego kąta prostego! Patrzy człowiek do góry i widzi pokrywę trumny, patrzy na dół – dno trumny, patrzy na bok – ścianka trumny. Maleńkie, wąskie okno z białą matową szybą i lufcikiem rozmiaru kartki A4. Powietrze do celi wpada tylko przez lufcik. Jeszcze jeden otwór wentylacyjny, o średnicy około 15 centymetrów, znajduje się naprzeciwko okna nad drzwiami wejściowymi, ale teraz, w pierwszych dniach, jest zasłonięty, aby niepostrzeżenie doprowadzać do niedotlenienia.

Otwory wentylacyjne zamykane są metalową przykrywką na sprężynie od zewnątrz, od strony strażnika. Do przykrywki przymocowana jest przezroczysta żyłka, strażnik może przykrywkę – niezauważalnie i po cichu – to otwierać, to zamykać. W areszcie, powtarzam, nic nie dzieje się przypadkowo, w pierwszych dniach przykrywka nie działa... W ogóle podstawowym problemem w areszcie jest tlen, nawet spacer nie może uzupełnić dobowego zapotrzebowania na niego. Nie da się opisać w wielkim, wszechmocnym języku rosyjskim stanu psychiki i organizmu, mogą go z pewnością sobie wyobrazić jedynie marynarze okrętów podwodnych z czasów drugiej wojny światowej. Nawet górnicy, jeśli cierpią na niedostatek tlenu, to krótko, w ciągu roboczej zmiany, a w celi trwa to długo, tygodniami, miesiącami!

„Meble". W celi znajduje się coś umownie nazywane stołem – jest to płaszczyzna o rozmiarze metra kwadratowego i dwa miejsca do siedzenia przy tym stole (warto zauważyć, że koledzy Dzierżyńskiego projektowali cele dwuosobowe, a już „wnuki" Feliksa przeprowadziły modernizację, dołożyły drugi rząd i przekształciły cele w czteroosobowe, żeby już całkiem... bez możliwości...).

Pierwszy dzień zakończony. Pojęcia „dzień i „noc" nie będą przez więźnia rozróżniane przez najbliższe dziesięć dni. Przez cały ten czas nie dadzą mu możliwości uspokojenia się, dojścia do równowagi psychicznej. Jeśli ze zmęczenia lub wycieńczenia zacznie się wyłączać, będą go szarpać z zewnątrz (stukanie w drzwi lub obok drzwi, co w warunkach więziennych ma siłę wystrzału), głośno wykrzykując: „Jak się czujecie?", „Co robicie?", „Połóżcie się inaczej!", „Nie widzimy waszych rąk!" itd.

Ranek... Wszystko boli... Boli nawet chodzenie, ale jest to ból do wytrzymania, tępy.

6.00 – pobudka. Ale człowiek o tym nie wie, bo posiadanie zegarka jest zabronione. Po trzech–siedmiu minutach jako jednego z pierwszych (tak, nic nie dzieje się przypadkowo) wyprowadzają go do toalety. Wyprowadzanie do toalety odbywa się dwa razy na dobę – o godzinie 6.00 i 18.00. Więzień musi wynieść wiadro z moczem (robienie „większej potrzeby" przy braku powietrza w celi jest po prostu niemożliwe, dlatego w rzadkich, szczególnie ważnych przypadkach, funkcjonariusze Amerykanki, zgodnie z procedurami, wywołują biegunkę, aby człowiek „znalazł się w siódmym niebie", ale z reguły w pierwszych dniach wrażeń jest aż za dużo, system pracuje zgodnie z zasadą *step by step*). Zawartość wiadra należy wylać do klozetu, zrobić lub próbować zrobić „większą potrzebę" i wrócić z wiadrem do celi. Na to wszystko przewidziano trzy–pięć minut. Za pierwszym razem, jak i przez wszystkie następne dziesięć dni, do toalety prowadzają na parter, żeby przerabiać akrobatykę z wiadrem moczu na trapie, kiedy wszystko człowieka boli. Dopiero później, kiedy więzień zacznie „współpracować", procedura toaletowa staje się lżejsza, nie tak męcząca, a jeśli więzień zgodzi się być „swoim chłopem", to przenoszą go do celi z toaletą i w końcu przestanie dzielić swoje życie na dwunastogodzinne okresy.

Podsumowanie: jedna minuta na dotruchtanie z wiadrem do toalety, trzy–pięć minut w toalecie i jedna–półtorej minuty na powrót. Już przy zamykaniu drzwi lub po dwóch–trzech minutach komenda:

„Przygotowanie do obchodu!". Obchód jest o 8.00, komenda wydana o 6.10! Zegarka nie ma i psychologicznie oczekiwanie rozciąga się na jakieś dziesięć godzin. Nie pozwalają się odprężyć, jeśli ktoś się zmęczył czekaniem – stukanie w drzwi lub obok drzwi, te same bezmyślne okrzyki: „Jak się czujecie?", „ Co robicie?" itd.

Obchód zajmuje jedną–dwie minuty, drzwi zostają otwarte, wchodzi dyżurny, słucha raportu i wychodzi. Dodaje jeszcze, że pytania, jeśli ktoś je ma, muszą być kierowane na piśmie. W tym celu może polecić wydanie długopisu i papieru po obchodzie, ale okazuje się, że zadać pytanie można dopiero następnego dnia przy obchodzie porannym. Oznacza to jeszcze dobę próżni, niezrozumienia i braku podstawowych przedmiotów potrzebnych do życia. I jeszcze jedno ze strasznych pytań: skąd wziąć papier toaletowy? W więzieniu nie dają, mówią: „Nie mamy, powinniście dostać od rodziny". Ale ile można czekać? „Nie wiemy..."

Posiłki niczym się nie wyróżniają. Są skromne i regularne. Przez pierwsze dziesięć dni człowiek nie zwraca na nie szczególnej uwagi. Stres, rozgorączkowanie, brak zrozumienia, co się właściwie dzieje, jakie jedzenie do diabła, trzeba się w tym wszystkim odnaleźć... Później, mniej więcej siódmego dnia, ta stresowa dieta daje o sobie znać. Zdarza się, że przyciśnie więźnia bardziej niż inne sprawy i spróbuje go dobić, złamać do końca. Właśnie dlatego przez pierwsze dziesięć dni nie ma żadnych paczek ani listów – padną trupem, a nie przepuszczą. Wzywają na przesłuchania, a o pozostałych rzeczach można zapomnieć!

Prawie od razu pojawia się jeszcze jeden poważny problem, jeśli chodzi o wyżywienie – nie ma możliwości napić się herbaty. Grzałkę każdy ma swoją, w pojedynczej celi jej nie ma i przez najbliższe dziesięć dni nie będzie, aż do nowego etapu. W paczce jej z reguły nie przepuszczają. W sumie przez dziesięć dni tylko zimna woda z kranu i chleb, ale jego ilość wyznacza strażnik (ponoć jakaś norma istnieje, ale kto wie, jaka i kto ją sprawdzi?).

W ciągu tych dziesięciu dni dopełniane są jeszcze pewne formalności procesowe – daktyloskopia, analizy, wypełnianie ankiet itp.

Towarzyszą im pretensje, uwagi i wszelkie chamstwo. Nie jest ważne, co człowiek robi i jak się zachowuje (jeśli oczywiście jeszcze się nie załamał) – system w każdym przypadku działa zgodnie z procedurami.

Na szósty–siódmy dzień człowiek z tego wszystkiego zmienia się w „półwarzywo", wpada w depresję. Potem organizm zaczyna reagować histerycznie i bić na alarm: „Ej, chłopie! Zrób coś, zdecyduj, jak nie, to ja padnę, a ty zdechniesz".

I wtedy przychodzi chwila prawdy!

Przeciętnie osiem z dziesięciu osób, które wpadły w „procedury", wcześniej czy później zgadza się „współpracować w śledztwie". Daje to tymczasowy pozytywny rezultat: sen, cela po słonecznej stronie, bardzo możliwe, że z toaletą, paczki i bonusy od strażników (trochę więcej minut w toalecie, wolniejszy trucht, bardziej ludzka intonacja głosu). Otrzeźwienie przychodzi później, organizm przyzwyczaja się i staje się jasne, że te wszystkie ulgi nie są tak bardzo ważne. Drogi powrotnej już nie ma. Wszystko skończone: przesłuchania, konfrontacje, piętno pozostaje – wyjawił, zeznał, przyznał się, załamał. A przecież nie mówimy o donosicielach!

Tak właśnie wygląda pierwsze dziesięć dni. Później też nie jest lekko, ale to nie to, co te pierwsze dziesięć.

PS. Opisano tu tylko podstawowe zasady przetrzymywania więźniów. Nie mniej szatańskie psychologiczne zagrywki funkcjonariuszy operacyjnych, śledczych i naczelników to osobny temat. Nie wciskają igieł pod paznokcie ani nie łamią żeber, lecz bezlitośnie łamią psychikę, jeśli zajdzie potrzeba – zmuszą do rozebrania się, pompek na golasa, przysiadów, biegu w górę i w dół po trapie strażnika i do wielu innych rzeczy. Ci pomysłowi oprawcy mogą sobie pozwolić dosłownie na wszystko. W głównodowodzącym i w funkcjonariuszach białoruskiego gestapo pozostało bardzo mało człowieczeństwa, ci ludzie są skończeni, to bydlaki i sadyści, którzy żyją obok nas.

W taki sposób biznesmen opisuje zwykły regulaminowy tryb pracy tej instytucji. Dla nas opracowano o wiele okrutniejszy reżim i starannie go przestrzegano. Więźniowie Amerykanki potwierdzają, że programem tortur kierował starszy syn Łukaszenki, Wiktor, szef służb siłowych.

W więzieniu, oprócz mnie, znalazł się trzon naszej ekipy oraz moja żona. Wielu członków sztabu musiało uciekać z kraju, wielu wzywano na przesłuchania do KGB. Takiej presji nie przeżywała żadna inna ekipa kandydata. Było to dodatkowe potwierdzenie, kogo dyktator uważał za swojego głównego oponenta. Chociaż słowo „oponent" należy do słownictwa normalnych ludzi, Łukaszenko uważał nas za swoich wrogów.

TORTURY W AMERYKANCE

P o 19 grudnia 2010 na naczelnika Amerykanki wyznaczono w trybie nadzwyczajnym pułkownika Orłowa, który najwidoczniej dał się poznać jako specjalista od psychologicznej i fizycznej „obróbki" więźniów. Od pierwszych godzin naszego pobytu w areszcie KGB w stosunku do nas stosowano nie tortury, lecz kompleksowy program tortur.

Aleś Michalewicz

Jako pierwszy opowiedział o torturach i zmuszaniu do współpracy kandydat na prezydenta, zwerbowany przez KGB i wypuszczony po podpisaniu w końcu lutego 2011 zobowiązania o pozostaniu na Białorusi. Michalewicz potem publicznie ogłosił, że zrywa współpracę z KGB i wkrótce został zmuszony do potajemnego opuszczenia Białorusi.

Niezależnej prasie opowiedział o sposobach znęcania się nad nim w areszcie:

10 stycznia „strażnicy strażników" – ludzie w czarnych maskach i nieoznakowanych mundurach wywlekli mnie z celi, siłą wykręcili ramiona do tyłu, skuli i podnieśli za ręce tak, że twarzą dotykałem betonowej podłogi. Sprowadzili po spiralnych schodach do podziemia. Powiedzieli, wykręcając moje ręce maksymalnie w górę, aż stawy zaczęły trzeszczeć, że mam robić wszystko, co mi każą. Trzymali długo moje ręce w takiej pozycji i podnosili coraz wyżej i wyżej, aż powiedziałem, że zrobię wszystko, co chcą. Funkcjonariuszy aresztu nie było nawet na korytarzach.

Systematycznie – po pięć–sześć razy na dobę – wyprowadzali na przeszukanie, to znaczy na rewizję osobistą. W czasie rewizji ustawiali nago w rozkroku, podcinając nogi, zmuszali do rozstawienia ich niemal do pełnego szpagatu. Kiedy podcinali nogi, czuło się jak rwą się więzadła, po zakończeniu tej procedury trudno było chodzić. Stawiali nagiego w odległości metra od ściany, zmuszając do oparcia się rękami o ścianę, w pomieszczeniu, gdzie temperatura nie przekraczała 10 stopni. Trzymali tak czterdzieści minut, póki ręce nie nabrzmiały. Kilka razy zmuszali, żebym kładł ręce na ścianę, dłońmi w górę i stał w takiej pozycji.

W czasie tak zwanej rewizji osobistej wszystkich rozebranych do naga zapędzano do zimnego pomieszczenia i zmuszano do szybkich przysiadów po kilkadziesiąt razy z rzędu. Więźniom o słabym zdrowiu robiło się niedobrze, ale ludzi w maskach to nie powstrzymywało.

Na noc nie wyłączano światła, wymagano, aby kłaść się twarzą do lampy, zabraniano zakrywania oczu chusteczką, bo twarz musiała być widoczna. Spać można było tylko twarzą do wizjera, cały czas tego pilnowano, jeśli ktoś się obrócił we śnie, oprawcy wchodzili i budzili go, zmuszając do położenia się, jak nakazywano. Faktycznie była to tortura spowodowana brakiem snu.

Malowano podłogę w celi farbą na acetonie i wymuszano przebywanie w niewietrzonej celi, aż farba wyschła. Trwało to ponad czterdzieści godzin.

W samych celach temperatura nie przekraczała 10 stopni, ogrzewania praktycznie nie było. Na ścianach zalegała czarna pleśń, która rozrastała się, kiedy zamykano lufcik.

Poinformowano nas, że nasza cela może korzystać z porad lekarskich tylko w czwartki (zamiast na żądanie, zgodnie z regulaminem). W czasie pomiaru ciśnienia lekarz zabraniał choremu spoglądać na aparat, żeby nie widział wyniku. Lekarz wpisywał historię choroby do dziennika, zakrywając go papierem. Na spacer w mroźną pogodę wyganiano nawet zapisanych do lekarza, nie mówiąc o tych, którzy nie mieli ciepłych rzeczy.

Adwokatów nie wpuszczano, chociaż wolne pomieszczenia były zawsze – po drodze na przesłuchania widzieliśmy puste gabinety. Żaden z nas nie spotkał się sam na sam z adwokatem. Było to działanie celowe, żeby więźniowie nie mogli opowiedzieć o torturach.

Z cel został zabrany *Regulamin wewnętrzny*, ponieważ był on naruszany dziesiątki razy. Ludzie w maskach uprzedzili, że w przypadku skarg znowu „powieszą za kajdanki".

W okresach szczególnej aktywności wyprowadzano mnie na rewizję po osiem razy dziennie.

Afgańczyk, który był ze mną w celi i miał doświadczenie z niewoli u talibów, powiedział (mając na uwadze pościel i prycze), że talibowie nie mają takich „luksusów", jednak z ludźmi obchodzą się znacznie lepiej.

Informację o torturach potwierdził nasz rzecznik prasowy Alaksandr Atroszczankau, a jego żona Daria Korsak 4 marca 2011 zwróciła się do Prokuratury Generalnej z żądaniem zbadania, co się dzieje w areszcie KGB. Szczegółową informację Dasza uzyskała po wydaniu na Alaksandra wyroku 2 marca 2011. Opowiedział, że zmuszają go do rozbierania się, długo trzymają nago w rozkroku, co powoduje wielkie cierpienia. Mało tego, zmuszają go do ćwiczeń fizycznych nago. Nie zdążył powiedzieć, czym skutkuje odmowa wykonania takich rozkazów, ale dał do zrozumienia, że kary mogą być maksymalnie okrutne. Dowiedzieliśmy się też, że ludzie w maskach wielokrotnie znęcali się nad Alaksandrem, stosując tortury z kajdankami.

Informacje Michalewicza i Atroszczankowa nieco złagodziły nasz los w Amerykance po dwóch miesiącach poddawania obróbce. Mniej było fizycznego znęcania się, przerzucono się na metody psychologiczne.

Ihar Aliniewicz

Wszystko, co działo się w Amerykance, zasługuje na bardzo szczegółowy opis. Coś niecoś pojawiło się w prasie. Ihar Aliniewicz, jeszcze jeden z więźniów Amerykanki, już będąc w kolonii, napisał książkę *Jadę do Magadanu*. Jego świadectwo jest chyba najbardziej precyzyjne ze wszystkich, jakie opublikowano na wolności:

O wynikach wyborów prezydenckich dowiedzieliśmy się w nocy 19 grudnia, kiedy do celi wrzucili piątego człowieka... Następnego dnia na korytarzu zauważyliśmy dziesiątki drewnianych podkładów do prycz. Większość z nich sprawiała wrażenie nowych i zbitych naprędce. Sugerowało to jeszcze jedno... Nie przywiązywaliśmy wagi do pojawienia się strażników w maskach szturmowych. Wyglądało na to, że do przepełnionego aresztu przysłano wzmocnienie dla personelu etatowego. Nie wiedzieliśmy jeszcze, co oznacza wprowadzenie specnazu do więzienia. Wśród nas nie było doświadczonych więźniów... Wówczas jeszcze na polecenie „mordą do podłogi" odszczekiwaliśmy się gniewnie, a chamstwo i grubiaństwo przypisywaliśmy temu, że strażnicy są z OMON-u. Nawet kiedy postawili nas w rozkroku w czasie rewizji, specjalnie wyprowadzając wszystkich do sali gimnastycznej, uważaliśmy to za podłe zagrywki, ordynarną próbę zastraszenia, tanią farsę, która zaraz się skończy... Zmieniły się areszty, zmienił się kraj. Władze zrobiły znaczący krok w stronę jawnej dyktatury, demonstrując wiarę we własną siłę, bezkarność i brak zahamowań.

Rok 2011 zaczął się ponuro... Bili po głowie, po uszach, po szyi, w pachy, pod kolanami, dźgali w zęby, w oczy. Krew się burzyła, pięści same się zaciskały. Zobaczywszy to, ludzie w maskach odeszli na parę kroków, stanęli z pałkami w rękach, darli się, żebym otworzył pięści, ale nie słyszałem ich. Sytuację rozładował dyżurny, który wyrósł jak spod ziemi.

Przy nim nie ośmielili się bić. Wewnątrz wszystko mnie paliło... W drodze powrotnej przy schodach znowu się zatrzymali. Ci sami albo inni, nie pamiętam. Zażądali, żebym na rozkaz pochylił głowę. Odmowa. Silne uderzenie w głowę po karku. Odmowa. Znowu kompleksowa „obróbka". Odmowa...

Następnego dnia egzekucja trwała dalej. Dopadli mnie, gdy wracałem z ubikacji. Tym razem ludzie w maskach zebrali się wszyscy razem, w czterech lub pięciu. Zagrodzili mi drogę, komenda „opuścić głowę". Odmowa. Parę uderzeń, zero reakcji. Stawiają w rozkroku pod ścianą. Zainteresowali się, czy będę dalej odmawiać. Odmowa. Ostry cios po nogach, podcięty, padam na kolana i łokcie. Próbuję się podnieść, ale w głowie się kręci, przed oczami czerwona mgła. To już nie ja. Obijam się o ściany, kręcę się po podłodze jak bąk. Szczękają kajdanki. Ciągną mnie do sali gimnastycznej. Stawiają w szerokim rozkroku, opierając głową o ścianę. Rozciągają mi nogi buciorami, na goleniach pęka skóra. Biją w żebra, to tu, to tam, ale bólu już nie czuję. W krwi olbrzymia ilość adrenaliny. Przystawiają mi do twarzy włączony paralizator. Straszne, ale tylko mocniej zaciskam zęby. Pertraktacje. Dogadujemy się, że mam przynajmniej spuszczać wzrok na komendę „głowa w dół". Przynajmniej to. Po cichu przecierają zadrapania wodą utlenioną.

Dzień później zapisuję się do punktu medycznego, żeby opatrzyć ślady pobicia. Na czole krwiak, kolana i łokcie porozbijane. Na goleni szrama. Wargi i ucho – nie da się opisać. Jednak zamiast do lekarza cała cela idzie do naczelnika aresztu. W przestronnym, dobrze urządzonym gabinecie siedzi niewysoki człowiek, pewny siebie i władczy.

– Jesteście terrorystą? – twardo spytał mnie pułkownik Orłow.

– Nie.

– Dlaczego pobiliście dwóch strażników? Mamy tu raporty. Jeden jest na zwolnieniu. Drugi ma uszkodzoną rękę.

Coś takiego! Opowiadam wszystko, jak było, ale naczelnik tylko pochwalił działania swoich podwładnych.

– Tu jest jak w wojsku – ciągnął Orłow. – Dyscyplina wymaga, aby karać nawet niewinnych. Potrzebny jest porządek, a nie kłopoty. Sami widzicie, z jakimi problemami kraj się boryka.

W drodze powrotnej dotarło do mnie, że wszystko zostało zaplanowane, a to, co zaszło, nie było dziełem przypadku. Tak samo jak i pojawienie się Orłowa, który zastąpił dawnego naczelnika aresztu akurat po wyborach. Zrobiło się całkiem beznadziejnie.

Dni, i bez tego ponure, stały się torturą. Wszystko zaczynało się o godzinie 6.00 rano od wrzasku ludzi w maskach na korytarzu, kiedy więźniów wyganiano do ubikacji. Mocne uderzenia pałkami po ścianach, poręczach, podłodze, ciągłe wrzaski: „Głowa w dół", „Szybciej", „Biegiem"... Trzaskanie drzwiami. To samo powtarzało się przed każdą celą.

Wszystko to razem tworzyło głośną i brutalną kakofonię, paraliżującą wolę i napawającą strachem. Po porannym obchodzie dyżurnego wszystko się powtarzało. Najpierw o 8.30, kiedy na spacer wychodziła pierwsza zmiana, potem co godzinę, dwie, aż do 12.30, kiedy wracała ostatnia zmiana.

Sześć przebieżek na dwór, sześć do celi – zgodnie z liczbą spacerniaków. Jeśli było mniej, domyślaliśmy się, że niektóre cele odmawiały wyjścia. Z czasem zauważyliśmy, że na jednych wydzierają się bardziej, na drugich średnio, na trzecich wcale. Zróżnicowane podejście.

Od 13.00 do 15.00 – obiad. Parę godzin oddechu. Po trzech godzinach zaczyna się druga tura – dokładne rewizje. O ile wcześniej rewizje przeprowadzano raz na półtora miesiąca, to obecnie stało się to codzienną procedurą. Zazwyczaj wyganiali nas do sali gimnastycznej, gdzie musieliśmy się rozebrać i zrobić kilka przysiadów. Po przeszukaniu odzieży stawiali nas w rozkroku pod ścianą, często z dłońmi wygiętymi do tyłu, tak jak więźniów skazanych na dożywocie. Podczas której rewizji staliśmy w tej pozycji pół godziny. Pamiętam, że za pierwszym razem trwało to „raptem" pięć minut, ale i to było torturą, po której z trudem daje się poruszać nogami. Po trzydziestu minutach ledwo żyjesz. Trzymasz się, żeby nie stracić przytomności, pod nogami masz kałużę własnego potu, a ręce trzęsą się jak szalone.

O 16.30 drugie wyprowadzenie do ubikacji. Wszystko według porannego schematu. I znowu dokładne rewizje do godziny 18.00. Kolacja. O godzinie 20.00 przychodzi nowa zmiana, która również stara się przeprowadzić wszystkie procedury. Wtedy zwykle szarpali nas na tak zwaną rewizję osobistą.

Oznaczało to zebranie wszystkich swoich rzeczy, zwinięcie materaca z pościelą, spakowanie jedzenia itp. Następnie z całym tym ładunkiem schodziliśmy do sali gimnastycznej, przy czym na początku pozwalali znosić rzeczy partiami, potem trzeba było nieść wszystko naraz. Strażnicy wytrząsali torby, przeszukiwali ubrania, listy, reklamówki, potem znowu trzeba było wszystko spakować. Cały czas poganiano: „Szybciej!", „Ruszajcie się!". Jeśli ktoś za wolno wykonywał rozkazy, wszystko się powtarzało jeszcze raz. Z powrotem rzeczy nie składano, lecz upychano. Czasu było mało. W kolejce czekali następni. Później zaczynało się najtrudniejsze – droga powrotna. Najpierw szliśmy, potem biegliśmy. W rezultacie biegaliśmy wiele razy. Na komendę trzeba było chwycić rzeczy, materac z wypadającym prześcieradłem i wbiec na górę po wąskich i krętych schodach. Prawie na finiszu strażnicy zatrzymywali nas i kazali zbiec na dół. I znowu do góry... Tego nie wytrzymałby nawet zdrowy, silny człowiek! Dopełzasz do pryczy i padasz jak zajeżdżony koń, bez ścielenia, wszystko staje się obojętne.

Po fizycznym i duchowym wykończeniu strażnicy brali się za pranie mózgu. Od godziny 18.00 do 22.00 telewizja więzienna (telewizja publiczna została wyłączona w grudniu) nadawała programy w 90 procentach śmieciowe. Mistyka, pseudohistoria, bojownicy czeczeńscy, terroryści, politykierzy, narkomania, spisek żydowski, dolar--krwiopijca – jednym słowem, sensacja obliczona na zastraszenie prostaczka. Niby nic, ale powtarzało się to codziennie. Dziesiątki razy to samo. Trwało zastraszanie, wpajanie poczucia zagrożenia. Liczono na pojawienie się nerwic, neurastenii. Manipulacja i wpływanie na podświadomość za pośrednictwem telewizji były najgorsze. Doprowadzały do paniki i samobiczowania. Oprócz wymienionych, nadawano programy ultraprawicowe, na przykład RusTV i „Kulikowe Pole". Pokazywano filmy *Rosja z nożem w plecach* itp. Idiotyczne jest, kiedy więźniów się przekonuje, że Putin to Żyd, a Rosja – mocarstwo syjonistyczne. Co jakiś czas strażnicy wchodzili razem z ludźmi w maskach i z pałkami w rękach. Sprawdzali, czy oglądamy.

Natalla Radzina

Natallę Radzinę wypuszczono z Amerykanki półtora miesiąca po aresztowaniu. Wyszła na wolność po podpisaniu oświadczenia o nieopuszczaniu kraju. Wysłano ją do Kobrynia, gdzie mieszkali jej rodzice, byle dalej od Mińska. Natasza, naturalnie, natychmiast zajęła się portalem Karty '97. Funkcjonariusze, którzy w Kobryniu śledzili każdy jej krok, uprzedzili, że znowu ją zamkną. Nie mogli pojąć, że nasza ekipa miała bardzo twardy kręgosłup. Kiedy nas wypuszczano po torturach, zastraszaniu, groźbach i ostrzeżeniach, wiedzieliśmy jedno – wyrwaliśmy się po to, by walczyć dalej, a nie po to, żeby dostosować się do absurdów. Natasza bez pracy, bez dziennikarstwa, bez walki z nikczemnością dyktatury, nie wiedziała, jak żyć, i zdecydowała się uciec z Białorusi.

Jej paszport został w KGB, mogła więc wyjechać tylko przez Rosję, ponieważ na tej granicy nie było kontroli paszportowej. Do Rosji jednak trzeba najpierw dojechać. Postanowiła uciec przy okazji wyjazdu do Mińska, dokąd ją wezwano celem złożenia zeznań. Wsiadła do pociągu, wiedząc, kiedy z niego wysiądzie. Na każdej stacji wysiadała na papierosa, aby nie od razu zauważono jej nieobecność, kiedy nie wróci do wagonu. Kiedy pociąg podjechał do umówionej stacji, wyślizgnęła się z przedziału tylko z torebką. Konduktorowi powiedziała, że idzie kupić colę, przeszła przez dworzec i wsiadła do samochodu z drugiej strony budynku. Zawieziono ją w bezpieczne miejsce, gdzie spędziła kilka strasznych dni, czekając, aż choć trochę wygaśnie gorliwość poszukiwań przez służby. Te oczywiście rozwinęły burzliwą działalność, ponieważ Natasza swoją ucieczką wymierzyła im siarczysty policzek. Przepytywano konduktorów, przeglądano zapisy monitoringu we wszystkich punktach przejazdu pociągu z uciekinierką. Przesłuchano absolutnie wszystkich, którzy w Kobryniu odprowadzali Nataszę na pociąg. Zastraszono rodziców i krewnych.

Natasza przeczekała nieznośnie dłużący się czas, przefarbowała granatowoczarne włosy na rudo i pomknęła samochodem do Moskwy. Była tu nielegalnie cztery miesiące, dopóki Swietłana Gannuszkina, przewodnicząca Komitetu „Współpraca Obywatelska"[23] nie pomogła jej wyrobić dokumentu, z którym Natasza mogła pojechać do Holandii, a stamtąd do Litwy. Ucieczka Nataszy była prawdziwą akcją solidarności. Organizowali ją Natalla Kalada, Mikoła Chalezin, moja siostra Iryna Bogdanowa, Iryna Krasouskaja i Pawał Marynicz, który zdołał ujść przed prześladowaniami KGB. Pomagali jej przyjaciele i nieznajomi ludzie z Białorusi, Rosji, USA, Niemiec, Słowacji, Wielkiej Brytanii. Moim zdaniem, cała Białoruś cieszyła się, kiedy Nataszy udało się uciec sprzed nosa KGB.

Po wyjeździe z kraju Natasza przeczytała o torturach w więzieniu Stasi, w NRD. Zszokowało ją, na ile to wszystko było podobne do tego, co sama przeszła.

Relacja Nataszy mówi o doświadczeniach kobiet z pobytu w Amerykance:

Niedawno Radio Swoboda opowiedziało historię Eddy Schönherz – popularnej niemieckiej spikerki telewizyjnej, która w latach 1974–77 była więźniarką Stasi. Wstrząsnęło mną, jak bardzo podobne były metody torturowania kobiet stosowane przez Ministerstwo Bezpieczeństwa Państwowego NRD czterdzieści lat temu i Komitetu Bezpieczeństwa Państwowego Białorusi w dzisiejszych czasach. I tym straszniejsze jest to, że w przeddzień „krwawego" 19 grudnia 2010 białoruscy funkcjonariusze odbywali szkolenie w Niemczech. W Niemczech demokratycznych, a nie w NRD lat siedemdziesiątych ubiegłego wieku.

Czytając książkę Michaiła Chodorkowskiego *Więzienie i wolność*, zauważyłam paradoks – im ciężej przeżywa się uwięzienie, tym mniej emocjonalnie to się opisuje. Najwidoczniej przeżycia schowane są bardzo głęboko, na papier przelewa się tylko fakty.

W tym artykule jest tak samo – tylko analiza porównawcza tortur.

<u>Więzienie Stasi</u>: „Odnosili się do nas strasznie. Byliśmy wrogami, dlatego nie traktowano nas jak ludzi. W więzieniu przestałam miesiączkować. Cykl powrócił po wyjściu na wolność, a i to nie od razu".

<u>Więzienie KGB</u>: Naczelnik aresztu śledczego KGB Białorusi Aleksandr Orłow, na przesłuchaniu w nocy, żądając, żebym się przyznała, oświadczył: „Wyjdziesz na wolność nie wcześniej niż za pięć lat. Obiecuję ci, że nie będziesz potem mieć dzieci". I faktycznie robił wszystko, abym ich nie miała. Najpierw kazał umieścić mnie w celi bez toalety i miejsca do spania. W styczniu w zimnej celi musiałam spać na deskach na kamiennej podłodze. Do toalety wyprowadzali pod strażą co trzy–cztery godziny. Od 22.00 wieczorem do 6.00 rano – ani razu. Przestałam pić wodę. Pozwalałam sobie wypić w dzień jeden–dwa małe kubeczki herbaty, aby się ogrzać. Mimo to ciało rozrywało się z bólu. Wydawało się, że pęcherz moczowy pęknie. Czasem w nocy nie mogłam leżeć – siadałam i kiwałam się na boki jak szalona. Zaraz potem strażnik, który stale nas obserwował, pokrzykiwał gniewnie, abym się natychmiast położyła, dlatego że siedzenie w czasie ciszy nocnej jest zabronione. W rezultacie bóle stały się chroniczne. Lekarz więzienny, obejrzawszy mnie, kazał pielęgniarce napisać wniosek do naczelnika więzienia z zaleceniem, żeby wyprowadzano moją celę do toalety częściej. Pamiętam, jak szepnął do mnie: „Jeśli nie przestaną,

skutki dla organizmu będą takie, że pożałują...". Wyprowadzali nas co dwie–trzy godziny. Nocą obowiązywał poprzedni reżim.

Więzienie Stasi: „Musiałyśmy się rozbierać przed kobietą z naramiennikami i kłaść swoje podpaski na stole. Dopóki ona oglądała i obmacywała te tampony, stałyśmy nago. Potem kobieta wkładała rękawiczki i oglądała każdy otwór mojego ciała. To był szok".

Więzienie KGB: Kobiet-nadzorców w więzieniu KGB nie było w ogóle. Strażnikami dla więźniarek byli tylko mężczyźni – przeważnie w czarnych maskach, z pałkami i paralizatorami. Zachowywali się wulgarnie, obraźliwie, wrzeszczeli na nas.

Pamiętam, że w pierwszych dniach przeżyłam prawdziwy szok, kiedy jeden z takich ludzi w masce dosłownie pognał mnie jak bydło na przesłuchanie. Strażnik podobny do goryla rozkazał mi biec po krętych wąskich schodach „twarzą w dół, ręce na plecach". Potykając się, prawie padając, ze łzami w oczach biegałam po tych schodach, niczego nie widząc.

Pod prysznic, który można było wziąć raz na tydzień, prowadzała nas kobieta, która pracowała jednocześnie jako strażniczka i urzędniczka w kancelarii oraz w bibliotece. Kiedy poszła na zwolnienie lekarskie, do łaźni prowadzali nas ludzie w maskach. Drzwi do łaźni miały okienko, którego nie wolno było zamykać. Kiedy starałyśmy się umyć w wyznaczonym czasie, pod tym okienkiem zbierała się cała zmiana. Po prysznicu czułam się brudna i dosłownie opluta. Strażnicy zaglądali też w wizjer toalety dla kobiet.

W celi była tylko zimna woda. Myć się było ciężko. Grzałki wydawali rano i wieczorem jedynie na godzinę. W tym czasie trzeba było zdążyć nagrzać kilka dzbanków wody dla wszystkich kobiet w celi. Naczynia były małe, można było nagrzać tylko jedno na osobę.

Osoby siedzące w celi były kontrolowane przez całą dobę, strażnicy (wyłącznie mężczyźni) zaglądali do nas przez wizjer przez cały czas, co pięć minut. Żeby się umyć, zasłaniałyśmy część celi prześcieradłem. Niekiedy na to pozwalali, innym razem kazali zabierać prześcieradło, bo „utrudnia ogląd".

Raz na miesiąc do więzienia przychodził prokurator. Jego kontrole były niczym innym jak pokazowym *show*. Nie było sensu skarżyć się – prokuratura nie podejmowała żadnych działań. Natomiast administracja więzienia reagowała błyskawicznie. Po skardze jednego z więźniów, większości cel, łącznie z naszą, zabronili leżeć w ciągu dnia. Siedzieć od 6.00 rano do 22.00 na żelaznych pryczach było niewiarygodnie ciężko – bolały plecy. Jeśli nie wzywali na przesłuchania, a czytanie znużyło – zapadało się w sen. Opieranie się o zimne ściany groziło nowym przeziębieniem. Tak więc siedziałyśmy, opierając się nawzajem o siebie aż do czasu, kiedy litościwie znowu pozwolili nam kłaść się w dzień.

Więzienie Stasi: „Stosowano dużo różnych tortur psychologicznych. Chodziło o złamanie człowieka. Na przykład, nie masz wiadomości od swoich bliskich, a mówią ci: «pani mąż przekazuje pozdrowienia i mówi, że ma teraz nową kobietę, a z panią zrywa stosunki». Jesteś w pełnej izolacji, a jedyny człowiek, od którego możesz coś usłyszeć o domu, to śledczy. Byłam bliska szaleństwa".

Więzienie KGB: Utrzymywano wobec nas pełną blokadę informacyjną. Ani listów od krewnych i bliskich, ani gazet (telewizory wyniesiono z wszystkich cel w pierwszych dniach po naszym aresztowaniu). Nie bałam się o siebie – co będzie ze mną, mało mnie ruszało. Najbardziej denerwowałam się, jak moje aresztowanie przeżyją moi starzy rodzice. Mama, która intuicyjnie przeczuwała nieszczęście, przyjechała do mnie do Mińska na dwa dni przed wyborami prezydenckimi. To pozwoliło jej od początku dosłownie szturmować areszt KGB i żądać przekazywania paczek. Ojciec w tym czasie jeszcze bardziej się zestarzał. Na działania publiczne, w odróżnieniu od mamy, nie starczyło mu sił – wszystko przeżywał w domu, w Kobryniu. Od dzieciństwa, przez całe życie, bałam się o słabe zdrowie mamy. Przeszła kilka operacji, jest przewlekle chora. W KGB dobrze o tym wiedzieli. Naczelnik więzienia z jawną satysfakcją powtarzał: „Wyjdziecie za pięć lat, w tym czasie mama umrze. I tak ledwo chodzi, kiedy przynosi wam paczki". Myśli o cierpieniach najbliższych mogły doprowadzić do szaleństwa...

Więzienie Stasi: „Nocnym przesłuchaniom często towarzyszą groźby i przemoc fizyczna".

Więzienie KGB: Przesłuchania w czasie ciszy nocnej są prawnie zabronione. Tym niemniej w areszcie KGB zerwano mnie z drewnianej pryczy także po godzinie 22.00. Trzeba było szybko się ubrać i iść. Na takie przesłuchanie wezwał mnie obecny minister spraw wewnętrznych Igor Szuniewicz, wówczas – naczelnik wydziału KGB do spraw walki z korupcją i przestępczością zorganizowaną.

Zamęczano mnie przesłuchaniami w dzień, które ciągnęły się po kilka godzin, praktycznie zawsze bez adwokata. Czasem takie przesłuchania zdarzały się po trzy–cztery razy dziennie (u śledczego, oficera, operacyjnego i naczelnika więzienia); nie jadłam wtedy ani obiadu, ani kolacji. Wieczorem siły były już na wyczerpaniu, ponieważ na przesłuchaniach trzeba było skoncentrować całą uwagę, żeby ani jednym nieostrożnym słowem nie zaszkodzić innym więźniom politycznym. Ci, którzy wzywali nas na przesłuchania w nocy, stawiali sobie za cel dobić i złamać udręczonego człowieka.

W stosunku do mężczyzn, jak dowiedzieliśmy się później, oprócz przemocy psychicznej, stosowano przemoc fizyczną.

Przez kilka dni znajdowałam się w celi sąsiadującej z celą Mikoły Statkiewicza[24]. Z powodu jego duszącego kaszlu w nocy nie można było spać, ataki były coraz silniejsze i słychać je było nawet przez grube więzienne mury.

Więzienie Stasi: „Ludzi pozbawiano snu, zmuszano do stania, przez całą dobę nie wyłączano światła. Nie dawano koców, zimą męczyli się z wychłodzenia".

Więzienie KGB: Światło w celach paliło się całą dobę. Zakrywanie twarzy chusteczką lub kocem, żeby lampa nie świeciła prosto w oczy, było zabronione. Gdy ktoś to robił, zaglądano do celi i nakazywano odsłonić twarz.

Kiedy razem z Iryną Chalip ogłosiłyśmy głodówkę na znak protestu przeciwko bezprawnemu aresztowaniu, jaskrawą żarówkę dziennego oświetlenia przestano zmieniać na przyćmione nocne światło. Ostre światło paliło się 24 godziny na dobę, a nam nakazano spać twarzą do okienka w drzwiach.

W celach było zimno. Pod samym sufitem – małe zakratowane okienko. Mnie było zimno podwójnie, bo ciągnęło chłodem od kamiennej podłogi. Koce wydawano, ale ogrzać się pod nimi było trudno. Uratowało mnie to, że później pozwolono na przekazanie mi jeszcze jednego koca z domu.

Z tego powodu kaszel przeszedł w stadium przewlekłe. Jeszcze się nie wyleczyłam z jednego, a już znowu byłam chora. Wszystko pogarszała zimna woda z kranu, w której trzeba było myć naczynia, podłogę celi, prać bieliznę.

W białoruskim więzieniu lepiej nie chorować. Oczywiście umrzeć ci nie pozwolą – za dużo papierów musieliby potem załatwiać. Leczyć też nie będą. Diagnoza postawiona mi przez lekarza więziennego po pobiciu na Placu – „adaptacja do warunków więziennych", zamiast oczywistego wstrząsu mózgu, z krwotokiem z uszu. Gdy bóle głowy stały się nie do wytrzymania, wezwano pogotowie, ale mimo zaleceń lekarzy, którzy przyjechali do aresztu, nie wypuszczono mnie do szpitala na rentgen. Dostałam tabletkę cytramonu.

W celi oddycha się nie powietrzem, ale kurzem, który przez dziesięciolecia grubą warstwą osiadł na siatkach zasłaniających grzejniki. Po porannym umyciu się, przecierając twarz wieczorem, widzisz, że wacik jest czarny.

Najważniejsze jest to, że w więzieniu wpajają ci, że jesteś podczłowiekiem, bydlęciem. Ich celem jest zdeptanie twojego człowieczeństwa. Od razu można zapomnieć, kim się było na wolności. Tu – jesteś nikim. Istotą bez praw, z którą można zrobić wszystko, co się chce. Jest ci to wpajane przez wszystkich – przez strażników, administrację, oficerów operacyjnych, śledczych – każdego dnia, co godzinę, co minutę.

Czujesz się tak, kiedy idziesz na przesłuchanie z głową opuszczoną w dół z rękami za plecami (mężczyzn wyprowadzano w kajdankach), kiedy rewizje osobiste i „ścisła rewizja" w celi przeprowadzane są po kilka razy na tydzień, a twoje rzeczy przetrząsają, sprawdzając każdą podpaskę, wysypując nawet herbatę z pudełek. Kiedy urządzają „karuzelę" i całe więzienie w ciągu tygodnia przeprowadza się z celi do celi na planie koła. Oznacza to, że ubożuchny, jako tako zorganizowany byt runął, w ciągu dziesięciu minut musisz zebrać wszystkie rzeczy, ciężki materac z poduszką, a nawet z drewnianym stelażem pryczy i przenieść się do kolejnej brudnej celi. Każą ci wychodzić „z rzeczami", nie mówiąc dokąd. Serce zamiera na myśl o wyjściu na wolność, aby zaraz znowu popaść w beznadzieję i rozpacz.

Nieważne, że w areszcie siedzisz jeszcze przed wyrokiem, twoja wina już została udowodniona. Dla nich jesteś przestępcą, człowiekiem skończonym, z którym nie ma sensu się cackać.

Wład Kobiec

Włada Kobieca aresztowano 21 grudnia 2010, gdy wychodził z księgarni w centrum Mińska, gdzie spotkał się z żoną Uljaną. Namierzyli go przez komórkę Uljany.

W Amerykance nękano go w sposób wyrafinowany. Udawano, że wypuszczają go na wolność, wożono po mieście, a potem zawracano do więzienia, do gorszych warunków, zamiast pościeli wydawano szmaty. Całej rodzinie Włada grożono wysokim wyrokiem. Zmuszano go do współpracy. Wład podpisał papiery, rozumiejąc, że groźby nie są pustymi słowami. Wypuszczono go. Wład nie ukrywał, że musiał zgodzić się na współpracę i opowiedział o tym przyjaciołom. Tę informację przekazał także mnie i mojej żonie.

Latem 2011 roku funkcjonariusze KGB zaproponowali mu, aby napisał artykuł do gazety „Narodnaja Wola" o konieczności dialogu Zachodu z Łukaszenką. Wład postanowił zadanie wykonać, ale po swojemu. Opowiedzieć wszystko. Funkcjonariusze zorientowali się i zaczęli się odgrażać. Wład opublikował artykuł

Dialog z bagnem, po czym wyjechał z Białorusi. We wrześniu 2011 zrelacjonował dziennikarzom, co się z nim działo i na jakich warunkach więźniów wypuszczano do sądu.

Przyszedł czas, aby odpowiedzieć na pytanie, na które nie śmiałem odpowiedzieć, gdy pozostawałem w kraju: na jakich warunkach zwalniano z aresztu KGB po podpisaniu oświadczenia o nieopuszczaniu kraju? Odpowiem wprost – na warunkach, o których opowiedział Aleś Michalewicz: po oświadczeniu o „dobrowolnej" współpracy z organami bezpieczeństwa państwowego przy wypełnianiu przez nie obowiązków konstytucyjnych... Innego wyjścia z aresztu w tamtym czasie po prostu nie było.

Bez podobnych „kwitów" wypuszczono tylko kobiece cele (Natallę Radzinę, Irynę Chalip, Anastasiję Pałażankę[25]), które przedtem odmówiły „współpracy".

Dlaczego mówię o tym dopiero teraz?[26]

Po pierwsze, tego, co działo się w areszcie KGB, mój rozum – rozum byłego urzędnika państwowego – nawet teraz nie jest w stanie ogarnąć jako czegoś realnego. Dopiero profesjonalna pomoc psychologa, specjalisty od katastrof, pozwoliła mi uwolnić się od prześladujących mnie koszmarów.

Po drugie, bardzo poważnie potraktowałem groźby pod adresem mojej rodziny, moim własnym i moich przyjaciół. Groźby wygłaszano także po „uwolnieniu", a ich celem było zmuszenie mnie do współpracy z KGB.

Po trzecie, wiedziałem, że kiedy sprawa trafi do sądu, będę miał możliwość opowiedzenia tam o wszystkim.

Jestem pewien, że każdego z więźniów politycznych traktowano indywidualnie, dlatego można tylko domyślać się, co się działo z tymi, których wypuszczono od razu (oni sami o tym publicznie nie mówią) lub z tymi, którzy wyszli do końca 2010 roku.

Więźniom politycznym postanowiono pokazać, że w XXI wieku byłe więzienie NKWD – Amerykanka, niczym wehikuł czasu, jednym ruchem ręki operatora przenosi nas w lata trzydzieste ubiegłego wieku.

Żyliśmy w pełnej izolacji informacyjnej. Znęcali się nad nami anonimowi bojowcy w maskach, uzbrojeni w paralizatory i pałki. Obszukiwano nas, zmuszając do rozbierania się do naga i robienia przysiadów, stawiano w rozkroku, kopano buciorami po nogach, ganiano skutych kajdankami po krętych schodach, ubliżając i znowu bijąc po nogach.

To, że „maska" się zbliża, można było poznać po przyśpieszonym oddechu. W tym oddechu było podniecenie i sadystyczna przyjemność z gwarantowanej bezkarności. W tym momencie oczekujesz ciosu i dostajesz go kilka razy w czasie „seansu".

Po takim staniu w czasie rewizji w zimnej sali gimnastycznej pod wrzask: „Szybciej!!!" trudno się ubrać, trafić w rękawy i nogawki, mięśnie odmawiają posłuszeństwa. Kilka (od trzech do pięciu) „masek", siedzi na złożonych materacach jak w teatrze, rozkoszuje się widowiskiem, machając między nogami pałkami i pokrzykując.

Ukończyłem Białoruski Uniwersytet Państwowy i jestem przyzwyczajony, by władze swojej Alma Mater traktować z należnym szacunkiem. Kiedy, jako następnego w kolejce, zmuszono do rozebrania się byłego prorektora Uniwersytetu, przewodniczącego mińskiego oddziału Zjednoczonej Partii Obywatelskiej, skojarzenie z nazistowskimi obozami koncentracyjnymi było oczywiste, brakowało tylko palenia książek.

Spacery w „kamiennych workach"[27] zamieniły się w znęcanie – zaczynało się przeganianie na dół po schodach pod wrzask: „Nie rozłazić się!!!", „Patrzeć w dół!!!", „Ręce za plecami!!!". Kazano nam chodzić wkoło, nie zatrzymywać się, nie rozmawiać. Dla osób starszych (a były takie wśród nas) lub mających problemy z nogami, chodzenie przez godzinę–dwie było niemożliwe. Stać, ćwiczyć zabraniano.

Kiedy po odwilży przyszły mrozy, spacerniaki zamieniły się w lodowiska. Czasem widzieliśmy ślady krwi – któryś z więźniów Amerykanki nie ustał na lodzie, upadł i się pokaleczył.

Wizyty prokuratora nadzorującego więzienie, o które często później pytali dziennikarze, odbywały się w towarzystwie naczelnika aresztu. Właśnie on, nowy naczelnik aresztu KGB, Aleksandr Orłow, z wyzywającym uśmieszkiem na twarzy dopytywał się, czy są jakieś skargi i życzenia. Prokurator był przy nim prawie niewidoczny. Do cel nie zaglądał, a przez półotwarte drzwi było widać, jak odwraca nos w drugą stronę – smród z celi budził jego obrzydzenie.

Mój współlokator z celi naiwnie zainteresował się, kiedy włączą nam telewizor. „Włączymy" – odwracając się plecami, odpowiedział naczelnik aresztu. Zaraz po zakończeniu wizyty prokuratora do celi wpadli strażnicy i nadzorcy w maskach: „Planowa rewizja! Wszyscy wychodzić! Ręce za plecy! Chcieliście rozrywki? No to będziecie mieli ścisłą rewizję w celi".

Głównym zadaniem oprawców było zrujnowanie psychiki człowieka do tego stopnia, żeby było mu wszystko jedno, co podpisuje, żeby uwierzył, że czekają go długie lata tułaczki po więzieniach i łagrach.

Wykorzystywanie w kagiebowskich gierkach wątku rodziny, w tym dzieci, było oznaką wyrafinowanego cynizmu. Na trzeci dzień po przesłuchaniu poinformowano, że wypuszczą mnie, jeśli podpiszę oświadczenie, że stawię się na pierwsze żądanie. Adwokata poproszono o wyjście, pozwolono mi zadzwonić do domu.

Jednak zamiast wypuścić na wolność, zawieziono mnie pod strażą do prokuratury miejskiej, gdzie starszy siwowłosy człowiek, nie odrywając się od papierów, powiedział: „Wszystko wiecie, byliście w sztabie, wszystko słyszeliście".

Do przepełnionej celi numer 18, gdzie mnie wrzucono, prycza już się nie zmieściła. Zamiast nowego kompletu (materac, poduszka, koc), który mi odebrano, dostałem inny – zbity, cienki materac, rozłażący się w rękach koc i poduszkę z brudnobrązowymi plamami. Musiałem spać wprost na betonowej podłodze przy drzwiach. Rankiem trudno było się rozprostować, przemarznięte plecy bolały.

Właśnie wtedy rozpoczęły się intensywne przesłuchania bez adwokata oraz werbowanie do współpracy. Jeszcze wcześniej jeden z funkcjonariuszy jasno dał mi do zrozumienia, że „rozpracowują" nie tylko mnie – zbierają papiery na moją żonę i na moich bliskich przyjaciół. Teraz los ich wszystkich oraz rodziny zależał od mojego zachowania.

Na wszystkich kolejnych przesłuchaniach funkcjonariusz pracował razem z psychologiem. Od razu zapytał: „Jak myślicie, dlaczego wszyscy kierownicy grup inicjatywnych są już na wolności, a tylko wy jesteście tutaj?". Oczywiście nie mogłem tego wiedzieć, ale wyczułem podstęp w tym pytaniu. Posypały się groźby: „Pojedziecie! Daleko pojedziecie!". Zademonstrowano znajomość moich spraw osobistych, pokazywano mi jakieś dokumenty finansowe, które widziałem pierwszy raz w życiu.

Funkcjonariuszy interesowały dwie sprawy: finansowe oraz plany opozycji na 19 grudnia. Porażające było to, że dokładnie wiedzieli o wszystkim, co mówiłem w naszym sztabie wyborczym. Powiedziałem im, że Watergate wydaje się przy tym błahostką. Wyjaśniło się, że Andrej Sannikau i członkowie jego sztabu wyborczego byli pod stałą obserwacją – wszystkie pomieszczenia i kontakty zostały namierzone przez funkcjonariuszy KGB.

Współpracownicy operacyjni KGB powiedzieli wprost, że ani prokuratura, ani sąd o niczym nie decydują – jedynie podpisują to, co zostało zdecydowane w KGB. Po tym, co wiedziałem i przeżyłem, bez trudu uwierzyłem w te słowa.

Po wielogodzinnym seansie prania mózgu, demonstrowania wszystkich możliwych dokumentów, w tym księgowych, wydawało się, że sytuacja jest fatalna i bez wyjścia – bezprawie przytłaczało, odwoływanie się do rozsądku lub praworządności nie miało sensu.

Koniec końców, poinformowano mnie, że mogę być zwolniony z aresztu, jeśli podpiszę oświadczenie o nieopuszczaniu kraju oraz „lojalkę" – oświadczenie „o dobrowolnej zgodzie na współpracę z organami bezpieczeństwa państwowego Republiki Białorusi przy wypełnianiu przez nie obowiązków konstytucyjnych". W tym momencie zrozumiałem, że za wszelką cenę trzeba się wyrwać z KGB. Tekst napisałem pod dyktando funkcjonariusza. Żadnych zobowiązań, oprócz zachowania tego faktu w tajemnicy, dokument nie zawierał.

Obowiązkową procedurą było przesłuchanie z użyciem wariografu. Pytali, czy mam inne obywatelstwo oprócz białoruskiego, czy pracuję dla innych wywiadów, czy jestem zależny finansowo od obywateli innych państw. Oddzielne pytania dotyczyły wydarzeń 19 grudnia i oczywiście spraw finansowych.

Wypuścili mnie późnym wieczorem bez dokumentów, pieniędzy i telefonu. Następnego dnia w KGB wydano mi osobną kartę SIM, kazano ją aktywować i być z nimi w stałym kontakcie.

Po paru dniach zwróciłem się do Ośrodka Pomocy Prawnej „Wiasna", gdzie opowiedziałem, co się ze mną działo i dzieje. Później dowiedziałem się, że Michalewicz wyjechał. Niestety, nie miałem drugiego ważnego paszportu jak on, poza tym – jak uciekać, wiedząc, że ucieczka może stać się przyczyną ponownego aresztowania Natalli Radziny i innych, którzy podpisali oświadczenia, zagrożeniem dla rodziny... Nie było szybkiej i łatwej odpowiedzi na pytanie „co robić?".

Następnego dnia po ucieczce Natalli Radziny, zadzwoniono do mnie z KGB, kazano pozostać w domu i wejść do Internetu. Dzwoniono do mnie co pół godziny, sprawdzając, czy nie uciekłem. Najwidoczniej uważali, że uciekać będziemy masowo. Kazali dzwonić do wszystkich i dopytywać się, gdzie jest dziennikarka. Oczywiście, nie dzwoniłem do nikogo i byłem bardzo zadowolony, że Nataszy udało się wykiwać KGB.

Poraziło mnie kilka propozycji ze strony KGB. Przede wszystkim, zaproponowali mi uczestnictwo w wyborach parlamentarnych. Być może chcieli stworzyć frakcję KGB.

Zaproponowali także, by realizować własny projekt – obojętne jaki. Mówili: sfinansujemy cię i możesz nic nie robić. Na moją uwagę, że finansowanie z zewnątrz jest niezgodne z prawem, dostałem odpowiedź: mamy bogate doświadczenia w podobnej pracy, mamy wypracowane modele...

Po odmowie i sabotowaniu „współpracy" były groźby i szantaż. Odwlekanie wyjazdu było niemożliwe.

Doskonale rozumiem, że pisząc to, staję się celem ataków KGB i ich agentury. Grożono mi kłopotami i kompromitacją, jeśli zrobię coś podobnego. Poinformowano mnie, że jestem filmowany z ukrycia. Wszystko rozumiem. Nie mogłem jednak postąpić inaczej.

Wszystkie doświadczenia, o których mówili Aleś Michalewicz, Alaksandr Atroszczankau, Natasza Radzina, Źmicier Bandarenka, przypadły i mnie w udziale w różnych wariantach. Opowiem o swoich przeżyciach.

DAMSKI „STALIN"

M ówił cicho. Taką manierę mieli funkcjonariusze partyjni w czasach sowieckich. Dodawali sobie ważności, zmuszając rozmówcę do wytężania słuchu, aby rozróżnić niewyraźne słowa. Zajcew[28] mówił cicho, wąsy tłumiły słowa. Taki „Stalin". Przeważnie patrzył w stół, czasem rzucając na mnie spojrzenia, które w założeniu miały być przenikliwe. Palił. I tu popełnił błąd. Przecież „Stalin" nie mógł palić cienkich damskich papierosów.

Nie wiedziałbym, że zostałem przyprowadzony do szefa KGB, gdyby wcześniej do celi usłużnie nie podrzucono mi gazety z fotografiami rządu Łukaszenki. Przedtem do głowy by mi nie przyszło interesować się, jak wygląda ten czy inny minister. Obejrzałem gazetę i poznałem Zajcewa. W przeciwnym wypadku wziąłbym go za kolejnego kagiebistę wyższej rangi.

Moje doprowadzenie do Zajcewa było utrzymane w tradycji stalinowskiej. Z celi wyprowadzono mnie 31 grudnia przed ciszą nocną. Cela przygotowywała się do powitania Nowego Roku, zrobili nawet śledzia „pod pierzynką", gdyż śledzie, buraczki i cebulę dawano czasem na kolację. Na parapecie stała choineczka z gałązki winorośli, przystrojona ozdobami z folii z pudełka po papierosach. Przed rozmową z Zajcewem prowadzano mnie do naczelnika więzienia, Orłowa, i nawet nie poprosiłem go, a raczej postawiłem przed faktem, że zamierzamy witać Nowy Rok. Orłow coś tam powiedział na temat regulaminu, ale bez przekonania. Zrozumiałem, że tej nocy nie będą wymagać spania.

Wkrótce po pojawieniu się w Amerykance dużej grupy zatrzymanych 19 grudnia odłączono antenę zewnętrzną. W wielu celach stały telewizory, sygnał co prawda był słaby, ale zapewniał jaki taki odbiór. Zawsze to jakieś oderwanie się od niewesołej rzeczywistości. Antenę odłączono pod typowym dla KGB fałszywym pretekstem, że coś się zepsuło. Ludzie w Amerykance zostali nie tylko bez programów i jednostronnych wiadomości, ale też bez możliwości sprawdzenia, która godzina, gdyż w celach nie wolno było mieć zegarków.

Zasłużyłem sobie na szczery szacunek kolegów z celi, ponieważ znalazłem sposób na uruchomienie telewizora. Antenę zrobiliśmy z okularów w stalowej oprawce. Sąsiad miał zapasowe. Zdjęliśmy z zauszników plastikowe końcówki, wetknęliśmy do gniazdka i złapaliśmy sygnał. Następnie udoskonaliliśmy „antenę", przystawiając do jej końca metalową więzienną miskę. Poruszając miską, można było uzyskać zupełnie znośny odbiór. Nasza „antena" łapała więcej kanałów niż stacjonarna.

Stół gotowy, telewizor działa, pod prysznicem byliśmy, pozostało tylko doczekać do północy i powitać rok 2011. I raptem wyciągają mnie z celi, nic nie mówią, prowadzą nie wiadomo dokąd. Nie składałem zeznań – a więc nie do śledczego. Wyprowadzono mnie z budynku więzienia i zaprowadzono do gmachu KGB. Czyli jednak do śledczego. Idę z trudem, noga rozwalona. Prowadzą mnie na piętro, gdzie są gabinety śledczych. Idziemy długim korytarzem do gabinetu na łączniku. Nie ma nikogo. Zwykły kagiebowski gabinet, ale jednoosobowy, a zatem należy do naczelnika. Nie zapamiętałem urządzenia pokoju, choć się rozglądałem. Proponują, żebym usiadł. Z trudem opadam na krzesło pod ścianą, strażnik staje obok. Wchodzi wąsaty naczelnik, Zajcew. Zaprasza, żebym przesiadł się bliżej biurka.

Proponuje kawę. Nie odmawiam. Mam nadzieję, że kawa naczelnika będzie dobra. Okazuje się, że jest gówniana, tak jak i cała instytucja.

Zajcew zaczął mówić, a ja z trudem wierzyłem własnym uszom. Zasunął taką bzdurną gadkę, jak z marnych filmów propagandowych. Nie mogłem uwierzyć, że to dzieje się na serio. Pasowała mu ta partyjno-stalinowska maniera cichego, ledwie słyszalnego mówienia. Nie warto było się przysłuchiwać, w czczej gadaninie Zajcewa nie było nic ważnego dla mnie, dla dalszych relacji z oprawcami.

Szpiegostwo... Agenci zagraniczni... Przewrót państwowy... Terroryzm... Miliony dolarów... Gusinski... Bieriezowski[29]... Materiały wybuchowe... Bojownicy... Broń... Pozostali podzielili się... Z więzienia można nie wyjść... Szczere przyznanie się... Pomyślcie o rodzinie... My wszystko wiemy... Miliony dolarów... Zdrada ojczyzny... Kto kieruje...

Czasem Zajcew bywał po prostu rozbrajający.

– Wiecie, czego chcą od nas wszyscy szpiedzy i agenci? Jaki jest ich cel?

– Może bezpieczeństwo? – podrzuciłem, mylnie sądząc, że mam do czynienia z osobą odpowiedzialną właśnie za bezpieczeństwo.

– Nie, ich celem jest nasz naród. To nasze główne bogactwo i nasz sekret.

– ???!

Wygadując te brednie, Zajcew w pewnym momencie wypadł z roli i zapomniał, że powinien mówić cichym, sugestywnym głosem. Kiedy sprzeciwiłem się, mówiąc, że to „moje miasto, mój kraj", Zajcew zaczął krzyczeć.

– Za dużo sobie pozwalacie, kim wy jesteście, kto wam dał prawo? – wrzeszczał.

To było zrozumiałe – on był przyjezdny, jak większość moich oprawców.

Wymuszone spotkanie wreszcie się skończyło. Przyprowadzono mnie do celi, gdzie dwie wtyki, nazwijmy ich „pies" i „zwierzę" obrabiały mnie dalej. Podawali przykłady, trzech więźniów z celi, z tych aresztowanych za zajścia na Placu, którzy byli „mądrzejsi", pisali do Łukaszenki, za każdym razem długo rozmawiali z Zajcewem i albo już wyszli, albo zaraz wyjdą. Stało się jasne, dlaczego znalazłem się w tej celi. Miała lepsze wyniki resocjalizacji.

Tym niemniej Nowy Rok powitaliśmy z choinką, śledziem „pod pierzynką" i rosyjsko-białoruskimi piosenkami w telewizji. Wszystko jak trzeba.

Następne wymuszone spotkanie z Zajcewem odbyło się 16 stycznia. Dobrze mnie do niego przygotowano. Codziennie byłem ganiany z bolącą nogą w górę i w dół po krętych schodach, ze wszystkimi rzeczami, z materacem i pościelą na rewizję osobistą w betonowej piwnicy. Kazali rozbierać się do naga, w okropnym zimnie ustawiali gołego pod ścianą, z satysfakcją rozrzucali wszystkie rzeczy pod podłodze, zmuszając do przykucania na bolącej nodze. Udawali, że przeprowadzają mnie do innej celi nie tylko z materacem i pościelą, ale też z drewnianym stelażem, na którym spałem bezpośrednio na podłodze. Ludzie w maskach cichcem bili mnie po nogach, trzeszczeli nad uchem paralizatorem, walili pałkami po krętych schodach, gdy schodziłem. Przy wyprowadzaniu z celi boleśnie zaciskali kajdanki, robili „jaskółkę", zadzierając w górę skute za plecami ręce, aż stawy trzeszczały, boleśnie szturchali pałkami w plecy. Gdy wracałem do celi, zabierało się za mnie „zwierzę", nadzwyczaj umiejętnie histeryzując, że z mojego powodu ludzie cierpią. Później wkraczał „pies", który po dobroci doradzał, żebym zaczął zeznawać.

Za drugim razem, 16 stycznia, Zajcew zaprezentował się jeszcze bardziej odstręczająco. Żądał przyznania się, był zdenerwowany, porywał się nawet na gniewne tyrady pod moim adresem, zapominając o swojej „stalinowskiej" masce. Jak widać, potrzebował wyników „odkrycia spisku", a tych nie było.

Zajcew groził moim bliskim – żonie i synowi. Jego wrzaski, że rozprawią się z nimi z najwyższą surowością, należało potraktować poważnie. Czy może być coś gorszego niż to, że Ira jest obok w celi w Amerykance, a Dańkę zamierzają oddać do przytułku? Stało się jasne, że Zajcew chciał się z nimi rozprawić fizycznie. Na moje oszołomione pytanie: „Jak możecie?", wysyczał coś w rodzaju „Dosyć cackania się!". Trudno sobie wyobrazić, żeby minister, i to w stopniu generała, otwarcie groził zabiciem kobiety i dziecka.

Już po uwolnieniu dowiedziałem się, że w Amerykance w latach 1948–49 przetrzymywano wybitnych działaczy kultury narodowej – poetkę Łarysę Henijusz i jej męża, Jankę, chciano im odebrać małoletniego syna Jurkę. Henijusz była przesłuchiwana osobiście przez ludowego komisarza bezpieczeństwa narodowego BSRR Ławrientija Canawę.

Z trudem wytrzymałem drugie spotkanie z szefem KGB, przewidywałem, że przy trzecim nie wytrzymam nerwowo i zacznę krzyczeć. Na szczęście trzeciego spotkania nie było.

Mimo groźnego tonu rozmów, Zajcew dwa razy wypadł z roli. Za pierwszym razem, kiedy spytał, co oznacza hasło mojej kampanii „Pora zmienić łyse opony!". Gdy je wypowiedział, nie wytrzymał i parsknął śmiechem, po czym rozkaszlał się przestraszony. Dobrze wiedział, że główny kagiebista też jest podsłuchiwany, a cała rozmowa – filmowana.

Druga wpadka była bardziej istotna. Zajcew powiedział, że niezbędną liczbę podpisów zebrało tylko dwóch kandydatów. Później próbowałem nawet wskazać go jako świadka w sądzie, żeby to potwierdził. Oczywiście nie zjawił się i oczywiście nigdy by nie potwierdził, nawet gdyby się zjawił. Wygląda na to, że przekonany o swojej bezkarności i sile reżimu, otwarcie przyznał, że władze sfałszowały wybory. Z dziesięciu kandydatów na prezydenta, niezbędne 100 tysięcy podpisów zebrało tylko dwóch. Oznacza to, że tylko dwóch powinno być zarejestrowanych. Myślę, że Zajcew nie liczył Łukaszenki i miał na myśli tylko dwóch kandydatów opozycyjnych. Nie zgrzeszyłby, gdyby mówił o wszystkich dziesięciu kandydatach. Łukaszenko w sposób uczciwy podpisów by nie zebrał.

Trudno wyobrazić sobie bardziej absurdalną sytuację – szef KGB przyznaje się do sfałszowania wyborów w rozmowie z kandydatem na prezydenta, oskarżonym o zorganizowanie protestu przeciw sfałszowaniu wyborów.

Wynurzenia Zajcewa były bezczelne. Przyznał faktycznie, że władze rozumiejąc, że dyktator przegrywa, cynicznie manipulowały procesami wyborczymi, zdławiły pokojową demonstrację przeciwko tym manipulacjom i wtrąciły do więzienia ludzi za to, że nie godzili się na fałszerstwa.

HISTERYCZNY KLAWISZ

Moim najczęstszym „rozmówcą" był naczelnik aresztu śledczego pułkownik Orłow. Nie tylko moim, ale też wszystkich więźniów politycznych. I nie wyłącznie tych, którzy po 19 grudnia trafili do Amerykanki, lecz także innych. Anarchista Ihar Aliniewicz, z którym siedziałem w kwarantannie na „dziesiątce" (w kolonii numer 10), również opowiadał mi o swoich rozmowach z Orłowem. Ihar uważał go za nieprzeciętnego psychologa, dobrze przygotowanego do obróbki aresztantów. Z pewnością tak było. Ihar w ogóle lubił przyklejać człowiekowi etykietkę, wyjaśniać, jakie motywy nim kierują oraz jakie będą ewentualne następstwa. Być może miało to jakiś sens, ale mnie nie interesowała osoba Orłowa. Istotniejsze było jego zachowanie i działanie.

Orłow został mianowany naczelnikiem Amerykanki 20 grudnia, w momencie największej fali aresztowań. Było jasne, że dostał ten awans specjalnie po to, żeby zająć się zatrzymanymi na Placu. Kiedy pierwszy raz zaprowadzono mnie do jego gabinetu, Orłow zadziwił mnie swoją niezręcznością i zachowaniem niepasującym do ponurej sytuacji. Zobaczyłem niewysokiego, nerwowego, rozgorączkowanego człowieczka w cywilnym ubraniu, który co rusz wyskakiwał zza biurka, biegał po gabinecie, potem znowu siadał, zgrywał ważniaka. Rzadkie włosy i zęby, wielki nos, chuderlactwo nie pasowały do obrazu groźnej siły, którą reprezentował.

Orłow zaproponował mi herbatę, ale odmówiłem.

– Boicie się, że otrujemy?

– Nie, brzydzę się.

– Słusznie się boicie – Orłow uważał za stosowne zignorować moją odpowiedź. – Jesteśmy dobrzy w tych sprawach. A może jednak wypijecie. Nie lubię sam pić herbaty...

Poprosiłem o wodę.

Orłow lubił długie rozmowy. Często wychodził z gabinetu, zapewne by poobserwować reakcję pozostawionego aresztanta. Wiadomo było, że wszystkie gabinety KGB są naszpikowane kamerami i podsłuchami. W gabinecie często dzwonił telefon. To też było częścią gry. W większości przypadków Orłow dawał do zrozumienia, że rozmawia z szefem KGB. Rozmawiał z Zajcewem pewnym tonem, nie płaszcząc się – dawał mi do zrozumienia, że rozmawia jak równy z równym.

Wygląd i zachowanie Orłowa wyraźnie wskazywały, że jest to człowiek obciążony potężnymi kompleksami. Często histeryzował albo wpadał w archaiczny patos. Kilka razy oświadczył, że jeśli tacy jak my dojdą do władzy, on sam zaszyje się w lesie z bronią. Odpowiedziałem mu, że to właśnie on jest niebezpieczny dla społeczeństwa, my jesteśmy przeciwnikami stosowania przemocy. „A mnie nawet ręka by nie drgnęła" – hardo odpowiedział Orłow najwidoczniej wyobrażając sobie samego siebie w ziemiance w papasze, z lornetką i smartfonem.

Orłow gadał dużo, a kłamał jeszcze więcej. Prawda mieszała mu się z fałszem. Dlatego nie miałem ani siły, ani ochoty na analizę jego słowotoku. To, co było mi potrzebne i przydatne, wyławiałem z jego wypowiedzi, gdyż Orłow był jedynym źródłem jakiej takiej informacji i to nie tylko w kwestiach związanych z moją sprawą karną. Na samym początku powiedział, że nie interesuje go ani śledztwo, ani dochodzenie. Naczelnik aresztu śledczego otwarcie przyznał, że w zakres jego obowiązków wchodzi przygotowanie więźniów do przesłuchań, ich fizyczna i psychiczna obróbka. W trakcie tej obróbki udziela przydatnych informacji. Specjalnie czy przypadkowo – nie miało to dla mnie znaczenia.

Dzięki gadaninie Orłowa dowiedziałem się, że Dańka jest w domu z babcią i dziadkiem, załatwianie zgody na opiekę jest w toku, Ira siedzi w tej samej celi co Nasta Pałażanka, Mikoła Statkiewicz przerwał głodówkę (nawet nie wiedziałem, że ją rozpoczął), a Uładzimir Niaklajeu[30] miał wylew.

Orłow stale przekonywał mnie, że wszyscy o nas zapomnieli, że wybory zostały uznane przez cały świat i OBWE, że w najlepszym przypadku jesteśmy uważani za rozrabiaków i chuliganów. Wywnioskowałem z tego, że presja na reżim jest poważna. Orłow nie rezygnował, osobiście przyniósł mi do celi wyniki sondaży społecznych Niezależnego Instytutu Badań Społeczno-Ekonomicznych i Politycznych, którym kieruje Aleh Manajeu[31]. Według danych tego sondażu, przeprowadzonego już po wyborach, zwyciężył Łukaszenko, uzyskując 51 procent głosów. Liczba ta była tak tchórzliwie żałosna, że nawet nie wymagała komentarza. Od dawna podejrzewałem, że Manajeu działa pod kontrolą władz, a teraz kolejny raz to się potwierdziło. Jaki sondaż oprócz korzystnego dla władz mógł przynieść naczelnik aresztu śledczego KGB?

Kiedy pojawiły się „maski" i zaczęły zaprowadzać w Amerykance swoje bydlęce zwyczaje, po jakimś dniu ich szczególniej aktywności, kiedy dostało mi się nie na żarty, Orłow, nieco przestraszony, powiedział, że niektórzy strażnicy w areszcie działają zbyt samodzielnie. Zrozumiałem, że chce się zdystansować od działania „masek" i niemal otwarcie mówi, że one mu nie podlegają.

Kiedy oświadczyłem Orłowowi, że przymusowe oglądanie w więziennej telewizji programów o treściach faszystowskich i antysemickich, niekończących się scen przemocy – to nie tylko tortury, ale też przestępstwo karne, Orłow szybko odparł, że programy dla naszej „resocjalizacji" opracowuje Instytut Bezpieczeństwa Narodowego, a on ma obowiązek realizować to, co opracował Instytut. Inaugurację Łukaszenki pokazywano pięć razy. Kiedy nie wytrzymałem i spytałem Orłowa: „Ileż można?", odpowiedział: „Przecież wy się ciągle odwracacie".

Naczelnik aresztu bardzo lubił rozmawiać o zachowaniu innych więźniów politycznych. Takie rozmowy najprawdopodobniej prowadził ze wszystkimi, próbując dowiedzieć się jak najwięcej o naszych wzajemnych relacjach. Od razu wiedziałem, że Orłow łże, dlatego nie odpowiadałem na jego nachalne próby pogadania o innych, reagowałem tylko na wiadomości o Irze. Potrafiłem odróżnić kłamstwo od prawdy.

Czasem udawało się coś niecoś osiągnąć. Mając powyżej uszu rynsztokowych programów „TV Orłow", zaproponowałem naczelnikowi aresztu, aby pokazano nam jakiś program o pracy służb, ale na dobrym poziomie. Rzygać się chciało od tandetnych fałszywek o łapaniu szpiegów. Pokazywano nam jakieś pseudodokumentalne filmy o naszych dzielnych służbach. Zaproponowałem, żeby puścili nam *Apostoła* – dwunastoodcinkowy rosyjski film o działaniach na tyłach wroga podczas drugiej wojny światowej. Udało się i przez kilka dni, po jednym odcinku dziennie, oglądaliśmy rzeczywiście dobre kino. Ale i w tym przypadku nie obeszło się bez kagiebowskich świństw – nie wyświetlono ostatniego odcinka z rozwiązaniem całej intrygi.

Jeśli chodzi o pokazy filmów, było jeszcze jedno ciekawe zdarzenie. Któregoś wieczoru pokazano *Sherlocka Holmesa*. Włączyliśmy telewizor w połowie filmu. Bardzo chciałem obejrzeć cały i powiedziałem współwięźniom, że mam ważną informację, ale powiem o co chodzi, jeśli obejrzę film od początku. Następnego ranka puścili go jeszcze raz i to poza godzinami oglądania! Po obejrzeniu filmu do końca powiedziałem, że naczelnicy dali plamę – Jud Law, który grał w filmie Watsona, aktywnie wspierał więźniów politycznych Białorusi (dowiedziałem się o tym od adwokata) i został umieszczony na „czarnej liście", a filmy z jego udziałem są na Białorusi zakazane. Naczelnicy cały dzień myśleli, nic nie wymyślili i wybrali najbardziej dziwaczne rozwiązanie – wieczorem w telewizji znowu wyświetlili nam *Sherlocka Holmesa*. Z przyjemnością obejrzałem film po raz trzeci. Jud Law był bardzo rozbawiony, kiedy podczas spotkania opowiedziałem mu tę historię.

Orłow bardzo często próbował wciągać mnie w spory, nagle zaczynał histeryzować, wyraźnie czekając na moją reakcję. Z reguły powodem jego histerii bywały moje wypowiedzi na temat dyktatury i sługusów reżimu. Wychodził wtedy z siebie. Biegał po gabinecie, odgrażał się, opowiadał jakieś fakty ze swojego życia. Dzięki temu dowiedziałem się, że przed przejściem do KGB był funkcjonariuszem wydziału specjalnego kontrwywiadu w armii – najbardziej znienawidzonej jednostki. Brał udział w „gorących" wydarzeniach, przeżywał rozpad ZSRR, nienawidził swojego poprzednika w areszcie, rozkoszował się władzą nad ludźmi.

W stosunku do mnie Orłow zachował się sadystycznie, kiedy miałem silny atak podagry. Ta choroba po raz pierwszy wystąpiła u mnie w Amerykance. Prawa noga spuchła i zrobiła się dwa razy grubsza. Miałem gorączkę i silne bóle. Nie mogłem chodzić, skakałem na jednej nodze. A przecież trzeba było jakoś docierać do toalety, w celi ubikacji nie było. Robiło mi się ciemno przed oczami z bólu, pomocy udzielono mi nie od razu. Przestraszyłem się, nie wiedziałem, co się z nogą dzieje. Podejrzewałem nawet gangrenę. O gangrenie i o podagrze miałem mgliste pojęcie. Sprawa wymagała hospitalizacji, trudno było znosić ból, gdy nie można było leżeć w łóżku. Hospitalizacji mi odmówiono.

W tym czasie Orłow z lubością wzywał mnie na rozmowy. Ledwie spełzałem po stromych schodach, skuty kajdankami, doskakiwałem na jednej nodze do jego gabinetu i prawie nie słyszałem, co do mnie mówił – usiłowałem opanować pulsujący ból. Orłow ze współczuciem wypytywał o zdrowie, twierdził, że bardzo przejmuje się moją chorobą, ale na szpital się nie zgadzał. Obiecał co prawda zarządzić, żeby naszą celę przez kilka dni wyprowadzali do toalety na tym samym piętrze, bez schodzenia na dół (w Amerykance były dwie toalety dla aresztantów na różnych piętrach). Dodatkowo „z troski" o moje zdrowie, zarządził, żeby... nie przyjmować paczek z jedzeniem od mojej mamy. Wyobrażam sobie, co czuła mama, kiedy przyniosła paczkę do aresztu i usłyszała beż żadnych wyjaśnień, że nie przyjmą. Co mogła pomyśleć, jeśli od tygodni nie miała ze mną kontaktu? Potem ulitowali się nad nią i pozwolili przekazać mortadelę i ser. W ten sposób dowiedziała się przynajmniej, że żyję. Mama przyniosła też domowe ciasto, akurat miałem urodziny.

Początkowo uważałem, że Orłow może stać się kanałem do rozmów z reżimem. Chciałem wykorzystać sytuację i trafić do ludzi wewnątrz reżimu, jeśli nie zdroworozsądkowych, to przynajmniej nie zastraszonych. Sytuacja wyglądała katastrofalnie nie tylko dla reżimu, ale i dla kraju. Szybko jednak zrozumiałem, że Orłow w ogóle nie nadaje się do takich rozmów. Wkrótce jednak taki człowiek się pojawił.

CZŁOWIEK BEZ NAZWISKA

Szuniewicz nie przedstawiał się, chociaż interesowałem się jego funkcją w resorcie i nazwiskiem. Jak się później wyjaśniło, imię i imię odojcowskie podał prawdziwe – Igor Anatolewicz. W KGB był szefem wydziału śledczego, a później wydziału kontrwywiadu i walki z przestępczością zorganizowaną. Nie wiem, w jakim charakterze spotykał się ze mną. Rozmowy odbywały się w gabinecie Orłowa, pod jego nieobecność.

Szuniewicz od razu przedstawił sprawy, które go interesują, znał moje kontakty zagraniczne. Pytania dotyczyły rosyjskich oligarchów, głównie Gusinskiego i Bieriezowskiego. To mnie zdziwiło i rozczarowało. Z jednej strony kagiebowski urzędnik wysokiego szczebla daje do zrozumienia, że śledzono mnie bardzo dokładnie, z drugiej – interesują go mało prawdopodobne kontakty. Powinien wiedzieć, że żadnych kontaktów z tymi ludźmi nie miałem. Może to był taki dziwny chwyt? Na pytanie o Bieriezowskiego z niedowierzaniem spytałem:

– Przecież on jest chyba po waszej stronie?

– Bywały różne sprawy – nie zaprzeczył Szuniewicz – ale tego nie zrozumiecie.

Pytania o oligarchów zbijały z tropu, mimo wszystko starałem się porozmawiać o sprawach poważnych. Chciałem mieć nadzieję, że nadejdzie chwila dyskusji o sytuacji w kraju i że znajdzie się człowiek, który będzie gotów o tym rozmawiać. Człowiek, a nie idioci i zastraszeni lokaje.

Szuniewicz był skłonny prowadzić rozmowę na innym poziomie, z pominięciem planów zniszczenia opozycji i fingowania spraw karnych. Bez oporów przyznawał, że służy reżimowi i w żaden sposób tego nie komentował. Dawał do zrozumienia, że wie o skali finansowania naszej kampanii, a więc przyznaje tym samym, że nie ma sensu robić z nas spiskowców lub agentów specjalnych, szczodrze opłacanych przez zagranicę. Zrobił aluzję, że w zasadzie żadnych poszlak wobec nas nie ma.

Nie od razu zacząłem z nim rozmawiać. Nastąpiło to dopiero wtedy, kiedy przekonałem się, że może prowadzić taką rozmowę i zrozumiałem, że jest najlepiej zorientowany w sprawach naszej ekipy. Spotykał się z wieloma ludźmi, a z nami nawet po kilka razy.

Rozmowa była w zasadzie jednostronna. Innej nie oczekiwałem. Moje przesłanie było proste.

Nadciągał krach gospodarczy, można było go uniknąć (rozmowy z Szuniewiczem odbywały się w styczniu 2011). Aby wyjść z dołka gospodarczego, nie wystarczyło uwolnić więźniów politycznych. Natychmiastowe uwolnienie politycznych miało być pierwszym krokiem. Dalej optymalnym rozwiązaniem powinna być, moim zdaniem, druga tura wyborów pod międzynarodową kontrolą. Rozumiałem, że mówienie o tym w więzieniu KGB jest, delikatnie ujmując, niestosowne, ale trzeba było wyznaczyć ramy rozmów i zawiesić górną poprzeczkę. Mówiłem o tym, że sprawy bezpieczeństwa państwa należy odróżnić od chęci pozostania reżimu przy władzy. Bezpieczeństwo to jest zagrożone przede wszystkim od strony ekonomicznej. Nie jestem zainteresowany upadkiem państwa, ale nawet fagasi reżimu powinni rozumieć, że zagrożenie państwa to również zagrożenie dla reżimu. Ta sprawa mogła stać się płaszczyzną porozumienia tegoż reżimu i opozycji. Powinno się także mówić o transformacji systemu politycznego. Nie mówiłem wprost o demontażu reżimu, bo to było oczywiste. Gdyby wewnątrz systemu władzy znaleźli się ludzie gotowi do rozmów, to mógłbym zagwarantować udział w nich naszej ekipy jako całkowicie niezależnej od jakichkolwiek wpływów zewnętrznych. Ku mojemu zdziwieniu Szuniewicz potwierdził, że służby nie doszukały się żadnych takich wpływów na naszą drużynę, choć szukały bardzo solidnie. Było to dziwne, bo wcześniej usiłowano mi udowodnić coś wręcz przeciwnego, że jestem agentem wszelkich możliwych wywiadów, od CIA po FSB. Jak widać, była to jedna z wersji przerabianych w śledztwie.

Przedstawiłem swoje przemyślenia Szuniewiczowi, który prawie nie reagował, tylko słuchał. Nie oczekiwałem, że będzie inaczej. W ogóle nie oczekiwałem reakcji, po prostu zrobiłem to, co uważałem za konieczne.

Do tej rozmowy więcej nie wracaliśmy. Dalsze kontakty z Szuniewiczem miały na celu uwolnienie mojej żony i to było dla mnie najważniejsze. W pewnym momencie w kwestii mojej rodziny Szuniewicz zaczął wypowiadać się jak Zajcew i Orłow. Nie groził, starał się nie wywierać presji, ale potwierdzał, że groźby są realne i jeśli nie zgodzę się zeznawać, mogą zostać spełnione.

Kiedy podjąłem decyzję, że będę rozmawiać ze śledczym (uprzedzono mnie, że przesłuchanie odbędzie się w ciągu najbliższych dwóch dni – rzecz niesłychana w areszcie KGB, nigdy o tym nie uprzedzano!), poprosiłem o spotkanie z Szuniewiczem. Pierwszy i jedyny raz sam poprosiłem o takie spotkanie. Rozmowa odbyła się natychmiast. Spytałem, w jakim stopniu złożenie przez mnie zeznań pomoże w uwolnieniu Iry. Szuniewicz był nastroszony, rozmawiał niechętnie. Nie liczyłem na gwarancje, chciałem coś uchwycić, wyczuć z tej rozmowy, czego mogę się spodziewać. Szuniewicz powiedział, że zwolennicy twardej linii są przeciwni, ale szanse mam duże. Jeśli znowu odmówię, szanse te spadną do zera. Stwierdził, że Ira nie wyjdzie na wolność po podpisaniu oświadczenia o nieopuszczaniu kraju, lecz zostanie osadzona w areszcie domowym. Informacja o areszcie domowym przekonała mnie, że faktycznie mogą ją wypuścić z Amerykanki i że będzie mogła być z Dańką. Ale to nie wszystko. Szuniewicz uprzedził, że jeśli nawet zostanie rozpatrzona sprawa zmiany warunków mojego odosobnienia, to też będzie to areszt domowy. Dziś wydaje się to śmieszne, ale zdenerwowałem się. Chodziło o to, że byłem zameldowany w innym miejscu, zaś areszt domowy można odbywać tylko w miejscu zameldowania. Oto perfidia służb, pomyślałem sobie. Zamkną w areszcie domowym, ale w innym mieszkaniu, żebym nie mógł widywać się z żoną.

Naiwność.

Było to ostatnie spotkanie z Szuniewiczem. Wyglądał na przestraszonego. Z tego powodu w moich oczach przestał być samodzielną jednostką, stał się jednym z wielu typowych nadzorców. Zdarzali się wśród nich różni ludzie, także tacy, którzy nie wykazywali gorliwości w wykonywaniu rozkazów, nie przekraczali granic.

POZOSTALI ŚLEDCZY

Nie było ich znów tak dużo, tych moich oprawców. Wymienię trzech: śledczy Maksim Mironow i Aleksandr Ławrienczuk oraz oficer operacyjny Aleksandr Fietisow.

Maksim Mironow, podpułkownik KGB, był w mojej sprawie głównym śledczym. Później zrozumiałem, że był on tym „dobrym" śledczym. Początkowo nie wzbudzał odrazy. Duży, trochę niezdarny, mógłby wzbudzać zaufanie, gdyby nie oczy. Miał zupełnie żółte, sokole oczy, które nie brały udziału w tym, co robił i mówił. Od razu przypomniał mi się czekista – śledczy z powieści Czingiza Ajtmatowa *Dzień dłuższy niż stulecie*.

Mironow był uprzejmy, „szczerze zmartwiony", że nie decyduję się zeznawać. Próbował rozmawiać na tematy niezwiązane ze śledztwem. Dowiedział się, że lubię wędkować, więc proponował rozmowy o wędkarstwie, sugerując jak gdyby mimochodem, że jeszcze napijemy się razem piwa pod suszoną rybę z własnego połowu, o ile będę się dobrze sprawować. Mironow nie pozwalał mi się kontaktować z moim pierwszym adwokatem Pawłem Sapiełką, przekonywał, że adwokaci są sprzedajni, myślą tylko o sobie, a sprawy więźniów politycznych traktują jako odskocznię dla dalszej kariery. Próbował mnie namówić, żebym zrezygnował z obrońcy. Dawał do zrozumienia, że tak łatwiej będzie się dogadać. Kiedy Pawłowi odebrano prawo wykonywania zawodu, śledczy wykorzystał to do dalszej agitacji przeciwko adwokatom.

Mironow naprawdę martwił się, że nie idę na współpracę w śledztwie, że nie rozumiem, jakie mam szczęście. Patrzył na mnie ze współczuciem, posapywał i wzdychał. Czasem pozwalał zamienić parę słów z adwokatem. Interesowała mnie tylko rodzina, szczególnie mama. O Irze i Dańce coś tam wiedziałem.

Chociaż odmówiłem zeznań, prowadzano mnie do Mironowa w celu przedstawienia mi oskarżenia i jeszcze jakichś zarzutów związanych ze śledztwem. W pierwszych dniach te „wycieczki" były dla mnie nadzwyczaj trudne. Po pobiciu na Placu miałem pokaleczoną nogę i praktycznie skakałem na drugiej, a każdy podskok powodował ból. Dotarcie do gabinetu śledczego wymagało zejścia po krętych schodach na parter Amerykanki, przejścia przez zaśnieżone podwórko i wdrapania się na trzecie piętro gmachu KGB. Strażnicy, o ile znaleźli się poza polem widzenia kamer, często pomagali mi wejść po schodach, podtrzymywali mnie. Do gabinetu śledczego docierałem kompletnie wykończony i długo dochodziłem do siebie, walcząc z fizyczną słabością.

Na biurku Mironowa stała fotografia jego siedmioletniej córeczki, o ile się nie mylę. Kiedyś wspomniałem, że „ich" ludzie chcą porwać mojego syna. Mironow sapnął współczująco. Kiedy wpadniesz w łapy oprawców, odruchowo starasz się dostrzec w nich jakieś przebłyski człowieczeństwa. W większości przypadków próby te kończyły się dla mnie źle. Tak było z Mironowem. Właśnie od niego w dużym stopniu zależało, jak bardzo będą mnie gnębić w Amerykance. Śledczy z reguły są nie tylko na bieżąco w całej sprawie, ale też kierują procesami „obróbki" podsądnych przez strażników, wtyki i kryminalistów. Mój śledczy był doskonale zorientowany, co się ze mną dzieje w więzieniu, ale wzdychając ze smutkiem, powtarzał, że wszystko zależy ode mnie.

Przestałem doszukiwać się cech człowieczeństwa w Mironowie, kiedy absolutnie serio, nawet nie zadając mi pytań, stwierdził, że działam na zlecenie zachodnich mocodawców, że według jego informacji przygotowywałem zamach stanu. Później zaczął zmyślać, że wszyscy aresztowani 19 grudnia złożyli już zeznania, które mnie obciążają, więc jeśli ja nie zacznę mówić – nie wybronię się.

„Złym" śledczym był podpułkownik Aleksandr Ławrienczuk. Wcześniej pracował jako śledczy w oddziale KGB w obwodzie grodnieńskim. Żeby zmontować głośną sprawę spisku w celu obalenia władzy, ściągnięto śledczych z całej Białorusi. Mnie się trafił niewysoki, grubawy Ławrienczuk. Wyglądał raczej na drobnego chuligana ze szramą na nosie i w zaskakująco fircykowatym garniturze.

Ławrienczuk nie bawił się w uprzejmości. Był chamski wobec mnie i adwokatów, wystukiwał palcem na klawiaturze komputera takie odpowiedzi, jakie były mu potrzebne, a nie te, których udzielałem. Trzeba było potem bardzo zwracać na to uwagę, czytając protokół z przesłuchania i poprawiając swobodne interpretacje moich odpowiedzi w wykonaniu Ławrienczuka.

Śledczy od razu poinformował, że „pracuje" nad Iryną Uładzimirawną, to znaczy nad moją żoną. Nie zwracałem uwagi na jego chamstwo, ale na wspomnienie Iry robiło mi się ciepło na sercu. Czułem się tak, jak gdybym ją na moment zobaczył.

Ławrienczuk z dumą opowiadał mi o szachowych sukcesach swojego syna, doskonale rozumiejąc, jak ciężka była dla mnie rozłąka z moim trzyletnim Dańką.

Pewnego dnia po zakończeniu przesłuchania stwierdził, że jest jeszcze jedna sprawa, o której będzie chciał porozmawiać osobno. Wygląd miał przy tym tak triumfujący, jakby co najmniej znalazł skład broni z moimi odciskami palców. Wyprowadzono mnie, a ja męczyłem się nad zagadką śledczego. Nie kryję, że łamałem sobie głowę, jakiego to jeszcze świństwa można się spodziewać po zawodowych prowokatorach. Wezwano mnie ponownie dopiero po jakichś dwóch dniach, żebym się jeszcze dłużej pomęczył. Ławrienczuk, tak jak na poprzednim przesłuchaniu, miał minę zwycięzcy. Wpadłeś! – mówił cały jego wygląd. Gestem magika włożył płytę do komputera i zaprezentował nam wystąpienie Wiktara Iwaszkiewicza w Orszy. Wiktar był moim zaufanym człowiekiem i tak jak inni zaufani jeździł po całej Białorusi, organizował spotkania z wyborcami. Na pokazanym w KGB nagraniu Wiktar mówił, że mamy plan, ale że zostanie on ogłoszony dopiero na Placu, gdyż, podobnie jak na wojnie, planów za wcześnie się nie zdradza. Namawiał, żeby przyjść na Plac, nie bać się, tym bardziej że jest kandydat, który bierze na siebie całą odpowiedzialność i w razie czego jemu utną głowę – to znaczy mnie. Co do głowy, Wiktar miał rację.

Te właśnie słowa o istnieniu jakoby planu militarnego śledczy postanowili wykorzystać jako jeden z głównych zarzutów przeciwko mnie. Na scenie obok Iwaszkiewicza dostojnie rozsiadł się generał Frałou w mundurze. Najwidoczniej miał to być jeden ze znaczących argumentów na rzecz tezy o naszych przygotowaniach do walki zbrojnej. Uroczyście przedstawiona poszlaka okazała się kolejną wydmuszką. Wyjaśniłem, że żadnych tajnych planów związanych z użyciem siły nie mieliśmy. Ławrienczuk zapisał moje wyjaśnienia, stukając palcem w klawiaturę i robiąc przy tym masę błędów. Śledczym na ogół było nie po drodze z ortografią, ale jego nieumiejętność pisania przekraczała wszelkie granice. Po co im umiejętność pisania – dla prawdziwego białoruskiego czekisty najważniejsza jest służba dyktaturze.

Takim właśnie wiernym sługusem był oficer operacyjny Aleksandr Fietisow, o ile było to jego prawdziwe nazwisko. Przesłuchiwał mnie w jednym z tych gabinetów na dole, służących do spotkań z adwokatami, gdzie ściany naszpikowane były kamerami i podsłuchami. Siedział przede mną młody człowiek o nijakim wyglądzie i grubym karku. Pierwsze wrażenie było bardzo nieprzyjemne i w czasie późniejszych kontaktów nie uległo zmianie. Fietisow powiedział, że lubi pracować z ludźmi wykształconymi. Powiało piwnicami, w których wykonywano egzekucje, i pokojami przesłuchań. Nie wiem, dlaczego przypomniała mi się scena ze starego sowieckiego filmu. Stary szpicel poucza swoich młodszych kolegów, którzy duszą rewolucjonistę: „Kto tak dusi? Za grdykę go, za grdykę!". Sam oficer operacyjny najwyraźniej nie wyglądał na obciążonego wykształceniem.

Fietisow z dumą poinformował mnie, że jego mama, podobnie jak ja, skończyła szkołę numer 42 w Mińsku. Mało brakowało, a przekazałby od niej pozdrowienia. Pewnie uznał, że ułatwi to nawiązanie ze mną kontaktu. Jego poczynania stawały się coraz bardziej odstręczające. Z wielką satysfakcją opowiedział, że to on aresztował Włada Kobieca, szefa naszego sztabu. Poza tym przeprowadzał rewizję u nas w domu, a mój teść Uładzimir Trofimawicz wywarł na nim przyjemne wrażenie. Jak widać Uładzimir Trafimawicz tym razem powstrzymał się, żeby nie powiedzieć głośno, co myśli o służbach.

Po wyjściu z więzienia stwierdziłem, że z domu zniknęła spora dla mnie suma pieniędzy – 2 tysiące euro. Nie figurowały one w żadnym protokole z rewizji, kagiebiści po prostu buchnęli te pieniądze. Może to sprawka Fietisowa?

Dygresje „liryczne" Fietisowa bardzo mnie denerwowały. Nie sądzę, by było to jego celem, raczej starał się nastawić mnie dobrze do siebie w dalszych rozmowach. A było o czym rozmawiać. Zrozumiałem, że za pośrednictwem Fietisowa badano różne teorie, żeby sprawdzić, która może wypalić. Przypominały rojenia wariata.

Na przykład oficer operacyjny długo i nudno przekonywał mnie, że przed wyborami latałem do Izraela. Niestety, w Izraelu nie byłem nigdy w życiu i trudno było mi przyjąć wersję KGB, że odwiedziłem ten kraj. Fietisow bardzo naciskał, bym się przyznał do tego „przestępstwa". Twierdził, że KGB przeprowadziło olbrzymie prace, aby ustalić ten fakt i że został on potwierdzony. Zbadano listy pasażerów uzyskane od służb lotniskowych. Poprosiłem, aby przyniesiono mi te listy i mój paszport, żeby sprawdzić stemple wizowe. Straciliśmy masę czasu, przyglądając się wytartym zapisom w paszporcie i drobnym literkom wydruków z lotniska. Nie znaleziono żadnych śladów mojego pobytu w Izraelu. Zdesperowany Fietisow wyraził przypuszczenie, że mój pobyt w Izraelu był tajny, bez wpisów w paszporcie.

Nie mogłem nijak zrozumieć, po co im ten Izrael. Po wyjściu z więzienia dowiedziałem się, że Łukaszenko na konferencji prasowej po wyborach, pałając świętym oburzeniem, podał zabójczy argument – okazało się, że ja i Ira mieliśmy ponoć bilety na następny dzień do Tel-Awiwu. Według teorii KGB, po przejęciu władzy mieliśmy uciec do Izraela. Do dziś nie rozumiem, po co usiłowano mnie przekonać, że latałem tam przed wyborami.

Następnym atutem Fietisowa był żywy świadek moich podstępnych zakusów. Okazało się, że w Wołodarce, więzieniu MSW, siedzi jeden z moich „bojowców". Zeznał on, że przygotowywano zbrojne przejęcie władzy pod moim przywództwem. Oficer operacyjny podał nieznane mi nazwisko. Powiedział także, że człowiek ów jest urodzonym na Białorusi obywatelem rosyjskim, który przyjechał z Estonii. To był już gotowy spisek międzynarodowy, Fietisow z typową dla niego gorliwością, żeby forsować wszystkie bzdury wymyślone przez jego szefów, przekonywał, że tym razem się nie wykręcę, wszystkie zeznania nieznanego mi „bojowca" są wiarygodne i sprawdzone. Zażądałem konfrontacji. Odpowiedziano, że z pewnością zostanie zorganizowana. Na tym wątek „bojowca" się zakończył i więcej do niego nie wracano. Potem dowiedziałem się, że domniemanego „bojownika" ukarano mandatem i wypuszczono na wolność. Nie wiem, czy człowiek ten orientował się, jaką rolę miał odegrać, czy też chciano go wykorzystać bez jego wiedzy.

Niespodzianki Fietisowa trwały. Po długich i nieudanych próbach wmawiania mi, że moją kampanię finansowali wszyscy mniej lub więcej znani oligarchowie rosyjscy, zarówno ci z Rosji jak i z zagranicy, Fietisow wykrył w końcu jedno ze źródeł tego finansowania. Ku mojemu zdziwieniu opowiedział o skandalu, jaki wybuchł, gdy jedna ze współpracownic amerykańskiego Narodowego Instytutu Demokratycznego (NDI) oświadczyła w Kijowie, że Instytut jest bardzo niezadowolony ze sposobu, w jaki wydałem przydzielone mi na kampanię 400 tysięcy dolarów. Podano nawet jakieś nazwisko, które pierwszy raz słyszałem.

– Przecież spotykaliście się z przedstawicielami tego Instytutu? – zarzucił mi Fietisow.

– Spotykałem się dawno temu – odpowiedziałem.

– No właśnie – triumfował Fietisow.

– Spotykałem się z przedstawicielami setek podobnych organizacji.

– Ale tu oskarżają was o przywłaszczenie pieniędzy – ciągnął Fietisow, zerkając w jakiś papierek i starannie pilnując, żebym nie zobaczył, co w nim jest.

– Gdzie „tu"? Jestem gotów zaskarżyć ich do sądu za takie kłamstwo.

Proponowałem, by podali nazwisko tej mitycznej przedstawicielki NDI, żebym mógł podać ją do sądu o zniesławienie. A jeśli oni w ten sposób będą chcieli zrzucić na mnie odpowiedzialność za ukradzione przez nich pieniądze? Nie wiem, czy Fietisow wiedział, że NDI nie finansuje kampanii wyborczych. Prawo amerykańskie tego zabrania. Pomysł, że jakiś przedstawiciel Instytutu publicznie poinformował o czymś takim, świadczył o chorej wyobraźni i braku profesjonalizmu. W sumie temat wygasł, choć powrócił potem w sądzie, gdyż nasze rozmowy były nagrywane. Jedno z takich nagrań sąd przesłuchał, mimo mojego protestu, że jest to niezgodne z prawem.

Nagranie zostało zmontowane i sfałszowane. Zrozumiałem to od razu. Na pytanie obojętnie którego strażnika: „Jak się czujecie?" – odpowiadałem zawsze: „Źle". Nie mogłem odpowiedzieć, że w więzieniu jest mi dobrze. A tu w nagraniu odpowiadam rześko: „Dobrze!".

Problem finansowania nadal interesował Fietisowa, ale pojawił się już następny – agenci zachodni. Rozumiałem, że chora fantazja przybocznych Łukaszenki może ich zaprowadzić bardzo daleko. Miałem setki znajomych w różnych krajach. Włamano się do moich skrzynek mailowych i dokładnie je zbadano. Przejrzano setki fotografii z poczty i Internetu, żeby ustalić moje kontakty zagraniczne. W domu miałem tysiące wizytówek obywateli innych państw. Był to wystarczający materiał, żeby zmontować rozległą sieć spiskowców. Dano mi do zrozumienia, że KGB najbardziej interesują moje kontakty w Niemczech, Polsce i USA. Potem dowiedziałem się, że podstawową teorią KGB był domniemany tajny plan Niemiec i Polski mający na celu obalenie Łukaszenki. Teoria ta powstała na bazie wspólnej wizyty ministrów spraw zagranicznych tych dwóch krajów, Guida Westerwellego i Radosława Sikorskiego, w Mińsku przed wyborami. Choć ministrowie robili awanse Łukaszence, a nie opozycji, KGB potrafiło odkryć ich knowania.

Fietisow rozpoczął od pytań o Jerzego Buzka, przewodniczącego Parlamentu Europejskiego. Było to zrozumiałe, wiosną 2010 roku wspólnie ze Stanisławem Szuszkiewiczem byliśmy na spotkaniu z nim, w sieci wisiało mnóstwo fotografii z tych rozmów. Poinformowaliśmy dość szczegółowo przewodniczącego PE o sytuacji na Białorusi, o tym, że wybory mogą stworzyć możliwość zmian. Opowiedziałem o swoich planach udziału w wyborach. Z pytań Fietisowa wywnioskowałem, że Buzek wydał ostre oświadczenie.

Z niemieckich polityków interesowała ich Uta Zapf, z którą mieliśmy rozbieżne poglądy. Uta Zapf była socjaldemokratką i kierownikiem grupy roboczej Zgromadzenia Parlamentarnego OBWE, kładła nacisk na współpracę z władzami i to właśnie było kością niezgody.

Nie rozumiałem, o co chodzi KGB – czy chcieli sfabrykować spisek szpiegowski, czy po prostu dawali do zrozumienia, że są doskonale zorientowani, a ja jestem od dawna pod obserwacją. I tak o tym wiedziałem, ponieważ w czasie wyjazdów nie raz widywałem na spotkaniach wśród zgromadzonych „spocone czujne oczy" (według genialnego określenia Ryhora Baradulina[32] – wujek Ryhor przedstawił mi swoje wyobrażenie kagiebisty w czasie spotkania w Nowym Jorku, w połowie lat osiemdziesiątych).

Tak czy inaczej teoria szpiegowska nie wypaliła albo została odłożona na później. Fietisow w końcu znalazł jednak niepodważalny dowód planowanego spisku. Bez owijania w bawełnę i wstępów położył go przede mną i przygwoździł: „No! A to co?". Była to kartka papieru z mapą, na której coś było zaznaczone kółeczkami. Z początku nie poznałem mapy. Okazało się, że jest to plan centrum Mińska, który znaleziono w moim biurku. Kółeczkami były zaznaczone miejsca obok placu Niepodległości, co gorsza obok urzędu Łukaszenki. Nie mogłem sobie przypomnieć, skąd on się u mnie wziął. Fietisow wściekał się, żądał przyznania się do planowania działań bojowych w miejscach zaznaczonych kółeczkami. Złapał trop.

Wytężyłem pamięć i przypomniałem sobie, skąd się wzięła mapa. Na biurku znaleziono ją razem z zaproszeniem na Forum Mińskie – cykliczną konferencję międzynarodową, na której niemieccy organizatorzy co roku z uporem godnym lepszej sprawy próbowali pogodzić władzę z opozycją. Do zaproszeń dla gości zagranicznych dołączono plan z zaznaczonymi hotelami, w których mieli mieszkać uczestnicy konferencji. Jak widać, ktoś miał pokój w hotelu „Mińsk" obok placu Niepodległości, a ktoś ważniejszy dla władz – tuż przy urzędzie prezydenta w hotelu „Oktiabrskaja". Ślad znowu okazał się fałszywy, a zarzut trafił do kosza. Bo też dosłownie był to śmieć, którego nie wyrzuciłem.

Kontakty z Fietisowem były bardzo nieprzyjemne. Mówiliśmy różnymi językami, w dosłownym znaczeniu. Między wyszukiwaniem kolejnych niepodważalnych poszlak wykładał mi swoje *credo*: kocha swoją pracę, kocha obecną władzę, jest dumny, że stoi na jej straży, nie widzi i nie chce widzieć niczego poza swoimi obowiązkami służbowymi. Smutne jest to, że jego ślepa służbistość przesłaniała mu kraj, w którym żył, i inne życie.

Ostatnim zadaniem oficera operacyjnego Fietisowa było przygotowanie mnie do przesłuchania. Przyniósł listę pytań, na które powinienem odpowiedzieć, żeby Ira została wypuszczona z Amerykanki. Moja odmowa w najlepszym przypadku oznaczała, że Ira celi nie opuści.

Powiedziałem, że będę zeznawał. Kagiebiści nie wierzyli, bo sami kłamali i nie dotrzymywali słowa. Kiedy zaprowadzono mnie do gabinetu Mironowa, siedział tam Fietisow. Zażądał potwierdzenia, że złożę zeznania i że nie będzie niespodzianek. Stwarzał wrażenie, że będzie siedział za ścianą z bronią w pogotowiu. Kiedy potwierdziłem gotowość do złożenia zeznań, Fietisow zniknął, a do gabinetu wpuszczono adwokata Pawła Sapiełkę. Przesłuchanie odbywało się 27 stycznia 2011. Czułem się okropnie, miałem bóle w okolicy wątroby. Były tak ostre, że nie mogłem odetchnąć. Na każdy oddech wątroba reagowała bólem, ale stawka tego przesłuchania była zbyt wysoka, by zwracać uwagę na złe samopoczucie. Mironow przestraszył się, że odmówię zeznań, widział, że faktycznie czuję się źle, ale uspokoił się, gdy zacząłem odpowiadać na pytania.

Kiedy wykończony wróciłem do celi już w nocy, cały zamieniłem się w słuch. Dopiero teraz dobrze zrozumiałem to wyrażenie – „zamienić się w słuch". W Amerykance mury są grube, a drzwi zamykane dokładnie. Ale, jeśli się wsłuchać uważnie, jakieś tam dźwięki zawsze dochodzą. Wcześniej mało mnie one obchodziły. Teraz wsłuchiwałem się w ciszę nocną wszystkimi porami ciała. Czekałem, żeby wypuścili Irę i byłem pewien, że to usłyszę. Zasnąłem nad ranem. Następnego dnia również byłem jednym wielkim uchem, nauczyłem się filtrować dźwięki i słyszeć każdy szmer z zewnątrz, mimo gadania współwięźniów i hałasu z telewizora. Nie usłyszałem niczego pocieszającego. Na trzeci dzień znowu wsłuchiwałem się z napięciem i pod wieczór przez stek przekleństw „zwierzęcia", od strony wewnętrznego dziedzińca przebił się kobiecy głos: „Powodzenia wszystkim!". Raczej odgadłem słowa niż je usłyszałem. Potem huknęły żelazne drzwi. Zrozumiałem, że Irę wypuścili. Nie miałem co do tego wątpliwości. Nie pomyliłem się.

Przesłuchania trwały, Ławrienczuk dokładał starań. Trwały także rewizje w moim mieszkaniu, w mieszkaniach znajomych i nieznajomych, o czym dowiadywałem się z protokołów. Trwały aresztowania za Plac. W Amerykance szalały „maski". W celi szalało „zwierzę" przy wsparciu „psa". Słaba nadzieja na to, że po złożeniu zeznań strażnicy trochę się uspokoją, rozwiała się. Władza, oszalała ze strachu, tępiła tych, którzy jej nie akceptowali.

Na początku marca przeniesiono mnie do innej celi. Pierwszy raz dostałem pryczę, przedtem spałem na podkładzie z desek na podłodze. Współwięźniami w celi okazali się „szpieg" i „chemik". Byli przygotowani na moje przyjście, ale nie przykładali się do wykonywania swoich zadań. W tej celi było lżej. Na pryczy można się było wyspać. W więzieniu ucichło, „maski" odeszły, miejscowi strażnicy wrócili do zwyczaju porozumiewania się półgłosem i świstaniem. Mój organizm poddał się. Osłabło, narastające przez dwa i pół miesiąca, napięcie, chwycił mnie ostry atak podagry i zapalenie ucha środkowego. Hospitalizacji odmówiono. Przez marzec i kwiecień walczyłem, jak mogłem, z tymi nieszczęściami.

WYBUCH W METRZE

Poza murami Amerykanki wybuchł ostry kryzys finansowy. Cud się nie zdarzył. Wyrzucenie przez reżim milionów dolarów na kupienie sobie wyborców, kołchozowy PR i wzmocnienie aparatu represji doprowadziły do gorączki walutowej, dewaluacji i niewypłacalności Białorusi. Zaczynała się panika związana z brakiem waluty w bankomatach.

Jednocześnie sprawy montowane przeciwko nam upadły. Widać było, że nie udało się sklecić ani spisku, ani próby zamachu stanu, ani nawet marniutkiej sprawy o szpiegostwo. Sankcje zachodnie mogły wejść w życie, a Kreml nie śpieszył z pomocą.

W tym katastrofalnym dla Łukaszenki okresie, 11 kwietnia 2011 miał miejsce zamach terrorystyczny – wybuch w mińskim metrze.

Do mojej celi dosłownie wpadł Orłow. Już od progu zaczął na mnie wrzeszczeć:

– To wy i wasi kumple!

– Co się stało? – byłem zaskoczony.

– Włączcie telewizor na wiadomości! Zamach terrorystyczny w metrze!

– Przecież odłączyliście sygnał.

– Mówię – włączcie i oglądajcie! Tam jest krew, ofiary, ranni, zabici. Tego chcieliście?

Wybuch miał miejsce na stacji metra Kastrycznickaja – w centrum miasta, w dzielnicy, w której się wychowałem. Pomyślałem, żeby zażądać listy ofiar, jak tylko będzie to możliwe. Mogli tam być znajomi. Najpierw pomyślałem o Dańce, który bardzo lubił jeździć transportem miejskim, oczywiście nie sam, z dorosłymi.

Następnego dnia, po zatrzymaniu domniemanych terrorystów, doprowadzono mnie do gabinetu Orłowa, a ten zaczął mi pokazywać nagrania ponoć z kamer monitoringu. Trudno było na ekranie cokolwiek rozróżnić, widziałem wielu ludzi, a nie jednego „namierzonego" terrorystę. Orłow kręcił się, chwalił pracę KGB i milicji, wracał do nagrań, nalegał, żebym patrzył uważniej. Wróciłem do celi, nie wiedząc, czego można się teraz spodziewać.

W końcu przyniesiono listę ofiar. Czternastu zabitych i ranni. Nie znalazłem znajomych nazwisk, ale lista była straszna. Zginęli ludzie.

Władze bardzo szybko nagłośniły domniemane motywy zamachu. Dwa z nich były polityczne: destabilizacja sytuacji i działania grup młodych radykałów. Trzecia wersja – zamachowiec był chory psychicznie.

Szef KGB Zajcew ogłosił, że zamach terrorystyczny w metrze to zemsta za sąd nad opozycją. Przypomniało mi się od razu, że nam, aresztowanym 19 grudnia, próbowano przypisać organizację masowych zamieszek właśnie w celu destabilizacji sytuacji w kraju. Co więcej, na rozkaz Łukaszenki zaczęły się przesłuchania opozycjonistów, którzy byli na wolności. Łukaszenko, a wraz z nim ambasadorowie Wenezueli i Kuby, nagłośnili teorię o udziale państw zachodnich w zamachu terrorystycznym w metrze. Łukaszenko zaczął histerycznie żądać od tych państw wyrazów ubolewania, choć potępiły one zamach i zaproponowały pomoc dla ofiar. Stało się jasne, że dyktatura znalazła sposób na odwrócenie uwagi od katastrofalnej sytuacji kraju, na rozbicie solidarności z więźniami politycznymi i przypisanie Zachodowi winy za krach gospodarczy.

Ogłoszono nazwiska podejrzanych: Dzmitryj Kanawałau i Wład Kawalou. Dalej wszystko przypominało marny spektakl, który skończył się rozstrzelaniem Kanawałowa i Kawalowa. Ani w trakcie śledztwa, ani w czasie procesu nie znaleziono przekonujących dowodów winy dwóch młodych, dwudziestopięcioletnich ludzi. Wprost przeciwnie, pytań i wątpliwości co do ich udziału w tragedii w metrze było coraz więcej.

Jedyna teoria, która logicznie wyjaśniała tę potworną zbrodnię – to zamach dokonany przez służby specjalne. Coraz częściej mówiło się o tym na wolności. Niektóre media na Zachodzie pisały wprost, że zamach był najbardziej potrzebny Łukaszence. Potwierdziły to także wydarzenia w Amerykance. Wspomniałem, że Orłow wdarł się do mnie do celi w niecałą godzinę po wybuchu. Nic jeszcze nie było wiadomo, a on już krzyczał o zamachu o podłożu politycznym.

W czasie kolejnej „rozmowy" Orłow poinformował mnie, że podejrzewani o dokonanie zamachu są od paru dni w Amerykance.

– Albo to nie są terroryści, albo wy boicie się politycznych bardziej od terrorystów – powiedziałem.

– To znaczy?

– Z naszego powodu specjalnie sprowadziliście ludzi w maskach z określonymi zadaniami, a „niebezpiecznych przestępców" przetrzymujecie w zwykłych warunkach?

Następnego dnia znów zaprowadzono mnie do Orłowa tylko po to, abym po drodze zobaczył na korytarzu małą dziewczynkę i prowadzącego ją strażnika w masce. Tyle że strażnik prowadził dziewczynkę nadzwyczaj delikatnie i z tyłu był podobny do jednego z „naszych" klawiszy.

Porównywaliśmy później razem ze Źmicierem Bandarenką nasze wrażenia co do zachowania kagiebistów po zamachu. Orłow pokazywał nagrania z monitoringu w metrze także jemu. Zwrócił Źmicierowi uwagę na fakt, że Kanawałowa w metrze prowadziło kilka osób, rozmawiali z nim, jakby nim kierowali. A w sądzie mówiło się że Kanawałou działał sam. Przypomnieliśmy sobie również, że w przeddzień zamachu kagiebiści byli wyjątkowo zdenerwowani, jakby nie w sosie. Szuniewicz wspomniał nawet, że „jastrzębie" nie śpią. Orłow w jednej z rozmów ze Źmicierem przyznał, że po zamachu i jego „błyskotliwym" rozpracowaniu w sondażach notowania Łukaszenki poszły w górę, czyli pośrednio ujawnił inicjatora.

Po wybuchu w metrze zaczęto pospiesznie przygotowywać procesy głównych uczestników wydarzeń 19 grudnia. Najpierw przypuszczano, że śledztwo i zapoznanie się z aktami przedłuży się do połowy maja, ale przyspieszono wszystkie terminy i już w kwietniu zaczęły się rozprawy sądowe.

Jestem pewien, że reżyserzy naszych procesów sądowych i procesu o zamach terrorystyczny mieli pomysł, aby te sprawy się zazębiały. Powinno się nas kojarzyć, jeśli nie wprost z terrorystami, to przynajmniej jako osoby mające ten sam cel – destabilizację sytuacji na Białorusi.

Władze się przeliczyły, ludzie nie wierzyli, że zamachu dokonali Kanawałau i Kawalou, solidarność z więźniami politycznymi nie osłabła i władze były zmuszone porzucić pierwotne pomysły. Istotne było, żeby jak najszybciej wsadzić nas za kraty i rozprawić się z „terrorystami". Reżim chwycił się sprawdzonego sposobu – chciał uwiarygodnić swoje działania poprzez opinię eksperta międzynarodowego. Tym razem nie byli to obserwatorzy OBWE, jak w sprawach Mikoły Autuchowicza i Aleha Biabenina, ale sam sekretarz generalny Interpolu Ronald Noble.

Warto wspomnieć, że reżim Łukaszenki, chcąc nasilić represje, nie raz korzystał z pomocy Zachodu. Wyróżniało się Ministerstwo

Spraw Wewnętrznych RFN, które od roku 2008 prowadziło program szkoleń pracowników aparatu represji Łukaszenki. Opozycja stale mówiła o niedopuszczalności takiej współpracy, ale dopiero po wydarzeniach 19 grudnia, dzięki prasie niemieckiej, w Niemczech zwrócono uwagę na ten skandaliczny fakt. Wyjaśniło się, że policja niemiecka i Federalny Urząd Kryminalny z inicjatywy rządu RFN od 2008 roku prowadziły szkolenia dla pracowników organów represji. Seminaria odbywały się w Saksonii, Dolnej Saksonii i Badenii-Wirtembergii. Podobne szkolenia miały miejsce także na Białorusi, uczestniczyło w nich około czterystu osób. Współpraca ta trwała jeszcze rok po okrutnym zdławieniu przez władze protestów białoruskiej opozycji w 2010 roku. Oprócz tego milicja białoruska w latach 2009–2010 otrzymała pomoc w wysokości 41.200 euro na zakup komputerów i sprzętu wideo, a nie mniej niż setka milicjantów białoruskich została w pełni wyekwipowana w hełmy, tarcze i pałki gumowe. Dodatkowo białoruskich milicjantów przeszkolono praktycznie, jak rozpędzać demonstracje w czasie starć przeciwników transportu odpadów jądrowych z policją w Niemczech. Szkolenia te nie były potrzebne do wyjaśnienia zamachu w metrze i postawienia przed sądem prawdziwych winowajców tragedii, natomiast bardzo się przydały do tłumienia demonstracji pokojowych, do śledzenia obywateli Białorusi i podsłuchiwania rozmów telefonicznych.

  Ronald Noble przybył do Mińska na zaproszenie służb specjalnych miesiąc po wybuchu w metrze i nie wyrażał zachwytów nad „bezprecedensowo wysokim poziomem prowadzenia śledztwa i wykrycia sprawców przestępstwa". O śledztwie wiedział tylko to, co mu powiedzieli kagiebiści. Tak naprawdę to Ronald Noble zaprezentował bezprecedensowy poziom cynizmu, przybywając w szczytowym momencie politycznej rozprawy z opozycją i wspierając tym samym oprawców z KGB, kierujących tą rozprawą. Szef Interpolu przez cały czas pobytu w Mińsku nie zmienił swojej opinii. Kiedy w pośpiechu i podle rozstrzelano Kanawałowa i Kawalowa, co spowodowało oburzenie społeczne i krytykę działań reżimu oraz Interpolu, Noble oskarżył media o brak obiektywizmu i poparł dyktaturę.

Po zakończeniu procesu nad „terrorystami", który był jawną kpiną z logiki, wszystkie dowody rzeczowe zostały przez władze zniszczone. Tak postępuje się tylko wtedy, kiedy chodzi o zatarcie śladów.

PROCES JAK ŁYK WOLNOŚCI

Mój proces odbywał się od 27 kwietnia do 14 maja 2011. Irę sądzono w tym samym czasie. Nie wiedziałem, jaki będzie nowy etap kłamstw i fałszu. Martwiłem się, czy wytrzymam fizycznie wożenie do sądu, oczekiwanie w wąskiej celi – „szklance", długie rozprawy. Zdrowie miałem nadszarpnięte. Nie uporałem się jeszcze z ostrym atakiem podagry, męczyły mnie silne bóle głowy, zapalenie ucha nie do końca ustąpiło, miałem nagłe skoki temperatury, pojawiły się bóle w okolicach serca. Mamie natomiast udało się przesłać mi dwie niezbędne podczas procesu rzeczy – garnitur i maszynkę do strzyżenia włosów. Garnitur nosiłem w czasie kampanii. Przymierzyłem – spodnie spadały. Wyprosiłem u strażników igłę z nitką i jak umiałem, zwęziłem spodnie w pasie. Kolega z celi przy pomocy maszynki radykalnie rozprawił się z moim czteromiesięcznym „zakrzaczeniem". Pochwalił maszynkę. Później adwokat i Olga Bandarenka opowiadali, że kupili ją ze znacznym rabatem – sprzedawcy, dowiedziawszy się, dla kogo jest przeznaczona, dali w ten sposób wyraz swojej solidarności.

Przed procesem miałem jeszcze czas na zapoznanie się z aktami sprawy. Podsądnych podzielono w śledztwie na grupy według kryteriów, znanych tylko śledczym. Wraz ze mną przed sądem stanęli: Fiodar Mirzajanau, Ilja Wasiljewicz, Uładzimir Jaromienak, Aleh Hniedczyk.[33] Do chwili rozpoczęcia procesu żadnego z nich nie widziałem na oczy.

Zapoznanie się z dziewięcioma tomami akt odbywało się w tych samych gabinetach, w których prowadzono przesłuchania. Mimo że przepisy przewidują miesiąc na zapoznanie się z materiałami śledztwa, uprzedzono mnie, że mam nie więcej niż tydzień. To i tak dobrze. Można było spędzić kilka godzin dziennie nie w celi, lecz w gabinecie z oknem, niekiedy w takim, z którego było widać główny prospekt Mińska. Pewnego dnia przez któreś z okien zobaczyłem fragment budynku z wieżą, znajdującego się naprzeciwko KGB, tego samego w którym był bardzo dobry sklep garmażeryjny „Pod zegarem". Do tego właśnie sklepu biegaliśmy w szkole na dużej przerwie...

Moja szkoła numer 42, „gwardyjska nieprzemakalna", znajdowała się obok, przy ulicy Komsomolskiej, naprzeciwko bramy, przez którą wjeżdżałem do Amerykanki. Brama z kolei mieściła się obok Klubu im. Dzierżyńskiego, w którym mieliśmy bal maturalny. Wjazd do Aresztu Śledczego nr 1 MSW Wołodarka był naprzeciwko Szpitala Położniczego nr 1, w którym się urodziłem. Mieszkałem w samym centrum tej dzielnicy, w domu numer 13, sąsiadującym z KGB, na głównym prospekcie Mińska. Wyszedł z tego swojego rodzaju życiowy kwadrat: szpital położniczy, szkoła, dom rodzinny i dwa więzienia, w których siedziałem.

Gdy zapoznawaliśmy się z aktami w gabinetach, pozostawiano nas sam na sam z adwokatami i choć wszystko było podsłuchiwane i nagrywane, można było spytać o rodzinę i przyjaciół. Dzięki staraniom adwokat Maryny Kawaleuskiej codziennie dostawałem jedzenie z domu. Maryna znajdowała czas, żeby wpadać do mojej mamy w sąsiednim domu i przynosić jeszcze ciepły obiad. Przyjaciele i znajomi też starali się przekazać coś z domu. Jedzenia miałem tyle, że mimo najszczerszych chęci nie byłem w stanie przejeść tego wszystkiego, a do celi nie wolno było zabierać. Trzeba było się po prostu obżerać, innego określenia na to nie ma. Adwokaci Maryna Kawaleuska i Andrej Warwaszewicz wzbraniali się, częstowali się po kawałeczku, a przecież nie można było wyrzucić tego, co było przygotowywane z tak wielką miłością.

Nie traktowałem procesu jako działania praworządnej machiny sprawiedliwości. Był dla mnie działaniem na zamówienie, w którym żadne dowody mojej niewinności nie mają najmniejszego znaczenia. Dlatego zbytnio nie wnikałem w akta sprawy. Czytałem zeznania przyjaciół i byłem dumny z tego, jak godnie zachowywali się na przesłuchaniach. Zapoznawałem się zaocznie z moimi współtowarzyszami procesu, przekonując się, że nie ma żadnych dowodów ich winy. Z początku myślałem, że w ich zeznaniach mogą być zawarte jakieś obciążające mnie fakty, ale niczego takiego nie znalazłem. Dlaczego połączono nas w grupę, pozostało dla mnie zagadką. Akta też zgromadzono w sposób dziwny. Nie było większości protokołów z przesłuchań ani mojej ekipy, ani mojej żony. Na moje żądania, żeby dostarczyć wszystkie materiały sprawy, śledczy odpowiadali odmownie. Zapoznanie się z materiałami śledztwa zakończyło się, wyznaczono datę procesu. Wywożono nas z Amerykanki wcześnie, więźniów z różnych cel zbierano w piwnicy, ustawiano twarzą do ściany, następnie przydzielano do karetek więziennych w celu przewiezienia do sądów. Współtowarzysze niedoli pozdrawiali mnie dyskretnie, chociaż żadnego z nich nie znałem. Poznałem jedynie Alesia Kirkiewicza[34], „młodofrontowca", którego transportowano do sądu w innym rejonie. Parę razy staliśmy obok siebie przy ścianie przy porannym rozwożeniu po sądach.

Zrozumiałem, że zainteresowanie procesem jest ogromne, ponieważ w mojej ekipie konwojującej były dwie sympatyczne dziewczyny, blondynki w krótkich mundurowych spódniczkach. Był to chwyt propagandowy oprawców, żeby pokazać dziennikarzom przyjemne oblicze organów ścigania i zademonstrować, że strażnikami nie są jacyś goryle.

Gwoli sprawiedliwości trzeba dodać, że konwojenci odnosili się do mnie po ludzku. Wyglądało na to, że nie mieli jakichś specjalnych poleceń, wykonywali swoje zadania poprawnie, czasem nawet ze współczuciem. Okazało się, że ci sami strażnicy wozili na rozprawy również Irę z aresztu domowego. Powiedzieli jej, że konwojowali także mnie. Ira naturalnie zapytała: „I jak tam on?".
– „W porządku, tylko kuleje" – odpowiedziano. Chodziło o to, że utykałem z powodu podagry.

Masywny strażnik Sierioga rozśmieszył mnie swoją dziecięcą bezpośredniością. W ostatnim dniu procesu, w którym dali pięć minut dziennikarzom na zdjęcia, po przerwie Sierioga nachylił się do mnie i wyszeptał tonem spiskowca:
– Słuchajcie, Alehycz, w przerwie zajrzałem do Internetu.
– No i co tam? – wyszeptałem, oczekując czegoś ważnego.
– Nieźle wyszedłem na zdjęciach – dumnie wyszeptał świeżo upieczony fotomodel.
– Oczywiście, przecież tak starannie zasłoniłeś sobą Julię, że jej w ogóle nie widać? – po sapaniu Sieriogi i chichocie Julii zrozumiałem, że trafiłem w dziesiątkę.

W pierwszym dniu procesu wieźli mnie więziennym mikrobusem przerobionym na ruchomy areszt z klatkami-celami. Przez kraty w okienku za konwojentami można było zobaczyć miasto, liście i drzewa. Po czterech miesiącach zimnego szarego betonu na spacerniakach był to inny świat.

Po przyjeździe do gmachu sądu umieszczono nas w wąskich celach – „szklankach". Po godzinie znaleźliśmy się w sali rozpraw.

Pierwsze posiedzenie. Zostaliśmy zaprowadzeni do klatki, siedziałem tam z czterema innymi współoskarżonymi. Na kilka minut wpuszczono dziennikarzy. Następnie ich usunięto i weszła publiczność. Sala była niewielka, pięćdziesięcioosobowa. Codziennie zapełniano ją w taki sam sposób: najpierw pojawiało się dwóch– –trzech krzepkich mężczyzn około czterdziestki w cywilu, następnie wkraczała grupa odpowiednio przygotowanych młodych ludzi, przeważnie dwudziestolatków, z prorządowej organizacji młodzieżowej. Rozsiadali się z tyłu, ale kilka osób siadało w rozproszeniu także z przodu. Widać było, że istnieje określony plan zapełniania sali i że młodzież została poinstruowana. Następnie wpuszczano pozostałych. Od tego momentu widziałem tylko mamę. Nawet wtedy, kiedy na nią nie patrzyłem. Nie było to łatwe – na jej twarzy malowało się wszystko, co przeżyła. Patrzyła na mnie bez przerwy, w oczach miała ból i łzy. Zmarszczek jej przybyło, ale trzymała się dobrze. Nigdy nie doświadczałem takiego poczucia bliskości. W sali było wielu znajomych, ale i nieznajomych, którzy jednak wydawali mi się bliscy. Znów byłem między normalnymi ludźmi, którzy rozumieli, co się dzieje, wspierali nas, siedzących w klatkach. I choć nie wolno było rozmawiać, był to prawdziwy, pełnowartościowy kontakt. Po czterech miesiącach wśród wrogów, w najlepszym przypadku wtyk, czułem ogromną ulgę, emocjonalną i psychiczną.

Naszym sędzią była Natalia Czetwiertakowa, drobna kobieta o miłym wyglądzie. Mimo woli, stale popatrywałem na nią jak na nieznany mi gatunek istoty ludzkiej. Do pierwszego posiedzenia przygotowała się starannie, wiedząc, że będą kamery i fotoreporterzy. Elegancka fryzura, lekki makijaż. Cały czas miała na sobie maskę „spełniam obowiązki i wszystko, co ludzkie, jest mi obce". Parę razy, kiedy w sali nie było ludzi, pozwoliła sobie na naturalne reakcje bez maski: parę razy uśmiechnęła się ironicznie, zamyśliła, zamknęła w sobie.

Ławnicy byli zwykli. Senni emeryci, Sachnowicz i Pisarczyk, którzy w czasie procesu według mnie nie odezwali się ani słowem. Natomiast prokurator Anton Zagorowski od pierwszej chwili na różne sposoby, nawet mimiką, demonstrował swoje współczucie, jakby chciał powiedzieć, że jest z nami, że doskonale rozumie.

Mówił przy tym wszystko, czego wymagał scenariusz oskarżenia niebezpiecznych przestępców. Po wydaniu wyroku, kiedy czekałem na strażników w wąskiej celi sądu, drzwi otworzyły się i jeden z nich półgłosem powiedział, że chce się ze mną spotkać „oskarżenie państwowe". No proszę! Od razu wyobraziłem sobie tłum ludzi w jednakowych garniturach z teczkami na tasiemki – oskarżenie. Okazało się, że na dół do celi zszedł prokurator Zagorowski i chce mi coś powiedzieć. Nie mogłem przyjmować takiego ważnego gościa w celi, poprosiłem, aby wyprowadzono mnie do toalety na papierosa. Właśnie w takim „biurze" spotkałem się z „oskarżeniem państwowym". Jak się okazało, Zagorowski przyszedł przeprosić, że był zmuszony żądać dla mnie surowego wyroku.

– Ja przecież głosowałem na pana, moi rodzice również. Na procesie musiałem mówić to, czego ode mnie wymagano.

– Mam nadzieję, że teraz jest pan szczery – powiedziałem i uścisnąłem mu rękę.

Ira później miała do mnie o to pretensje. Okazało się, że na rozprawie kasacyjnej oskarżenie reprezentował ten sam Zagorowski, który wnioskował o podwyższenie kary. Z takim samym zapałem wnioskował o utrzymanie wyroku w mocy, zapominając o swoim przyznaniu się do winy i przeprosinach. W przerwie Ira, która była obecna na rozprawie kasacyjnej, podeszła do niego i zapytała: „Pan teraz czytał ten tekst dlatego, że tak panu każą, czy dlatego, że jest pan świnią?". Prokurator Zagorowski mocno poczerwieniał i powiedział: „Nic pani nie rozumie...".

Miałem dwóch adwokatów. Nalegała na to moja siostra Ira, po tym, gdy mojego pierwszego adwokata Pawła Sapiełkę pozbawiono licencji i ponad miesiąc nie miałem żadnego obrońcy. Później, w koloniach, dowiedziałem się, że adwokaci działają w porozumieniu ze śledczymi i oskarżycielami. Powiedziano mi, że adwokatów nierzadko często wykorzystuje się do wywierania presji na rodziny oskarżonych, by drogą oszustwa wydobyć od oskarżonych niezbędne zeznania. Widocznie tak jest. W przegniłym na wskroś systemie adwokaci po prostu nie mogą być niezależni. Do moich adwokatów nie mam o nic pretensji. Jestem im ogromnie wdzięczny za profesjonalizm i moralne wsparcie udzielone mnie i mojej rodzinie. Była to świetna ekipa: dokładny, wnikliwy, doświadczony Andrej Warwaszewicz i młoda, ładna, obrotna Maryna Kawaleuska. Wielokrotnie nadawali ton i wyznaczali linię obrony dla całej naszej grupy „spiskowców".

Posiedzenia sądowe dobijały mnie, bóle głowy i podagra zmuszały, by prosić sąd o nieprzeciąganie rozpraw po godzinie osiemnastej, siedzenie w sali sądowej i w celi sądu bez możliwości zapalenia papierosa było trudne. A mimo to sąd był łykiem wolności. Kiedy późnym wieczorem przywożono mnie do Amerykanki, mimo fizycznego zmęczenia długo nie mogłem zasnąć. Zamykałem oczy, ale cały czas widziałem twarze osób obecnych w sali rozpraw.

Mama, rodzice Iry Lucyna Jurijewna i Uładzimir Trafimawicz, brat cioteczny Losza – Aleksiej Kaściuszka... Mężnie walczył z rakiem i przyrzekł sobie, że doczeka mojego powrotu z więzienia. Słowa dotrzymał, ale zabrakło go w grudniu 2013. Pierwszy minister obrony Białorusi Pał Pałycz Kazłouski znakomicie podsumował działanie sądu i oskarżenia. Przypomniał, że w naszej ekipie było trzech generałów. „Czy uważacie, że nie moglibyśmy osiągnąć sukcesu, gdybyśmy faktycznie postawili sobie za cel zbrojny przewrót? – odpowiedział generał na pytanie o «przestępczych» zamiarach kandydata na prezydenta. – Uczono nas, jak zwyciężać, a nie jak walczyć z własnym narodem."

Po stronie obrony dobrowolnie wystąpiło kilku świadków, którzy mnie wzruszyli. Trzeba pamiętać, jaka była sytuacja: represje nie osłabły, każdego nieprawomyślnego KGB brało pod lupę, aby przy nadarzającej się okazji zniszczyć go, a tu ludzie dalecy od polityki, którzy pierwszy raz wyszli na Plac, publicznie wspierają opozycję. Władze tak właśnie traktowały ich zeznania jako świadków.

Prawdziwą sensacją stał się w sądzie emeryt Piotar Kuczko. Przyniósł do sądu fotografie z Placu, które jakimś cudem udało mu się zrobić po rozpędzeniu demonstracji i poprosił, by włączyć je do akt sprawy. Jego fotografie zdecydowanie różniły się od zdjęć oskarżenia, na których były łomy, butelki z nieznaną cieczą, łopaty, skrobaki do lodu, topory. Na zdjęciach Kuczki widać czysty plac i szeregi omonowców. Wniosek o dołączenie fotografii do akt został oczywiście odrzucony.

Galina Jurina, nasza „baba Gala", przyszła do sądu z olbrzymią ciemnobłękitną kokardą na piersi (ciemnobłękitny – kolor europejski – był kolorem naszej ekipy) i jak dzieciom wyjaśniła prokuratorowi i sędzi, że nie należy łączyć przemocy z naszą ekipą. W sądzie zeznawał także Aleś Bialacki[35], którego po kilku miesiącach wsadzono za kratki. Z Alesiem znaliśmy się od dawna i nie miałem żadnych wątpliwości co do jego zeznań. Słuchałem białoruskiej mowy (rozprawa przeważnie odbywała się po rosyjsku) i czułem się pokrzepiony jego spokojnym, stonowanym sposobem mówienia.

Na posiedzenia przychodzili politycy, uczeni, działacze kultury: Wiktar Iwaszkiewicz, Jury Chadyka, Aleś Maraczkin, Walancin Hołubieu[36], Ludmiła Hraznowa[37]... Bywali ambasadorowie, szczególnie cieszyła obecność w sali ambasadorów Niemiec Christofa Weila, Wielkiej Brytanii – Rosemary Thomas, Węgier – Ferenca Kontry, Litwy – Edminasa Bagdonasa, a także charge d'affaires ad interim USA – Michaela Scanlona. To byli przyjaciele, rozumieli, co się dzieje i wspierali nas. Żony współtowarzyszy w nieszczęściu: Olga Bandarenka, Uljana Kobiec, Daria Korsak (żona Alaksandra Atroszczankowa) przez cały czas uśmiechały się do mnie, wiedziały, że uśmiech dodaje otuchy. Nie zawsze im to wychodziło, ale starały się.

W ostatnich rzędach sali ciągle widziałem niemłodego człowieka. Jego twarz była mi nieznana, ale zwracała uwagę. Bardziej niż inni przeżywał to, co się działo. Później dowiedziałem się że był to Siergiej Chanżenkow, dysydent z czasów sowieckich, który w wieku dwudziestu lat stworzył w Mińsku grupę antysowiecką. Planowała ona ponoć wysadzić znienawidzoną wieżę do zagłuszania stacji zachodnich. Wieża do dziś stoi w centrum Mińska, a Chanżenkow w 1963 roku dostał 10 lat łagru w Mordowii.

Wspominam w tej chwili twarze bliskich i wiem, że pierwsze rzędy zajmowali „poszkodowani" stróże porządku. Nie zapamiętałem żadnej twarzy i to mnie cieszy.

W czasie zeznań w sądzie złożyłem oświadczenie, że w Amerykance byłem poddawany torturom i zostałem pozbawiony praw należnych mi nawet w reżimie Łukaszenki. Adwokaci mieli wątpliwości, czy warto o tym mówić w sądzie, mogło to pogorszyć warunki mojego bytowania, ale dla mnie było ważne, żeby powiedzieć o torturach, będąc w więzieniu. Zaczęły chodzić słuchy, że KGB, wykorzystując byłych więźniów, próbuje zaprzeczyć informacjom Michalewicza. Wymieniłem ludzi uczestniczących w torturach: naczelnika aresztu śledczego KGB pułkownika Orłowa, szefa KGB generała Zajcewa, śledczych Mironowa i Ławrienczuka, pełnomocnika operacyjnego Fietisowa.

Następnego dnia przyprowadzono mnie do naczelnika aresztu, śledczego Orłowa. Domyślałem się, że chodzi o moje oświadczenie. Orłow denerwował się, ale panował nad sobą. Położył przede mną wydruk mojego ustnego oświadczenia. Przejrzałem je, wszystko się zgadzało. Spytałem, czy może podważyć choć jeden punkt. Przypomniałem mu, że oświadczenie o stosowaniu tortur napisałem jeszcze w pierwszym tygodniu swojego pobytu w więzieniu, proponowałem, żeby dokładnie zapoznał się z międzynarodową konwencją w sprawie zakazu stosowania tortur. Reakcja Orłowa szczerze mnie rozbawiła. Nie zaprzeczył faktom z mojego oświadczenia, zdenerwowało go to, że umieściłem go na pierwszym miejscu listy oprawców. A przecież powinno być według rangi – Zajcew jest ważniejszy!

Był jeszcze jeden pozytyw tamtego czasu. Wszyscy współoskarżeni siedzieli w Wołodarce w Areszcie Śledczym nr 1 MSW. Tam reżim nie był taki ostry jak u kagiebistów. Chłopcy dostawali gazety. Przynosili je na posiedzenia sądu i dyskretnie mi przekazywali. Otwarcie nie mogli tego robić. W gazetach pisano o procesach sądowych, o reakcji na nie na Białorusi i na świecie. Artykuły były korzystne. W końcowym stadium procesu doszło do charakterystyk osobowości oskarżonych. Zwykle w takich przypadkach przedstawia się charakterystyki z miejsca pracy. Moi adwokaci zwrócili się w tej sprawie do MSZ. Później z niezadowoleniem stwierdzili, że moja charakterystyka w MSZ, w którym pracowałem piętnaście lat, gdzieś się zapodziała. Adwokatów to zdenerwowało, ale ja nie byłem zdziwiony. Ministerstwo od dawna było ostoją tchórzostwa i nieuczciwości. Adwokatów zdopingowało to do działania, Maryna znalazła moich kolegów, którzy byli gotowi napisać opinię o mnie. Niestety, nie byli Białorusinami. W sądzie odczytano opinie amerykańskich ambasadorów, moich przyjaciół, razem z którymi brałem udział w rozmowach w stolicach europejskich, w USA i w Mińsku. Wśród nich był szef kilku delegacji USA na rozmowy rozbrojeniowe, ambasador Steve Steiner, drugi ekspert ds. rozbrojenia Stanley Rivelis, zastępca sekretarza stanu i doradca prezydenta John Holum, pierwszy ambasador USA na Białorusi David Swartz, ambasador Dan Speckhard, deputowana do Bundestagu Marieluise Beck, słynny dramaturg Tom Stoppard i inni. Myślę, że nigdy przedtem w białoruskim sądzie nie odczytywano takich charakterystyk. Byłem wdzięczny Marynie i wzruszony wsparciem przyjaciół.

Pod koniec sędzia zaczęła przyspieszać bieg sprawy, widać było, że chce jak najszybciej zakończyć proces. Według mnie były dwie przyczyny: wyrok został już ustalony, a władze irytowało wzmożone zainteresowanie procesem ze strony społeczności międzynarodowej i Białorusinów.

OSTATNIE SŁOWO

Swoje ostatnie słowo na procesie z oceną wydarzeń z 19 grudnia mógłbym powtórzyć także dzisiaj:

19 grudnia w Mińsku odbyła się wielotysięczna masowa akcja, w której, co podkreślam, uczestniczyła cała Białoruś. Zdecydowana większość obywateli Białorusi chce zmian. Stało się to jasne w trakcie kampanii prezydenckiej. Miliony obywateli powierzyły swoją wolę tym dziesiątkom tysięcy demonstrantów, którzy pojawili się na Placu. Akcja 19 grudnia odróżniała się od demonstracji, jakie miały miejsce po poprzednich wyborach w latach 2001, 2006 i 2008.

19 grudnia 2010 był nie akcją protestu, ale aktem nadziei, dlatego że nie protestowaliśmy jedynie przeciwko fałszowaniu wyborów, przeciw bezwstydnemu grabieniu ludzi, którym ukradziono głosy. Proponowaliśmy władzy dialog, żeby wspólnie znaleźć wyjście z kryzysu.

Zamiast uczciwego dialogu władze zastosowały wobec narodu przemoc. We władzach zabrakło uczciwych ludzi, którzy wyszliby na

Plac i podjęli rozmowy z narodem, tak jak zrobili to przywódcy państwa w 1991 roku. Na tym samym Placu, przed tym samym Domem Rządu dialog doprowadził do umocnienia niezależności i państwowości kraju.

Propozycja dialogu w dniu 19 grudnia 2010 roku doprowadziła do pobicia pokojowo nastawionych obywateli, w tym kandydatów na prezydenta. W następstwie tych wydarzeń dziesiątki ludzi poddawane są torturom, wytacza się im procesy sądowe. Jest wśród nich moja żona Iryna Chalip, moi bliscy przyjaciele Źmicier Bandarenka, Alaksandr Atroszczankau oraz ludzie, którzy pomagali mi w kampanii, tacy jak Dzmitryj Drozd. Wielu było zmuszonych uciekać z kraju i prosić o azyl polityczny za granicą.

Wszyscy pragniemy jednego: chcemy żyć w swoim kraju, chcemy uczciwych wyborów, bez strachu o życie swoje i naszych bliskich. Właśnie za to jesteśmy dziś sądzeni, fabrykuje się przeciwko nam sprawy i łamie prawo. Chcę dziś uprzedzić wszystkich, którzy łamią prawo – nie unikniecie ławy oskarżonych i poniesiecie zasłużoną karę. Co gorsza, będziecie musieli spojrzeć w oczy swoim dzieciom.

Ponad miesiąc nie składałem zeznań, przebywając w areszcie śledczym KGB. Miałem nadzieję, że skończy się ten absurd, że zwycięży zdrowy rozsądek. Torturowano mnie, poniżano, grożono, a teraz zgodnie z wolą zleceniodawców znów czekają mnie ciężkie próby. Nie czuję jednak nienawiści ani chęci zemsty. Tak jak poprzednio, uważam, że jeszcze dziś istnieje szansa rozwiązania ewidentnego kryzysu politycznego na drodze rozmów. Ktoś musi wykazać się odwagą i zacząć przestrzegać prawa.

Chciałbym wyrazić najgłębszą wdzięczność tym, którzy wsparli moralnie mnie i moją rodzinę, byli solidarni, pomogli obronić mojego syna. Pozbawiono mnie możliwości podziękowania ludziom, którzy poparli mnie w czasie kampanii. Chcę to zrobić dzisiaj. Dziękuję wszystkim tym, którzy mnie poparli, którzy głosowali na mnie 19 grudnia. Jest dla mnie bardzo ważne, że podzielacie moją wizję przyszłości naszego kraju.

Wiem, że jesteśmy większością. Wiem, że wywalczymy wolne wybory.

Kocham swoją rodzinę nad życie. Kocham Białoruś. Bardzo kocham wolność. Wiem, że moja rodzina, wszyscy ludzie na Białorusi będą szczęśliwi, kiedy staniemy się wolni, co jest niemożliwe bez przestrzegania praworządności.

Niech żyje Białoruś!

Nie martwiłem się, ile mi wlepią. W tym procesie nie kierowano się prawem, rządziła nim swoista logika. Z jednej strony, przestraszona władza chciała się zemścić i zastraszyć, a z drugiej – miała możliwość pohandlowania z Zachodem losami więźniów politycznych. Wyroki dostali już Źmicier Bandarenka, Alaksandr Atroszczankau, Dzmitryj Drozd, uciekła Natalla Radzina, zdążyli wyjechać z kraju Jauhen Afnagel, Dzmitryj Barodka, Paweł Marynicz i kilku koordynatorów regionalnych.

Bardziej mnie niepokoił los żony, jaki Ira dostanie wyrok. Trochę się uspokoiłem, gdy dzień wcześniej dowiedziałem się, że prokurator zażądał dla niej dwóch lat w zawieszeniu. Wyrok nie powinien być surowszy od wnioskowanego przez prokuratora. Oznaczało to, że Ira nie pójdzie do więzienia, uchylą areszt domowy i usuną kagiebistów – lokatorów, „urzędujących" w naszym mieszkaniu.

Wyrok na mnie wydano 14 maja 2011. Był taki, jak oczekiwano – pięć lat kolonii o zaostrzonym rygorze. Nawet przy ogłoszeniu wyroku sadystyczna władza nie mogła obejść się bez łajdactw. Wyrok Iry mieli ogłosić dzień wcześniej i uwolnić ją bezpośrednio w sali sądowej, gdyż był to wyrok w zawieszeniu. Jednakże ogłoszenie wyroku przesunięto na 16 maja, aby Ira nie mogła uczestniczyć w decydującym dniu mojego procesu.

Dopiero teraz, przy opracowaniu tej książki, przeczytałem niektóre oficjalne komunikaty wydane po wyroku. Reakcja była bardzo głośna. Wyrok i bezprawie władz potępiano na całym świecie. Oświadczenia wydały ministerstwa spraw zagranicznych, parlamenty, politycy i działacze społeczni Europy i USA. Dwa oświadczenia warto wymienić osobno.

Oficjalny przedstawiciel MSZ Rosji:

„W ostatnim czasie organa sądowe Białorusi wydały szereg surowych wyroków na uczestników akcji protestacyjnej, która miała miejsce w Mińsku 19 grudnia 2010, w tym na byłego kandydata na prezydenta Białorusi A. Sannikowa. Już nie raz ocenialiśmy działania białoruskich władz państwowych na szczeblu kierownictwa kraju. Wydane wyroki nie mogą nie budzić wątpliwości. Wzywamy stronę białoruską, aby bardziej odpowiedzialnie odnosiła się do przestrzegania przyjętych zobowiązań międzynarodowych w zakresie praw i wolności człowieka".

MSZ Ukrainy:

„Z zaniepokojeniem przyjęliśmy wyrok wydany na znanego dyplomatę, polityka i działacza społecznego Andreja Sannikowa i jego małżonkę Irynę Chalip. Zwracaliśmy się i będziemy się zwracać do naszych białoruskich partnerów z apelem powrotu do konstruktywnego dialogu z opozycją, wykonania konkretnych kroków w kierunku zagwarantowania wolności słowa, swobody zgromadzeń oraz innych wolności i praw obywatelskich".

O ile oświadczenia Zachodu były do przewidzenia, to reakcja Rosji – nieoczekiwana. Według mnie, Rosja w ogóle pierwszy raz zareagowała na naruszanie praw człowieka na Białorusi. Na dodatek wystąpiła w obronie kandydata na prezydenta, podkreślając tym samym słabą pozycję Łukaszenki. Uważam, że w kontekście tych wydarzeń opozycja białoruska i Unia Europejska musiały twardo postawić kwestię bezprawności kolejnej kadencji Łukaszenki.

Dla wielu reakcja Ukrainy była nieoczekiwana, ale nie dla mnie. Wiedziałem, że była to zasługa ministra spraw zagranicznych Ukrainy Kostiantyna Iwanowicza Hryszczenki. Przyjaźniliśmy się od dawna. Na początku lat dziewięćdziesiątych przewodniczyliśmy delegacjom naszych krajów, Ukrainy i Białorusi, podczas rozmów w kwestii rozbrojenia jądrowego i konwencjonalnego. Ścieraliśmy się z delegacjami Rosji. Mieliśmy ten sam nadrzędny cel – niepodległość naszych krajów, toteż wspieraliśmy się wzajemnie w trakcie negocjacji. Niewielu zdaje sobie sprawę, ile kosztowało Kostiantyna Iwanowicza wydanie takiego oświadczenia w imieniu Ukrainy, której władze z zawiścią zerkały na „sukcesy" Łukaszenki w walce z prawami człowieka.

Kostia i jego żona Natasza odnieśli się do nas tak, jak gdyby to było ich własne nieszczęście, bardzo pomogli rodzinie, kiedy ja i Ira siedzieliśmy w więzieniu. Do dziś, kiedy pada nazwisko Hryszczenki, rodzice Iry mówią: „Jacy cudowni i szlachetni ludzie". Absolutnie się z nimi zgadzam. W ogóle nie znam innego ministra spraw zagranicznych dużego kraju europejskiego, który zaryzykowałby osobistą pomoc dla białoruskiego opozycjonisty.

Po wyroku postanowiłem zmienić swój stosunek do naczelnika aresztu śledczego Orłowa. Przed procesem starałem się nie ulegać prowokacjom i nie wchodzić z nim w konflikt. Nie było to łatwe, zwłaszcza kiedy wpadał w histerię, czasem udawaną, a czasem prawdziwą. Nazajutrz po procesie zaprowadzono mnie do niego. Próbował kontynuować rozmowę, że ja nie miałem racji, rację miał sąd. Przerwałem mu i zapytałem, jakim prawem on, Orłow, wyciąga mnie z celi po to, by porozmawiać. Chce pokazać swoją władzę, połechtać swoją próżność? Dziwne, ale to zadziałało, Orłow zamilkł, wezwał strażnika, który odprowadził mnie do celi.

Moje rozumowanie było proste – chciałem jak najszybciej wyrwać się z Amerykanki. Trudno było przewidzieć zachowanie moich oprawców. Mogli mnie zostawić w Amerykance do rozprawy kasacyjnej, żeby kontynuować program fizycznej i psychologicznej „obróbki". Mogli mnie przenieść do Aresztu Śledczego MSW Wołodarka lub posłać do Aresztu Śledczego nr 8 w Żodzinie, znanego z bezkarności administracji, lub do każdego innego więzienia. Miałem nadzieję, że konflikt z Orłowem przyśpieszy moje przeniesienie do Wołodarki. Dziwne, ale moje prymitywne kalkulacje zadziałały i już po dwóch dniach zajechałem właśnie tam.

Byłem tu już wcześniej, w pierwszych dniach stycznia 2011 przywieziono mnie na pięć dni, głównie po to, żeby zastraszyć moją rodzinę. Transport odbył się w tajemnicy, po prostu bez żadnych wyjaśnień zostałem wyciągnięty z celi i wrzucony do gazeli z klatkami. Jechaliśmy krótko, wysadzili mnie i zaprowadzili do Zamku Piszczałłowskiego, to znaczy do Wołodarki. Oprawcy mieli satysfakcję, wywołując panikę w mojej rodzinie. Nagle znikam i nikt nie wie, co się ze mną stało – ani rodzina, ani adwokat, choć zgodnie z prawem rodzina powinna zostać powiadomiona o zmianie miejsca odosobnienia. Nie powiadamiano ich ani wówczas, ani po fakcie.

Chociaż wśród więźniów w celi Wołodarki były dwie ewidentne wtyki, trochę tam odsapnąłem po kagiebowskich torturach. Współtowarzysze podrzucili mi papierosy, pomogli uprać rzeczy, zaszyli kurtkę, rozerwaną w złości przez klawisza z Amerykanki. Więzień, który przyszywał oderwany rękaw, na mój protest: „Sam zaszyję...", odpowiedział: „Niech pan pozwoli zrobić dla siebie chociaż tyle... Potem będzie pan mógł opowiadać, że bluzę łatał panu potomek moskiewskiego generała-gubernatora Dmitrija Władimirowicza Golicyna".

WOŁODARKA

P o zakończeniu procesu przeniesiono mnie do Wołodarki, co dało mi możliwość dojścia do siebie, choć wszystkie bóle – następstwa podagry i zapalenia ucha nadal dawały znać o sobie. Naczelnicy w Wołodarce nie byli okrutni, najwidoczniej nie dostali konkretnych wytycznych. Dostarczano nam gazety i listy. W celi nie było konfliktów. Współwięźniowie „gliniarz" i „komers" nie narzucali się zbytnio z rozmowami.

Najważniejsze – w końcu zobaczyłem się z Irą i mamą. Przez szybę i słuchawki telefoniczne, z okropnym trzaskiem w głośnikach, z podsłuchem i podglądem – ale zobaczyliśmy się w końcu, porozmawialiśmy o sobie, o Dańce. Pojawiło się niebezpieczne złudzenie, że najgorsze już za nami.

Jedynym zmartwieniem władz Wołodarki było to, żeby jak najszybciej wyprawić mnie do kolonii, mieć z głowy. Naczelnik więzienia kilka razy naciskał, żebym napisał podanie o dobrowolne skierowanie do kolonii, jeszcze przed rozpatrzeniem „kasatki" – skargi kasacyjnej na wyrok.

W Wołodarce miało miejsce jedno wspaniałe zdarzenie. Olga, żona Źmiciera Bandarenki, który przebywał w tym samym więzieniu, umówiła się z Irą, że obie poproszą o widzenie z nami w tym samym czasie. Udało się. W Wołodarce więźniów zbierają celami, a następnie prowadzą podziemnym korytarzem Zamku Piszczałłowskiego do sali widzeń „przez szybę". Zwykle po dziesięć osób. W czasie tego spędu i przemarszu udaje się porozmawiać z innymi więźniami, dowiedzieć, jakie są więzienne nowiny, powiedzieć coś o sobie. Olga słusznie przewidywała, że jeśli widzenie będzie w tym samym czasie, ja i Źmicier możemy się zetknąć.

Nie widzieliśmy się pięć miesięcy, od dnia aresztowania. Przechodząc przez podziemny korytarz do sali widzeń, objęliśmy się, wymieniliśmy nowościami, wspólnie oceniliśmy sytuację. Żonom udało się zorganizować nasze spotkanie po raz drugi. Źmicier przebywał już w izbie chorych, miał być operowany. Był zaniepokojony, a ja jeszcze bardziej. Mieć operację pod nadzorem KGB oznaczało, bez przesady, ryzykowanie życiem.

Na dwa tygodnie przed transportem przeniesiono mnie do innej celi. Mieszkało w niej piętnaście osób. Był lipiec, okropnie gorąco. W nocy nie było czym oddychać, koszmarnie bolała mnie głowa. W celi siedzieli przeważnie „b/w" – byli współpracownicy. Tak administracja więzienna nazywa oskarżonych i osądzonych funkcjonariuszy rozmaitych struktur siłowych, pod względem liczby których Białoruś bije wszelkie światowe rekordy. Stopniowo wyjaśniło się, że wśród nich są byli członkowie specnazu, którzy uczestniczyli w rozpędzaniu naszych akcji protestacyjnych. Nie tej ostatniej, lecz poprzednich, po wyborach prezydenckich w 2006 roku.

W celi najbardziej wrednie w stosunku do współwięźniów zachowywał się członek specnazu, który modlił się żarliwie i tak samo żarliwie robił świństwa. W więzieniach to częste zjawisko. Łajdacy, którzy w więzieniu zachowują się podle, są bardzo pobożni. Religię traktują bardzo prosto – uważają, że istnieje ona po to, by można było modlitwą zatrzeć wszystkie grzechy. To dla nich taka swoista pralka, tyle że zamiast proszku używa się zestawu modlitw.

Jeden ze specnazowców zabawiał wszystkich opowiadaniami o kradzieżach w Niemczech. Pił z kumplami gdzieś niedaleko granicy litewskiej i jeden z nich opowiedział, jakie to w Niemczech są idiotyczne przepisy – jeśli się okradnie bank na kwotę poniżej 30 tysięcy euro, można dostać wyrok w zawieszeniu. Naszego bohatera ta informacja bardzo zainteresowała. Wypili jeszcze i postanowili zarobić. Tak jak stali, prosto od stołu, ruszyli leśnymi ścieżkami, przekroczyli granicę i znaleźli się na Litwie. Tam skontaktowali się z organizatorem kradzieży, uciekinierem z Białorusi, który zorganizował im przerzut do Niemiec, korzystając z tego, że w strefie Schengen granice nie obowiązują.

– Opowiedz, w czym przekraczałeś granicę – Misza miał przedsmak przyjemności, bo znał tę historię na pamięć.

– Jak to w czym? W szortach i klapkach – odpowiedział rabuś przy akompaniamencie śmiechu więźniów.

– A niemiecki znasz? – nie ustępował Misza.

– Jaki niemiecki – oburzył się złodziej – coś mi tam napisali na kartoniku. Chodziłem z zabawkowym pistoletem i w czapeczce. Nawet twarzy nie zasłaniałem. Kamery mają pod sufitem, najważniejsze, żeby głowy nie podnosić.

Nasz więzień ograbił w ten sposób kilka oddziałów banków, dostał swoją dolę i wrócił tą samą drogą, bez dokumentów. Zadziwiające, ale w drodze powrotnej nie wpadł. W domu kupił auto i żył na luzie przez pięć lat, dopóki go nie aresztowano przy udziale policji niemieckiej, która w tym celu przyjechała na Białoruś. Żałował, że proces odbędzie się na Białorusi, a nie w Niemczech, gdzie niektórzy jego kumple już odsiedzieli swoje i wyszli na wolność, pewnie po to, żeby nadal rabować niemieckie banki.

POZOSTAJĘ KANDYDATEM NA PREZYDENTA

Bardzo często przerzucano mnie z więzienia do więzienia – zaliczyłem cztery (trzy z nich dwukrotnie), a także trzy kolonie i osiem etapów[38].

W 2011 roku, już po procesie, będąc w więzieniu, zażądałem przeprowadzenia drugiej tury wyborów. Był to ryzykowny krok z uwagi na mój dalszy więzienny los, decyzja groziła nowymi prowokacjami, ale jej podjęcie uważałem za swój obowiązek. Ciężka sytuacja gospodarcza Białorusi groziła zapaścią, światowa solidarność z więźniami politycznymi była najsilniejsza w całym okresie rządów Łukaszenki. Trzeba było coś zrobić, społeczność międzynarodowa i opozycja skoncentrowały się na uwolnieniu więźniów politycznych. To nie mogło i nie powinno być celem strategicznym.

Swoje żądanie przekazywałem w grypsach i w listach. Mniej lub bardziej dokładny tekst został opublikowany w niezależnej prasie. Przytaczam go w postaci, w jakiej ukazał się w mediach w końcu maja 2011:

Białoruś przeżywa obecnie najpoważniejszy kryzys w ciągu ostatnich dwudziestu lat swojej niepodległości. Trudna sytuacja gospodarcza, walutowo-finansowa, społeczna i polityczna jest bezpośrednim rezultatem bezprawia władz w czasie wyborów prezydenckich 2010 roku. Nie tylko nadużyto kredytu zaufania, jakiego udzielili władzom przed wyborami obywatele Białorusi, nasi sąsiedzi i społeczność światowa – reżim wykorzystał go, aby w sposób bezczelny i cyniczny ograbić naród białoruski, ukraść głosy wyborców i pozbawić ich prawa wyboru.

Sprawdzają się, niestety, najgorsze prognozy rozwoju sytuacji na Białorusi po wyborach. Utrzymanie władzy przez Łukaszenkę doprowadzi nasz kraj do katastrofy. Niezdolność obecnego reżimu do kierowania państwem była oczywista od dawna, a dziś przejawia się we wszystkich zgubnych rezultatach. Żadne roszady służalców reżimu w składzie rządu w ramach obecnego systemu politycznego nie przyniosą nic dobrego. Białoruś nie wytrzyma dalszego rozkwitu „stabilizacji".

Społeczność światowa nie uznała wyników wyborów prezydenckich na Białorusi. Zdarzyło się to nie pierwszy raz, ale tym razem jest oczywiste, że Łukaszenko nie będzie już traktowany jak partner w stosunkach międzynarodowych przez nikogo: ani przez Europę, ani przez Rosję, ani przez USA. Na Białorusi także nie ma poparcia. Nikogo nie wprowadzą w błąd żadne propagandowe gadki o mitycznych procentach, otrzymanych ponoć przez Łukaszenkę w czasie wyborów. Przekonałem się, że nawet w KGB nie wierzą w ogłoszone wyniki i dobrze wiedzą o fałszerstwach. Obserwatorzy białoruscy i zagraniczni jednoznacznie odnotowali liczne naruszenia i fałszerstwa wyników głosowania.

Jako kandydat na prezydenta w wyborach 2010 nie uznaję ich wyników i uważam je za sfałszowane. Uważam, że dalsze trwanie obecnej władzy na Białorusi i obecnego systemu politycznego grozi najgorszymi skutkami dla kraju, a przede wszystkim dla poziomu życia obywateli.

Jestem jednak przekonany, że w chwili obecnej istnieje możliwość wyjścia z kryzysu. Jestem nawet gotów uznać, że 19 grudnia 2010 odbyło się głosowanie w czasie wyborów prezydenckich na Białorusi. Wyniki tego głosowania w ocenie obserwatorów krajowych i międzynarodowych świadczą o tym, że pierwsza tura nie wyłoniła zwycięzcy wyborów. Łukaszenko powinien przyznać, że 19 grudnia 2010 nie zdobył niezbędnych do zwycięstwa 50 procent głosów.

Mimo publicznych zapewnień Łukaszenki, że wśród pozostałych kandydatów liderem jest ktoś inny, CKW była zmuszona uznać mój wynik za drugi.

Jeśli Łukaszenko jest w stanie oceniać rzeczywistość realnie i uważa, że faktycznie ma poparcie w narodzie, to wybory prezydenckie należy dokończyć. Przywróci to praworządność na Białorusi i zatrzyma nadciągającą katastrofę.

Nie zrzekam się pełnomocnictw kandydata na prezydenta Republiki Białorusi i żądam przeprowadzenia drugiej tury wyborów prezydenckich pod kontrolą międzynarodową. Proszę obywateli Białorusi o wsparcie mojego żądania. Los kraju zależy dziś od każdego z nas.

Oświadczenie złożyłem w czasie pobytu w Wołodarce. Wkrótce potem wyprawiono mnie z etapem. Gdyby liderzy opozycji, ci, którzy w odróżnieniu ode mnie byli na wolności, odrzucili ambicje i poparli taką strategię, byłaby szansa. Niestety, historia Białorusi ostatnich dwudziestu lat to historia zmarnowanych możliwości.

„DZIESIĄTKA"

Pierwszy etap do kolonii numer 10, „dziesiątki" w Nowopołocku, upłynął w miarę spokojnie. Przyszło mi przeżyć wszystko to, co wcześniej widywałem w kinie. Ożyły nagle kadry z sowieckich filmów o faszystowskich obozach koncentracyjnych i znalazłem się w środku takiego filmu: noc, nasyp kolejowy, więźniowie siedzą w kucki, ręce na karku, rząd strażników z automatami i owczarki niemieckie. Przebiegaliśmy pojedynczo do „stołypinów"[39], z całym dobytkiem w wielkich plastikowych torbach, w wagonie pakowano nas do przedziałów-cel.

Pociąg rusza, konwojenci wzywają pojedynczo na rewizję do osobnej celi, potem rozdzielają nas na nowo, według jakiejś własnej logiki. Jedziemy przez całą noc, zatrzymując się w miejscach, w których znajdują się więzienia, kolonie, areszty tymczasowe, jedni wysiadają, inni wsiadają.

W czasie późniejszych etapów, których przeżyłem wiele, porażało mnie to niewidoczne, ale jakże intensywne życie transportowe kraju. W więzieniach i koloniach dokładnie wiedzą, w jakie dni i dokąd jadą etapy. Kiedy cię wyciągają z celi na etap (wiadomo to z formularza spisu rzeczy, który przynoszą ci rano w dniu wysyłki), można domyślać się, dokąd przeniosą.

Etapy są organizowane, o ile pamiętam, codziennie. Każdego dnia setki ludzi przemieszczają się po kraju w „stołypinach", tysiące w ciągu tygodnia, dziesiątki tysięcy w miesiącu. Opracowano specjalne grafiki doczepiania „stołypinów" do składów kolejowych i tworzenia osobnych pociągów.

Wewnątrz „stołypinów" odbywa się niedostrzegalna, ale zrozumiała dla więźniów praca, część działań operacyjnych. Konwojenci mogą kilka razy przenosić cię z celi do celi, w czasie każdego przenoszenia robić rewizję, wyprowadzać do ubikacji w kajdankach i nie zdejmować ich. Drzwi w toalecie w „stołypinie" nie są zamykane. Zamknięte drzwi w ubikacji to naruszenie przepisów. Mogą wcisnąć do jednej celi o rozmiarach przeciętnego przedziału kolejowego ze dwadzieścia osób albo i więcej, a reszta wagonu będzie pusta.

Strażnicy mają wszystkie „papiery" osobiste etapowanych więźniów. Są to teczki z całą więzienną dokumentacją w kopertach z papieru pakowego. Znajdują się w nich instrukcje, jak postępować w czasie etapu z tym lub innym więźniem. Nie raz strażnik, wzywając mnie na rewizję lub tylko przy sprawdzaniu obecności, długo wczytywał się w wyjętą z koperty kartkę papieru.

W czasie etapów „zapoznano" mnie z różnymi wariantami bezpłatnych przejazdów więziennych. Jeden raz pozwolono mi jechać samemu w klatce samochodu więziennego, kiedy wieziono mnie do pociągu. Najczęściej wożono ludzi w przepełnionym samochodzie, wciskając do dwuosobowej klatki sześć–siedem osób z torbami i, dosłownie ubijając więźniów w klatce, zamykano drzwi. W „stołypinie" strażnicy lubili najpierw wsadzać do celi jednego lub dwóch więźniów, a później, kiedy człowiek ostrożnie zaczynał się już cieszyć, że tak wygodnie jedzie, dokładano więźniów na wcisk.

Współtowarzyszy podróży też dobierano nieprzypadkowych. Tak więc wszystkie moje etapy nie pozwalały na złapanie oddechu.

Nie wiedziałem, czego mam się spodziewać w kolonii. Nie miałem takich doświadczeń życiowych, a to, co pisała prasa, którą udało się przeczytać przed etapem, brzmiało niepokojąco. W gazetach pisano, że celowo wysyłają mnie do kolonii gorszej z punktu widzenia ekologii. W kolonii tej przebywają już niektórzy więźniowie polityczni, na przykład Mikita Lichawid[40], który nie opuszczał bloku o zaostrzonym rygorze. Straszono planowaną prowokacją, ponieważ kierowano mnie tam, gdzie odbywał karę były zastępca komendanta jednostki wojskowej Nr 3214 Andrej Wasiljew, domniemany członek „szwadronu śmierci", który w latach 1999–2000 eliminował polityków opozycyjnych, dziennikarzy, działaczy społecznych.[41]

W kolonii już na mnie czekali. Naczelnik IK-10[42] Aleksandr Siwocho pospiesznie udał się na urlop, byle dalej od problemów. Administracja była czujna, natomiast więźniowie bardzo mnie wsparli od samego początku. Dziś wspominam z uśmiechem, że najważniejsze dla mnie było zachowanie brody. Miałem ją już od ponad 30 lat i nie mogłem wyobrazić sobie, że zostanę jej pozbawiony. Wdałem się w spór z dyżurnym pomocnikiem naczelnika kolonii, który przyjmował transport, pisałem podania, żądałem pokazania przepisu zabraniającego noszenia brody. Przepis istniał, ale mimo to poszedłem do kwarantanny co prawda ostrzyżony na łyso, ale z brodą. Teraz rozumiem, że mogli mnie od razu umieścić w celi o zaostrzonym rygorze, dokąd trafia się i za mniejsze przewinienia. Jak widać, postanowiono mnie na razie nie ruszać, żeby nie robić hałasu. Decyzja administracji była mądra. Po spędzeniu nocy z zachowaną brodą, rano przy myciu popatrzyłem na siebie w lustrze i przestraszyłem się. Łysa czaszka i kłaczkowata bródka nie pasowały do siebie. Zgoliłem ją, żeby nie straszyć samego siebie w lustrze i nie przerazić żony na widzeniu, na które bardzo czekałem.

W kwarantannie – oddziale, gdzie nowo przybyli przebywali minimum dwa tygodnie – od razu otrzymałem od więźniów gazety i „wsparcie", to znaczy papierosy, herbatę i jedzenie, które przekazywano sobie po cichu z różnych oddziałów. Niczego mi nie brakowało, ale odmowa przyjęcia tych darów oznaczałaby zlekceważenie szczodrości współtowarzyszy niedoli. Niektórzy ostentacyjnie podawali herbatę i papierosy przez siatkę ogrodzenia terenu oddziału, za co trafiali na blok o zaostrzonym rygorze. Po paru takich przypadkach więcej do siatki nie podchodziłem, nie chciałem narażać innych oraz kierownika gospodarczego kwarantanny, z którym udało się dogadać.

W kwarantannie poznałem Ihara Aliniewicza, anarchistę, którego aresztowano w Moskwie przy pomocy rosyjskich służb specjalnych. Ihar spodobał mi się. Co prawda wydał się zbyt otwarty jak na zonę[43]. Może była to reakcja na potworne naciski psychiczne i bicie, a może na złudną poprawę warunków więziennego bytu. Jego otwartość i swoista naiwność łączyły się z dążeniem, żeby we wszystkich sprawach dochodzić do ich sedna, nie pomijając żadnych szczegółów.

Ihara próbowali zwerbować do KGB, proponowali, aby został hakerem. Odmówił. Zapewne dlatego dostał wyjątkowo wysoki wyrok – osiem lat. Ihar lubi planować i wyznaczać sobie bardzo poważne cele. Napisał rzetelną i uczciwą książkę o białoruskich więzieniach *Jadę do Magadanu*. Napisał ją w zonie, co jest nie lada osiągnięciem. Po opuszczeniu kwarantanny miał zamiar rzucić palenie i zostać wegetarianinem. Mam nadzieję, że rzucił palenie, ale wegetarianinem nie został. Porcje w zonie raczej nie skłaniają do wegetarianizmu, a w „dziesiątce" wyżywienie było najgorsze ze wszystkich więzień, w których przebywałem.

W kwarantannie zetknąłem się z idiotycznymi regułami, w które obfituje łagrowe życie. Jedną z głupot było stanie w szeregu po pobudce, aby wysłuchać hymnu Łukaszenki. Było to irytujące i postanowiłem znaleźć wyjście z sytuacji, nie prowokując otwartego konfliktu. Zacząłem po cichu śpiewać *Włodarzu świata* – duchowy hymn Białorusi. Właśnie dlatego stanowi on motto tej książki. Czasem pewne fragmenty pokrywały się z muzyką puszczanego przez głośniki oficjalnego hymnu. Od czasów kwarantanny w „dziesiątce" podśpiewywałem *Włodarzu świata* na każdym porannym apelu. Śmiesznie wyglądało, jak stojący przede mną i za mną więźniowie nadstawiali uszu i wyciągali uszy i szyje, przysuwali się bliżej, żeby usłyszeć, co mamroczę.

Kiedy siedziałem w kwarantannie, niemłody już dyżurny pomocnik naczelnika kolonii kilkakrotnie robił mi nieoczekiwane prezenty. Nie cieszył się szczególnymi względami więźniów, ale też nie należał do znienawidzonych w kolonii. W czasie swojej zmiany wyciągał mnie z naszej części zony i prowadził na ławeczkę pod krzakami bzu na papierosa. Za pierwszym razem odniosłem się do tego podejrzliwie: a nuż zacznie mnie o coś wypytywać jak śledczy? Ale nie, po prostu paliliśmy i rozmawialiśmy na różne tematy. Potem on odchodził, zostawiając mnie na tej ławeczce pod bzem. Były to królewskie dary: jak cudownie siedziało się samemu pod krzakiem kwitnącego bzu po siedmiu miesiącach zamknięcia w narzuconym towarzystwie, jak dobrze było odprężyć się, wyluzować... Pogoda znakomita, jeszcze nie bardzo gorąco, zielona trawa, błękitne niebo. Chciwie chłoniesz to wszystko, od razu odzyskujesz w życiu coś bardzo ważnego.

Minęły dwa tygodnie, więźniów poprzydzielano do innych oddziałów. Była to parodia ceremonii, jaka odbywa się z okazji ukończenia uczelni. Wzywają cię na komisję i przydzielają do oddziału zgodnie z zapotrzebowaniem naczelników tych oddziałów, z uwzględnieniem twojego zachowania i kaprysów władz więziennych.

Przydzielono mnie do niezłego oddziału, ale zrozumiałem to dopiero później, kiedy mogłem porównać panujące tam warunki z innymi więzieniami, zonami i miejscami do spania. W „dziesiątce" warunki te były bardzo przyzwoite. Cela sześcioosobowa, własna nocna szafka, spokojne towarzystwo. Zostałem przydzielony do brygady „kartoników", która kraje tekturę do produkcji pudeł. Dało się wytrzymać.

Nie mogę się doczekać spotkania z żoną. Wypytuję więźniów, wracających z długiego widzenia. Pierwszego dnia nie ma co z nimi rozmawiać. Są nieobecni duchem, jeszcze nie wrócili do więziennej rzeczywistości. Potem sam będę w takim stanie, ale zupełnie nieswojo zrobi się dopiero trzeciego dnia po widzeniu.

Przed widzeniem kilka osób uprzedza mnie, że będą nas podglądać i podsłuchiwać, doradzają, gdzie bezpieczniej rozmawiać. Następnego dnia mówią, że najechało się kagiebistów i w ogóle w kolonii panuje niezdrowe zamieszanie. Puszczałem te porady trochę mimo uszu, ale wszystkie okazały się absolutnie prawdziwe.

W końcu odbyło się nasze pierwsze widzenie w kolonii. Ira przywiozła tyle jedzenia, że można było nakarmić wszystkich, którzy byli z nami w tych dniach na widzeniach. I jeszcze przepraszała, że nie mogła zabrać wszystkiego, co poprzynosili przyjaciele.

Ira opisała nasze widzenie w gazecie „Narodnaja Wola" w postaci wywiadu ze mną:

W więzieniach siedzi u nas jeśli nie cały kraj, to przynajmniej połowa.

Wysyłam mężowi paczkę na poczcie głównej. W paczce są papierosy, herbata, kawa. Za mną stoi w kolejce para – kobieta i mocno wytatuowany mężczyzna – z taką samą paczką. Mężczyzna uśmiecha się ze zrozumieniem:

– Dokąd pani wysyła?

– Do Nowopołocka. A pan?

– Do Głubokoje. Dwa tygodnie temu stamtąd wyszedłem. Ale proszę się nie martwić, w Nowopołocku w porównaniu z Głubokoje jest normalnie. Administracja nie nadużywa władzy.

– Ojej, a ja czytałam o torturach w Głubokoje!

– Jak pani widzi, żyję – wzdycha mężczyzna.

Moja paczka została nadana, teraz jego kolej.

Idę po Rynku Komarowskim z listą przysłaną przez męża. Robię zakupy do paczki. Zatrzymuję się przed sklepikiem, w którym sprzedają purée ziemniaczane w kilku rodzajach.

– Które jest najlepsze?
– Pani potrzebuje do paczki? – bezbłędnie odgaduje sprzedawca. – Wszyscy, którzy wysyłają paczki, kupują to, jest niedrogie i porcje wychodzą duże.

Takie „uliczne rozmowy" prowadzone są prawie codziennie. Bez wątpienia, kraj stał się jedną wielką zoną, w której *zekowie*[44] i ich krewni nie mogą nie stykać się na ulicach, ponieważ stanowią większość.

Tak więc mój mąż, kandydat na prezydenta, Andrej Sannikau, siedzący w nowopołockiej kolonii, jest najprawdziwszym „kandydatem narodu". Tak samo jak Mikoła Statkiewicz, odsiadujący wyrok w Szkłowie. Z takim przekonaniem wyruszyłam do Nowopołocka na pierwsze widzenie z mężem.

W kolonii nowopołockiej jest trzynaście pokojów widzeń, ale w ubiegłą środę przyjechały tylko cztery rodziny. Byłam na długim widzeniu po raz pierwszy i myślałam, że najpierw trzeba poczekać na męża. Ale sąsiadki, które były tu nie pierwszy raz, biegały jak szalone do kuchni, grzechotały garnkami. Stało się jasne – nie ma co siedzieć i czekać, aż przyprowadzą mężów i synów, obiad ma być gotowy. Z jedzeniem, szczerze mówiąc, nie zdążyłam. Przestudiowałam natomiast plakat na ścianie wyzywający do mycia naczyń i wyrzucania śmieci. Napisano na nim aluzyjnie: „Pamiętajcie! Możliwe, że wrócicie tu jeszcze nie raz!". Czytało się to fatalnie.

Przed widzeniem mój mąż powinien był do mnie zadzwonić. Ale nie zadzwonił.

– Często macie tak z telefonami? – takie było moje pierwsze pytanie do niego.
– Często. Jeśli nawet nie pozbawiają możliwości zadzwonienia, to mogą dowolnie zmienić godzinę. W dni powszednie więźniowie dzwonią zazwyczaj wieczorami, kiedy ich rodziny wróciły już z pracy.

Dokładnie ustala się datę i godzinę, żeby więzień miał czas uprzedzić listownie swoich bliskich, a potem nagle przenoszą mu czas z rozmowy z siódmej wieczorem, na przykład na jedenastą rano. Żona w pracy, dzieci w szkole i koniec, nie ma rozmowy. Przez cały wieczór żona będzie siedzieć przy telefonie i odchodzić od zmysłów w przekonaniu, że mężowi zabroniono dzwonić z powodu jakiejś kary, a to oznacza, że mogą mu zabronić także paczek i widzeń.

– Pamiętasz, jak było z poprzednim telefonem. Właśnie wychodziłam z domu, a ty nagle zadzwoniłeś...

Tak, i nie mogłem porozmawiać z synem, który wieczorem czekał na telefon, a rano poszedł na spacer z dziadkami. Za drugim razem nie mogłem porozmawiać z synem ponoć z powodu zgubionego klucza. Nie winię za to raczej administracji kolonii. Mam wrażenie, że kagiebiści nadal aktywnie uczestniczą w moim prywatnym życiu. Tylko oni umieją wykorzystywać dzieci do wywierania presji – władze w kolonii się tym nie zajmują.

– Jakie były twoje pierwsze wrażenia z pobytu w kolonii?

Doszedłem tu do wniosku, że wszyscy więźniowie zostali ukarani dwukrotnie: po pierwsze pozbawieniem wolności, a po drugie bydlęcymi warunkami życia w kolonii. W Kodeksie karnym i regulaminie porządku wewnętrznego każdej kolonii wymieniono wszystkie normy moralne i humanitarne, na przykład „szacunek dla godności ludzkiej", a w rzeczywistości nic podobnego w miejscach odosobnienia nie istnieje. Oprócz tego zetknąłem się z niebywałą skalą bezprawia białoruskiego wymiaru sprawiedliwości. Tutaj, tak jak w każdej innej kolonii, siedzi ogromna liczba ludzi niewinnych. Wiedziałem wcześniej, że niektórzy śledczy fabrykują dokumenty, że sędziowie wydają bezprawne wyroki, że prokuratorzy fałszywie oskarżają, ale dopiero w kolonii, po kontaktach z wieloma więźniami odkryłem, że często również adwokaci działają wbrew interesowi swoich klientów. Wielu tutejszych „mieszkańców" opowiadało, że to właśnie adwokaci wywierali presję na ich rodziny.

Nie tylko wywierali presję, ale też grozili. Na zamkniętych posiedzeniach sądowych po prostu znęcali się nad ludźmi. Oskarżony w starciu z systemem jest kompletnie osamotniony. Za zwyczajne sprzeciwienie się sądowi człowiek może dostać dodatkowe pięć lat. W naszym kraju ukształtował się absolutnie przestępczy system wzajemnego krycia się. Jeśli dodać do tego, że w areszcie śledczym ludzie nadal są bici i poniżani, to mamy po prostu sytuację bez wyjścia.

– **Jakiego rodzaju więźniowie siedzą u was w kolonii? W „Wit'bie" w Szkłowie, gdzie przebywają głównie byli milicjanci i prokuratorzy, większość to skazani za przestępstwa gospodarcze.**

Tu siedzą nieco inni ludzie. „Komersów", jak nazywają u nas przestępców gospodarczych, jest niewielu. Jakieś dwadzieścia procent więźniów siedzi za zabójstwa. Oprócz tego – rozboje, grabieże. Siedzą też członkowie lokalnych grup przestępczych.

– **Kiedy przed widzeniem oddawałam gotówkę, w służbówce strażnika widziałam na ścianie „Listę więźniów uczestniczących w grupach przestępczości zorganizowanej". Nawiasem mówiąc, była to dość długa lista.**

To jest ten przypadek, kiedy mogę z przekonaniem powiedzieć: nie wierz w to, co widzisz. Tu, w kolonii, dowiedziałem się, jak tworzone są fikcyjne ZGP (zorganizowane grupy przestępcze). Przypuśćmy, że dokonano jakiegoś przestępstwa. Żeby można było powiedzieć, że dokonała go zorganizowana grupa, oskarżonemu „przyszywa" się wszelkich znajomych i ledwie znajomych – łącznie z tymi, których numery miał w komórce – i tworzy się z tego głośną sprawę. Jeśli nawet zawiniły dwie–trzy osoby, na ławie oskarżonych może ich zasiąść czterdzieści–pięćdziesiąt i będzie to „zorganizowana grupa przestępcza". Za „wykrycie" takiej grupy cały łańcuszek ludzi – śledczy, prokurator, sędzia – dostanie dodatkowe „gwiazdki", premie, awanse. Prawdopodobnie system awansów w organach śledczych, sądach i w prokuraturze oparty jest na tym, że im więcej niewinnych zostanie skazanych, tym więcej będzie premii i bonusów. Jest też druga strona tego medalu – dopóki zamykają niewinnych, prawdziwi przestępcy pozostają na wolności. Gdy tylko mnie tu przetransportowano, usłyszałem wiele słów wdzięczności za to, że w swoim programie wyborczym mówiłem tak dużo o bezprawnych wyrokach. Nie tylko teraz zobaczyłem, jak katastrofalnie wielka jest skala wysokich kar więzienia dla zupełnie niewinnych ludzi.

– W jakich warunkach tu żyjesz?

W naszej „kajucie" przebywa pięć osób. Moim współtowarzyszem jest między innymi Alaksandr But-Husaim, którego historię znamy od dawna. Został skazany na dożywocie za zabójstwo myśliwego z broni, z której, jak wykazała ekspertyza, nie oddano ani jednego wystrzału. Udało mu się wywalczyć obniżenie wyroku do siedemnastu lat. Siedzi już dwunasty rok. Oczywiście warunki bytowania są prymitywne. Do tego dochodzi jeszcze szereg bezmyślnych procedur. Na przykład dwa razy dziennie po pół godziny lub więcej stoimy na rewizjach – na szczęście teraz pogoda jest dobra. Ale to samo dzieje się, kiedy pada deszcz, śnieg i są ostre mrozy. Chodzenie do stołówki jest obowiązkowe, niezależnie od tego, czy chcesz jeść, czy nie. Oprócz rewizji odbywa się jeszcze liczenie. Oddział ustawia się w rzędzie i liczą wszystkie „głowy". Ogólnie, system opiera się na idiotyzmie, na stałym powtarzaniu jakichś bezmyślnych czynności.

– Mikita Lichawid po kilku odsiadkach w karcerze trafił do izolatki. Spotkałeś się z nim?

– Więźniowie nie stykają się z tymi, którzy są zamknięci w izolatkach lub, jak tu się jeszcze na to mówi, w CZR (celach o zaostrzonym rygorze). Co prawda w izolatce dopuszczalna jest korespondencja z rodziną i spacery – tak samo jak w areszcie śledczym. Jeśli chodzi o karcer, to łatwo do niego trafić, chociażby za krzywe spojrzenie na kogoś z administracji więziennej. Problemem jest to, że pracownicy kolonii mają za dużo władzy. Każdy z nich może zniszczyć zeka. Możliwości jest sporo: pozbawienie listów, telefonów, paczek, widzeń. Logicznie rzecz biorąc, proces resocjalizacji to właśnie kontakty z bliskimi. Człowiek widzi krewnych, rozmawia z nimi przez telefon, pisze listy – jest rzeczą naturalną, że chce jak najszybciej być razem z nimi. Ale jak można o tym mówić, jeśli kontakty z bliskimi stają się dla administracji środkiem manipulacji więźniem? Prosty przykład – każdy z nas ma prawo do trzech telefonów miesięcznie. Ale administracja próbuje zrobić z tego prawa nagrodę, doskonale wiedząc, że jest to niezgodne z przepisami – telefony są zagwarantowane nawet w regulaminie wewnętrznym kolonii.

Na wszystkie sposoby uniemożliwia więźniom pisanie skarg. Od niedawna wprowadzono szczególny tryb zwracania się do Prokuratury Generalnej – więzień nie ma prawa pisać bezpośrednio, może to zrobić tylko za pośrednictwem administracji więziennej. Dzięki temu może ona odmówić więźniowi prawa zwrócenia się do organu nadzorującego. Jest to absolutnie bezprawne, ale wszyscy są zmuszani do podpisania zarządzenia władz więzienia w tej sprawie, a co za tym idzie, muszą go przestrzegać. Sam oczywiście niczego podobnego nie podpisywałem. Wielu jednak podpisało – po prostu dlatego, że nie znają swoich praw.

– Opowiedz o swojej pracy. Wiem, że pracujesz przy produkcji pudeł kartonowych, w sąsiednich wydziałach produkują mydło i folię polietylenową. Praca jest dobrowolna czy przymusowa?

– W zonie w Nowopołocku w zasadzie wszyscy pracują. Wyjątkiem jest pierwszy oddział, zwany tutaj „wikingami" – ci ludzie nie są zobowiązani do pracy, to inwalidzi, emeryci itd. Pozostałe oddziały pracują. Komuś we władzach strzeliło kiedyś do głowy, że wszystkie kolonie powinny pracować. W stu procentach. Praca przymusowa to dodatkowy wyrok. Nikt z więźniów nowopołockiej zony nie został skazany na prace przymusowe ani, jak to zostało ujęte w Kodeksie karnym, na „prace resocjalizacyjne". Co prawda wielu chce pracować, żeby spłacać grzywny. Ci ludzie umieją pracować, mogliby zarabiać także na wolności. Płace to jeszcze jeden ze sposobów poniżania więźniów. Większość zarabia miesięcznie od trzech do siedmiu tysięcy rubli (to nieco więcej niż dolar – przyp. aut.). Bywają jednak, jak mi mówiono, płace w wysokości około siedmiuset rubli. I to wszystko na produkcji szkodliwej dla zdrowia, bez wentylacji i filtrów! Faktem jest, że można by tu było zorganizować normalną produkcję i dać ludziom zarobić. Jednakże w więzieniu nikt nie zna takich pojęć jak wycena, plan, normy produkcyjne, nikt nie ogląda sprawozdań. Poza tym nasza produkcja odbywa się na rzecz zakładów „Naftan" i „Polymir". Dwa duże przedsiębiorstwa wykorzystują pracę przymusową, a przy tym zabiegają o inwestycje z Zachodu, chociaż za korzystanie z pracy niewolniczej można wprowadzić przeciwko nim sankcje.

– Jak jest w kolonii z wyżywieniem?
– Tutaj się mówi, że nie jest ono dla ludzi. Ktoś z więźniów widział opakowania po rybach z napisem „Dla zwierząt futerkowych". Najważniejsze jest, żeby przed wejściem do stołówki zablokować w sobie węch i smak.

– Przywiozłam ci plaster, o który prosiłeś, ale nie pozwolono mi go przynieść na widzenie. Powiedzieli, że należy oddać do punktu medycznego. Jak tu jest z opieką lekarską?
– Niedawno zwróciłem się do punktu medycznego z powodu kaszlu. Przepisali mi bromheksynę i aspirynę. Raz dziennie pod strażą można się tam udać po przepisane lekarstwa. Strażnika musisz poszukać sam. Jeśli nie znajdziesz – twój problem, zostajesz bez lekarstw. Nawiasem mówiąc, wiele lekarstw, które przywozi i oddaje do punktu medycznego rodzina, nigdy do więźniów nie trafia. Jeśli ktoś poważnie zachoruje, nikt go nie leczy. Będzie prościej, jeśli więzień umrze.

Tego samego dnia, kiedy przyjechałam do kolonii nowopołockiej na widzenie i czekałam przy drzwiach, przyjechała kobieta, której mąż, więzień pierwszego oddziału, zmarł. Przechodzący obok pracownik kolonii spytał uprzejmie: „Pani po odbiór trupa?".

W dyżurce strażnika kolonii karnej numer 10 wisi na ścianie wydrukowana instrukcja: „Lista więźniów, w których przypadku odwiedzin przez rodzinę lub inne osoby należy natychmiast powiadomić naczelnika oddziału porządkowego: Lichawid M., Kirkiewicz A., Sannikau A., Aliniewicz I.". Po dwóch dniach, kiedy opuszczałam kolonię, lista zniknęła. Tracicie czujność, obywatele naczelnicy?

Jak się później okazało, każde słowo, wypowiedziane przez nas w pokoju widzeń lub na korytarzu, gdzie zdaniem zeków można było bezpiecznie rozmawiać, zostało nagrane. Telewizor w naszym pokoju nie działał, nagle się „zepsuł", aby nie zakłócać nagrywania. Wszystkie taśmy zostały potem dokładnie przeanalizowane przez tych samych oprawców, którzy prześladowali nas w Amerykance. Wszystkie niepokoje, strach o rodzinę, obawy o przyjaciół, problemy ze zdrowiem, o których rozmawialiśmy, wykorzystano później po mistrzowsku przeciwko mnie.

Po widzeniu miałem nadzieję na szybkie uwolnienie, na powrót do domu. Tym bardziej że zaczęło się poruszenie wokół więźniów politycznych. Pierwszą grupę już zwolniono, a do prasy trafiła informacja, że Łukaszenko obiecał uwolnić wszystkich politycznych do połowy października 2011. Znając pamiętliwość i podłość Łukaszenki, powinienem być czujny, ale przeżywałem swoją „odwilż": listy przychodziły mniej lub bardziej regularnie, odbyło się widzenie, choroby odpuściły. W zonie życie poszło swoją drogą, co prawda krzywą, ale więzienna rutyna pomagała przetrwać.

Artykuł Iry o naszym długim widzeniu wzbudził zachwyt zeków i wściekłość kierownictwa. Irze na wyścigi przekazywano pozdrowienia, pytano o adres, żeby napisać do mnie osobiście. Dziękowano mi, że opowiedziałem o bezprawiu panującym w sądach i zonach, chociaż zdawałem sobie sprawę, że skutki tych publikacji mogą być opłakane.

Dziś mogę docenić te kontakty, stosunki i wsparcie, jakie miałem w „dziesiątce". Dostawałem wszystkie gazety, jakimś cudem zdobyto i podarowano mi radio na krótkie fale i każdego dnia słuchałem białoruskiej „Swabody" w sekretnym zakątku, urządzonym specjalnie dla mnie. Brat cioteczny organizował paczki z jedzeniem, w nieprawdopodobny sposób dogadawszy się z jednym z więźniów, że ten odda mi połowę swojej. Trzeba posiedzieć w więzieniu, żeby mieć pojęcie, co to znaczy oddać komuś innemu połowę swoich dostarczanych raz na pół roku domowych smakołyków, herbaty, papierosów.

Nigdy nie zapomnę blinów, jakie specjalnie dla mnie upiekł stary zek, chodzący z czerwoną naszywką „skłonny do ucieczek". Pozostaje zagadką, w jaki sposób zmajstrował kuchenkę elektryczną na podstawce z cegieł z kwadratu blachy nierdzewnej, podłączonej do prądu. Jeszcze większa zagadką było to, jakim cudem zdobył surowe jajka, cukier i mąkę potrzebne do ciasta. Wszystko to należy do produktów zakazanych w zonie, za znalezienie ich u więźnia grozi karcer. Jakim cudem udało mu się upiec bliny, jeśli „czerwone naszywki" są szczególnie starannie pilnowane? Faktycznie, trafił do karceru na dziesięć dni. Ale smak tych kwadratowych blinów w kształcie blachy będę pamiętać do końca życia.

Zona przemysłowa, do której codziennie chodziłem, miała jedną wielką zaletę – był tam prysznic, z którego można było korzystać każdego dnia po pracy.

W tej samej kolonii, oprócz Ihara Aliniewicza, siedział także „młodofrontowiec" Aleś Kirkiewicz, z którym kilka razy udało mi się spotkać, a także więzień polityczny Mikita Lichawid.

Oddział, do którego przypisany był Mikita, sąsiadował z moim i można było kontaktować się z nim przez okno „leninki", jak nazywano wspólną salę z telewizorem. Rozeszły się słuchy, że Mikita, po niekończących się aresztach karnych, może trafić „pod dach", do więzienia. W oddziale zaczęto zbierać dla niego „zrzutę", w czym wziąłem aktywny udział. Mikitę, zanim trafił „pod dach", ułaskawiono.

Ułaskawiono także Alesia Kirkiewicza. Przed zwolnieniem pozwolono mu spotkać się ze mną. Aleś powiedział, że napisał prośbę o zwolnienie, i spytał, czy zamierzam zrobić to samo. Poparłem jego decyzję, ale powiedziałem, że sam nie zamierzam robić niczego podobnego.

Z urlopu wrócił naczelnik kolonii Aleksandr Siwocho. Nie wiadomo dlaczego, urządził dziecinne widowisko. Wezwał mnie do siebie, potrzymał w korytarzu, gdzie stało kilku więźniów. Zajęty swoimi myślami, nie zwracałem na nich uwagi. Kiedy wezwał mnie do gabinetu, minąłem się z jednym z więźniów. Wchodzę, przedstawiam się i od razu pytanie:

– Wiecie, kto stąd wyszedł?

– Nie zwróciłem uwagi. A powinienem?

– To był ten Wasiljew, pisały o nim wasze gazety i Karta.

– No i co?

– Nic, pisali, straszyli...

Najwidoczniej Wasiljewa, tego ze „szwadronów śmierci", które w końcu lat dziewięćdziesiątych likwidowały liderów opozycji, specjalnie wezwano, aby mi pokazać, nastraszyć czy coś takiego. Rozczarowałem Siwocho, bo nie zauważyłem starannie wyreżyserowanego widowiska. Cały spektakl poszedł na marne.

Rozmowa z naczelnikiem kolonii była zwyczajna, dwukrotnie pytał, czy wystąpię o ułaskawienie, ale specjalnie nie naciskał. Bałem się, że naczelnik będzie żądał, żebym podpisał dokumenty, które wszyscy w kolonii podpisują (oczywiście z wyjątkiem tych, którzy odmawiają) i których ja też nie zgodziłem się podpisać, ale nie poruszał tego tematu. W ten sposób znalazłem się w sytuacji niespotykanej w kolonii: odmówiłem podpisu, ale nie trafiłem do karceru, do którego posyłają za odmowę. Jak widać, prawidłowo oceniłem sytuację, że głównym celem rozmowy było wywarcie nacisku, żebym poprosił o ułaskawienie, pozostałe „dokumenty" nie były tak ważne.

W kolonii stopniowo nawiązałem kontakty, z niektórymi w oddziale, z innymi w „lokalce" – sektorze, który łączył dwa oddziały. Jeszcze z innymi w zonie przemysłowej, gdzie pracowaliśmy. Po przyjeździe do „dziesiątki" nieustannie uprzedzano mnie, żeby nikomu nie wierzyć, nie pozwalać sobie na szczerość, dotyczyło to zwłaszcza mojej osoby ze względu na obostrzony nadzór. Takie postępowanie byłoby słuszne, ale postanowiłem inaczej. Nie miałem nic do ukrycia, a brak zaufania byłby obraźliwy dla ludzi, dlatego ze wszystkimi starałem rozmawiać szczerze, zwłaszcza na tematy polityczne. Donosicieli i prowokatorów było dookoła wielu. Jedni starali się wyciągać ode mnie informacje mimochodem, inni bardziej otwarcie. Do wszystkich miałem jedną prośbę: donoście, piszcie na mnie, ale przekazujcie dokładnie moje słowa, nie zmyślajcie. Rozumiałem, że dla zeków byłem cennym obiektem, nawet towarem. Donosy na mnie „z ważną informacją" mogły ułatwić donosicielowi życie, zapewnić mu różne ulgi. Uwzględniałem to wszystko w moim postępowaniu w zonie i nie unikałem kapusiów. Dlaczego ludziom nie pomóc?

Niektórzy byli jednak bardzo nachalni. Kiedyś w zonie przemysłowej podszedł do mnie facet, który wziął się nie wiadomo skąd i którego wcześniej nigdy nie widziałem na oczy, i prawie rozkazującym tonem powiedział, żebym przestawił swoje plany obalenia reżimu. Otworzył przy tym zeszycik, żeby zapisywać. Wątpię, czy skończył szkołę średnią, nie ufał swojej pamięci i wiedzy i chciał dokładnie zanotować to, co będzie można sprzedać śledczym. Ten jeden jedyny raz przegoniłem donosiciela.

Otwarcie i bardzo aktywnie chciał uczestniczyć w rozmowach ze mną biznesmen z Łotwy, „komers". Należało go unikać.

Takie indywidua były wyjątkami, przeważnie zwracano się do mnie z szacunkiem, czego się nie spodziewałem. Nie wiedziałem, że w koloniach aż tak uważnie śledzono wybory, mając nadzieję na zmiany. Ktoś miał nawet moje ulotki przedwyborcze, więźniowie oglądali wszystkie wystąpienia kandydatów w czasie kampanii.

Wielu chciało ze mną porozmawiać, w „dziesiątce" jeszcze tego nie zabraniano. Starałem się odpowiadać wszystkim, ale sam nie narzucałem się jako rozmówca, choć pożerała mnie naturalna ciekawość. Zdarzały się absolutnie niewiarygodne przypadki: skończone łotry i szlachetni rozbójnicy, prawnicy spod ciemnej gwiazdy i genialni biznesmeni – kombinatorzy, złote rączki i wielcy awanturnicy. Ciekawe było przyglądanie się ludziom, którzy całe życie pili i po pijanemu dokonywali przestępstw. Poznawali świat od nowa. Zmuszeni do trzeźwości, być może pierwszy raz w życiu, wypowiadali bardzo oryginalne myśli i opinie.

Zadomowiłem się po trochu, stworzyłem sobie własny system przetrwania, w którym można było funkcjonować. Podbiłem materac, zdobyłem parę plastikowych pojemników spożywczych, niezbędnych w zonie, zrobiłem sobie biało-czerwono-białą filiżankę, z której co rano na dworze przed apelem piłem kawę. Nazwałem to „podniesieniem flagi".

Oddzieliłem tych, z którymi można rozmawiać, od tych, z którymi rozmawiać byłem zmuszony. Zaplanowałem sobie, co mam przeczytać, przy czym pomajsterkować.

We wrześniu 2011 udało mi się wysłać z „dziesiątki" na wolność jeszcze jedno oświadczenie polityczne:

Tylko zmiana władzy na Białorusi może wyprowadzić kraj z kryzysu. Co więcej, tylko zmiana władzy pozwoli zachować Białoruś jako niezależne państwo, uratować nasz język i kulturę. Dziś mamy unikalną i realną szansę, aby tego dokonać. Po 19 grudnia 2010 dla całego świata stało się jasne, że Łukaszenko jest niebezpieczny dla Białorusinów, że naród białoruski nie popiera obecnej władzy, ale nie ma prawa wyboru, ponieważ jego głos jest ignorowany. Wszyscy już rozumieją, że krach na Białorusi to rezultat polityki obecnego reżimu. Co więcej, dalsze trwanie Łukaszenki przy władzy doprowadzi do pełnego upadku gospodarczego.

Możemy i powinniśmy zmienić dziś swój los, przywrócić dobre imię Białorusi w stosunkach z naszymi sąsiadami, z Rosją i Europą oraz z USA. Wszyscy oczekują, że dokonamy tego sami. Ta sprawa powinna stać się priorytetem dla Białorusinów. Czas dla dialogu z władzą już minął. Ostatnia próba dialogu w dniu 19 grudnia zakończyła się pobiciem tysięcy i aresztowaniem setek ludzi. Kiedy reżim mówi o dialogu, ma na myśli utrzymanie władzy za wszelką cenę i zniszczenie opozycji. Trzeba pamiętać o swojej historii i wyciągać z niej wnioski.

Wielu wspomina dziś dialog z władzą z roku 1999, ale unika pryncypialnej oceny tego dialogu. Uważam, że były to haniebne karty w historii białoruskiej opozycji, dlatego że grupa negocjacyjna utworzona przez OBWE i reżim Łukaszenki prowadziła dialog, ale przymykała oczy na zabójstwa i znikanie liderów politycznych. W kwietniu 1999 w niewyjaśnionych okolicznościach zmarł Hienadź Karpienka. W maju zniknął Juryj Zacharanka[45]. We wrześniu porwano Wiktara Hanczara i Anatola Krasouskiego[46]. Ale „negocjatorzy" nawet o tym nie wspomnieli.

Już te fakty odbierają reżimowi Łukaszenki prawo mówienia o dialogu, a opozycji – rozpatrywania możliwości dialogu. Rezultatem tego dialogu stało się następne dwanaście lat obmierzłej dyktatury. Opozycja nie może pozwolić władzy na dalsze jej wykorzystywanie. Nie tego oczekuje naród białoruski. Nie tego oczekują nasi sąsiedzi w Rosji i na Zachodzie. Oczekują, że Białoruś stanie się normalnym, przewidywalnym partnerem międzynarodowym.

Wiem, że moje stanowisko i moje oświadczenia przedłużają okres mojego pobytu w niewoli, ale są one świadectwem prawdziwych zamiarów reżimu. Istnieją wszystkie przesłanki do zmiany władzy, do przywrócenia narodowi prawa wyboru. Potrzebne są zdecydowanie, odwaga i pryncypialność.

Historia dzieje się dziś. Historię tworzymy my i razem zwyciężymy!

Dla moich oprawców przepełniło to miarę – nieoczekiwanie skierowano mnie na etap. Od tego etapu zaczęło się prawdziwe piekło – prowokacje w trakcie przejazdów w „stołypinach", umieszczanie w celach więzień etapowych zeków z zadaniami specjalnymi wobec mnie, groźby śmierci, gwałtu, umieszczenia w szpitalu psychiatrycznym, torturowanie zimnem, głodzeniem, pozbawieniem snu, cierpieniami fizycznymi, presją psychiczną, izolacją od świata zewnętrznego, szykanami wobec moich bliskich, których kilka miesięcy trzymano w niewiedzy, gdzie jestem i co się ze mną dzieje. Szczegółowy opis wszystkich tych wyrafinowanych tortur mógłby stanowić osobną książkę.

Kiedy przyniesiono mi formularz i obiegówkę, pomyślałem, że może mnie zwolnią. Ale wywiad łagrowy doniósł, że mam przed sobą kolejny etap. Później dowiedziałem się, że do „Bobrów", to znaczy do kolonii numer 2 w Bobrujsku.

TOTALNE BEZPRAWIE

Nie należy kusić losu. W pierwszym wywiadzie po dymisji ze stanowiska wiceministra spraw zagranicznych powiedziałem: „Nie chcę, aby mój kraj stał się Głównym Urzędem Łukaszenki Aleksandra Grigorjewicza to znaczy GUŁAG-iem". Jednak nie tylko Białoruś stała się GUŁAG-iem, który dyktator zbudował i stale umacniał. Ja też znalazłem się w jednym z najbardziej ponurych baraków tego obozu koncentracyjnego.

Do „Bobrów" jechałem etapem przez areszt śledczy w Witebsku i więzienie w Mohylewie, zatrzymując się w obu miejscach na kilka dni. Presja, abym napisał prośbę o ułaskawienie, zaczęła się od razu w wagonie więziennym. Cela w wagonie była przepełniona, nabita ludźmi różnej maści, hałaśliwymi, agresywnymi, wśród których były wtyki przygotowane do „pracy" nade mną. Opisywali mi koszmary, jakie zdarzają się w więzieniach, różne metody tortur w celach z udziałem kryminalistów, małoletnich, zboczeńców, wariatów.

Przypomniałem sobie ostrzeżenia, jakich mi udzielono jeszcze w „dziesiątce". Na dzień przed transportem nieznany zek, przechodząc obok mnie na produkcji, pośpiesznie wyrzucił z siebie, nie zwracając się do nikogo konkretnie, że wkrótce wyślą mnie etapem, że mogą mnie zabić, rozprawić się z rodziną. Nie zwróciłem wówczas na to uwagi, nie znałem go, a miałem wokół siebie wystarczająco dużo znanych mi donosicieli i prowokatorów. Pomyślałem, że administracja postanowiła mnie postraszyć. Teraz myślę, że zek był zorientowany, jakie prowokacje zaplanowano. W zonie najprzeróżniejsze informacje przekazywane są w najbardziej nieprawdopodobny sposób. Zdumiewające jest, że ściśle tajna informacja z MSW i KGB nagle pojawia się w zonie i okazuje się prawdziwa. Tak było na przykład z pierwszymi zwolnionymi uczestnikami akcji z Placu. Nie tylko poinformowano mnie o samym fakcie, ale jeszcze podano nazwiska, których brakowało na ogłoszonej później liście.

Po przybyciu etapu do aresztu śledczego w Witebsku sytuacja stała się niejasna, zaś atmosfera coraz bardziej napięta. Oddzielono mnie od całej partii zeków, przerzucano z celi do celi, osobno prowadzano na rewizję, potem zostałem dołączony do grupy zeków, wyjeżdżających z transportem. Strażnicy byli zdenerwowani, a śledczy na mój widok z obawą szeptali coś do siebie. Później domyśliłem się, że była to zaplanowana i wielopłaszczyznowa operacja, ale wtedy jeszcze nie rozumiałem, dlaczego ściągnięto mnie z zony i dokąd mnie wywożą.

W końcu trafiłem do celi, w której, jak się później okazało, czekało na mnie dwóch donosicieli. Od tej celi zaczęła się moja cała dalsza niedola. Nic tam się nie stało, w zasadzie nic. Ale właśnie stamtąd, przy udziale wtyczek działających pod kierunkiem śledczych, zaczęły się rozchodzić na mój temat paskudne plotki. Miały sprawić, żeby moje życie w zonie stało się nie do wytrzymania.

Nie od razu zrozumiałem, jak straszna i poważna jest to sprawa. Oczywiście nasłuchałem się o łagrowych kastach. W „dziesiątce" widziałem całą tę więzienną hierarchię. Jednego z dyżurnych kwarantanny, porządnego zeka, wpędzili w niejasną sytuację. Przez kilka dni nie mógł się zorientować, o co chodzi. Wyjaśniło się, że było to oszczerstwo, ale zek był śmiertelnie wystraszony. Teraz zastanawiam się, czy tamta historia nie została stworzona na mój użytek. Żebym dowiedział się, że w jednej chwili można człowieka zniszczyć bez powodu.

Sam areszt śledczy w Witebsku jest przykładem bezprawia i cieszy się jak najgorszą sławą. Rządzi tym bezprawiem naczelnik aresztu Iwan Myslicki. Jego przybocznymi są naczelnik wydziału operacyjnego Roman Mołokanow, inspektor wydziału porządku Siergiej Kowalenko i oficer operacyjny Andriej Kot. To ci, z którymi miałem do czynienia. W areszcie śledczym dobrali ekipę sadystów, wynajdujących coraz to nowe metody znęcania się nad osadzonymi. Za każdy dzień działalności można by ich postawić pod sąd. W witebskim areszcie śledczym, jak w żadnym innym, rozpowszechnione jest bicie więźniów. Strażnicy porozumiewają się za pomocą przekleństw, a własne zbydlęcenie nakręca ich jeszcze bardziej.

Panujące tam porządki mogą się wydać nie tylko absurdalne, ale wręcz zmyślone, dopóki człowiek sam się z nimi nie zetknie. Na przykład tylko w witebskim areszcie śledczym w ciągu dnia aluminiowy kubek trzeba pucować aż do lustrzanego połysku. Jest to ściśle kontrolowane. Kto nie wyczyści kubka, podlega karze. Oprócz tego podczas obchodów kubki powinny stać na stole równiuteńko, jak po sznurku. Wieczorem muszą być odwrócone do góry dnem. „Kubki idą spać" – wyjaśnił mi współwięzień, wtyka. Próbowałem sprzeciwić się tej bezmyślności i na rutynowe pytanie oficera operacyjnego o skargi spytałem:

– Po co te szykany z kubkami?

– W jakim sensie? – speszył się.

– Dlaczego zmuszacie nas, żebyśmy szorowali je cztery razy dziennie?

– Jest to powierzona wam własność państwowa. Powinna być czysta.

– A więc zgłaszajcie pretensje, kiedy będę je zwracać.
– Co to jest, polemika? – groźnie spytał oficer.

Widocznie w jego języku słowo to oznacza „bunt".

W witebskim areszcie śledczym na obchodzie więźniowie nie mogą ze sobą rozmawiać. Muszą znać tylko trzy zdania, które należy wygłaszać chórem: „Dzień dobry, obywatelu naczelniku", „Nie mamy pytań, obywatelu naczelniku", „Do widzenia, obywatelu naczelniku".

Na obchodzie do celi wpada kilka koszmarnych mord z pałkami w pogotowiu. Musimy stać z opuszczonymi głowami, patrzeć w podłogę. Gdyby nie to, że sytuacja była obrzydliwa, roześmiałbym się, gdy pewnego razu do celi wtoczyła się niewielka istota z obwisłym brzuchem, a za nią ludzie o dwie głowy wyżsi. Jak ważna i wszechmocna musiała czuć się ta istota...

Zabroniono mi zabrać ze sobą do celi książkę Jakuba Kołasa *Nowa ziemia*. Musiałem oddać ją do magazynu. Wyjaśnienie było standardowe – nie wolno. Żadne takie zakazy nie istniały, ale w tym areszcie śledczym naruszano prawo, nawet jeśli chodzi o posiadanie książek.

W witebskim areszcie odsiedziałem kilka dni, utrzymując zwykłe kontakty z wtykami, dzieląc się z nimi jedzeniem i częstując swoimi zapasami.

Nowy etap zaprowadził mnie do więzienia w Mohylewie. W „stołypinie" rozmowy były jeszcze bardziej paskudne niż w transporcie do Witebska. W więzieniu powtórzyła się ta sama sytuacja co poprzednio z izolowaniem mnie od innych więźniów, wsadzaniem do cel przejściowych. Potem zostałem zaprowadzony do śledczego, u którego co rusz dzwonił telefon. Zakrywał słuchawkę ręką, ale było wiadomo, że rozmawia o mnie. Zdawał raport, że wszystko idzie zgodnie z planem.

Do celi wróciłem późno w nocy. Siedziało w niej dwóch ludzi. Było widać, że nie są tu ani pierwszy, ani drugi raz – starzy bywalcy. Jeden z nich – góra mięsa, prawie wierna kopia „zwierzęcia", które obrabiało mnie w Amerykance. Drugi – ruchliwy, nerwowy, gadatliwy. Zawieramy znajomość. Współwięźniowie zaczynają nieco zbyt uparcie wypytywać, kto i co, starają się sprawić wrażenie, że nic o mnie nie wiedzą, ale z niektórych uwag wynika, że znają mnie aż za dobrze.

Otwierają się drzwi do celi i wchodzi kapuś z witebskiego aresztu śledczego. Rozumiem, że to on miał był tym drugim, o którym szeptał do słuchawki telefonicznej śledczy podczas mojej rewizji. „Drugiego za pół godziny" – powiedział. Kapuś jest zdenerwowany i od razu informuje, że mam „problemy". Współwięźniowie żądają szczegółów. Dodatkowy „sublokator" zaczyna gadać. Jednym tchem mówi, że nie wie, o co chodzi, ale przed przyjściem do celi był w gabinecie, gdzie dwaj ludzie w cywilu poinstruowali go, co trzeba mówić na mój temat. Tyle że z nerwów nie zapamiętał instrukcji. Mówi, że ponoć dawałem komuś jedzenie. Nie wspomina przy tym, że rano pił ze mną herbatę i częstował się moimi suszonymi owocami i orzeszkami.

Współwięźniowie (teraz już wiadomo, że mają nade mną pracować) są niezadowoleni. „Sublokator" przyznał się, że dostał instrukcje od KGB. Utrudnił im więc zadanie. Agresywnie zaczynają więc naprowadzać go na potrzebne im odpowiedzi. Ten wydusza z siebie, że ponoć piłem z kimś kawę, ale on nie wie dokładnie. Próbują nakłonić go do absurdalnego wyznania, że w osobnym gabinecie rozmawiali z nim nie funkcjonariusze z KGB, lecz więźniowie stojący wyżej w więziennej hierarchii. „Sublokator" słabo kontaktuje, więc dają sobie z nim spokój, a biorą się za mnie.

Wyjaśniam, że wszystko jest prowokacją, przecież nawet nowo przybyły potwierdził, że to bezprawie, robota KGB. Nowy więzień w celi musi wyjaśnić starym lokatorom wszystkie sprawy. Takie są zasady. Po drodze dowiaduję się, jacy to z nich „starzy lokatorzy": zostali sprowadzeni do tej celi z innych cel na parę godzin przed moim przybyciem. W pewnym momencie tracą czujność i próbują ustalić między sobą, z którymi śledczymi rozmawiali.

Współwięźniowie przedstawiają mi wszystkie możliwe warianty mojego dalszego losu. Szczegółowo opowiadają o celach do „obróbki", których w mohylewskim więzieniu jest sporo. O tym, jak będą mnie gwałcić, doprowadzać do kalectwa, jak okrutni są tutejsi nieletni więźniowie. Dają do zrozumienia, że wszystko jest już gotowe, w najlepszym przypadku wyląduję wśród cweli, a jeśli będę się stawiał – zostanę umieszczony z bandytami i psychopatami, którzy mnie zgwałcą. Mimochodem interesują się, czy pisałem już prośbę o ułaskawienie, co mogłoby mnie uratować.

Rozumiem już, że mam do czynienia z pełnym bezprawiem, ze współwięźniami nie ma co rozmawiać, gdyż wykonują oni polecenia „z góry", żeby złagodzić swoją więzienną dolę. Kiedy przypominam, że uczestniczą w prowokacji, tracą zapał, ale zaczynają z lubością rozprawiać między sobą o rodzajach tortur. Opowiadają, że wszystko kontroluje administracja więzienia, że w zasadzie przy udziale więźniów można zorganizować każdą torturę i zabójstwo. Potem znowu zwracają się do mnie, ale już życzliwie. Wypytują o rodzinę, o żonę, o maleńkiego syna. Od ich „współczujących" pytań robi mi się niedobrze.

W nocy nie śpię, także dla bezpieczeństwa.

Czy myślałem o śmierci?

Tak.

Jeszcze w Amerykance postanowiłem, że trzeba wyznaczyć sobie granicę, do której można się cofnąć bez względu na szykany i znęcanie się. Trzeba sobie wyznaczyć ostateczną linię i zdecydować, czy warto ją przekraczać. Taką linią była śmierć, dobrowolna lub zadana. Na śmierć zadaną nie ma rady. Jeśli dostaną rozkaz – zabiją. Rozumiałem jednak, że ogłoszą, iż było to samobójstwo. Na taki prezent dla oprawców nie mogłem sobie pozwolić. Zdecydowałem, że trzeba spróbować określić, w którym momencie dostaną taki rozkaz.

Samobójstwa nie wykluczałem, zdając sobie sprawę, że mogę znaleźć się w sytuacji skrajnej. W więzieniach i zonach pracują specjaliści od wyszukanych tortur. Mogą doprowadzić człowieka do ostatecznej rozpaczy, kiedy wydaje się, iż jedynym wyjściem jest targnięcie się na własne życie. Jeden raz byłem bliski takiego stanu, przy czym świadomie odpuściłem sobie emocje, żeby poczuć, gdzie znajduje się granica rozpaczy. Doprowadziłem się do tego, że śmierć wydawała się wyzwoleniem. Poradziłem sobie i więcej nie poddawałem się podobnym nastrojom. Jedną z przyczyn samobójstwa mogły stać się realne groźby gwałtu lub sam gwałt. W takiej sytuacji nie byłoby wyboru, trzeba by było „pęknąć" i sprawić samemu sobie „nieszczęśliwy wypadek".

Przypomniałem sobie, co stało się z Alehem Biabeninem, jak uparcie specsłużby podrzucały do prasy różnego rodzaju fałszywki, żeby przekonać wszystkich, że popełnił samobójstwo.

W zasadzie oprawcy mogli rozprawić się ze mną na setki sposobów. Pozostawało mi jedynie kontrolowanie swoich emocji i odróżnianie, czy faktycznie istnieje zagrożenie życia, czy też jest to tylko presja psychologiczna. Doskonale rozumiałem, że nawet moją śmierć wykorzystają do swoich podłych celów.

Po wyznaczeniu sobie ostatecznej granicy i podjęciu decyzji, że nie zafunduję reżimowi prezentu w postaci własnej śmierci, przy pierwszej okazji poinformowałem adwokatów, że dobrowolnie niczego ze sobą nie zrobię.

Bezsenna noc pomogła mi przypomnieć sobie myśli o śmierci i – paradoksalnie – uspokoić się.

Od samego rana, mimo że współwięźniowie mi odradzali, złożyłem kilka podań, domagając się spotkania z adwokatami i z naczelnikiem więzienia. Wszystkie moje żądania, by wezwać naczelnika wydziału operacyjnego, strażnika blokowego lub kogokolwiek z kierownictwa, pozostały bez odpowiedzi. Do „karmnika" – otworu w drzwiach celi, przez który podawano jedzenie, nie podchodził już nawet dyżurny strażnik.

Na spacerze jeden ze współwięźniów, stały bywalec, demonstrował swoje zaangażowanie w życie więzienne. Przekrzykiwał się z sąsiednimi spacerniakami, wypytywał o najnowsze wiadomości. Strażnik nie zwracał najmniejszej uwagi na jego aktywność, za to mnie nie spuszczał z oka ani na chwilę.

Wróciliśmy do celi. Jednego z więźniów, mięśniaka, gdzieś zabrano. Wrócił bardzo zadowolony, powiedział, że rozmawiał z adwokatem i że może uda mu się wykręcić z zabójstwa, o które był oskarżony. Wcześniej bardzo się martwił, że prawdopodobnie mu się to nie uda. Było jasne, że z żadnym adwokatem się nie widział, tylko chodził do funkcjonariusza do spraw operacyjnych – tak zwanego kuma, który ocenił jego nocny „występ" w celi. Czyżby byli gotowi darować mu zabójstwo w zamian za wywieranie na mnie presji i groźby pod moim adresem? Przygotowałem się do nowego „spektaklu".

I wtedy wezwano mnie. Nie wiem, jakim cudem adwokatowi Andrejowi Warwaszewiczowi udało się do mnie dostać. Później służby nie dopuszczały już do takich przeoczeń. Opowiedziałem o sytuacji, o tym, że można oczekiwać aktów gwałtu. Andrej Warwaszewicz spytał, czy nie zamierzam napisać prośby, ponieważ było jasne, że wywierana na mnie presja jest z tym związana. Odpowiedziałem, że jak na razie nie zamierzam. Zaczęliśmy się zastanawiać, co robić. Adwokaci pisali wszelkie możliwe podania, zapytania, ale pozostawały one bez odpowiedzi. Warwaszewicz poradził, żebym napisał do naczelnika więzienia, Aleksandra Łomazy, oświadczenie, że mojemu życiu zagraża niebezpieczeństwo, zaś adwokat przekaże je za pokwitowaniem. Wiedział, że ode mnie żadnych oświadczeń nie przyjmą. Zgodziłem się, napisałem oświadczenie. Wróciłem do celi.

Po godzinie zajrzał strażnik z korytarza i kazał współwięźniom zabrać rzeczy. Spakowali się w milczeniu, wprowadzono ich z celi. Oznaczało to, że adwokat dopadł naczelnika więzienia. Było to o tyle dziwne, że odbyło się po godzinach urzędowania. Pierwszy raz położyłem się na pryczy.

Przed etapem spędziłem w celi trzy dni zupełnie sam. I znowu formularze, etap. Tym razem do kolonii w Bobrujsku, w tak samo jak poprzednio przepełnionym „stołypinie". I nagle słyszę, że z jednego z przedziałów-cel wykrzykują moje nazwisko: „Jest tu taki?". Czekam na kolejne prowokacje i nie odzywam się. Sąsiad nie daje za wygraną.

– Pytam, jest czy nie ma?
– Nie ma – odzywa się ktoś z mojej celi.
– Jest – przyznaję się w końcu.
– Alehycz, trzymaj się, wiemy, że na ciebie naciskają. Pomożemy.
– Dzięki, a wy to kto?
– Nieważne – i zwracając się do całego „stołypina" – słuchajcie, szpicle robią świństwa, kto będzie brać udział, beknie za to.

W „stołypinie" ucichło.

Było to nieoczekiwane wsparcie, bardzo potrzebne w tamtej chwili. Po raz kolejny zdumiało mnie błyskawiczne działanie więziennego „telegrafu".

SOLIDARNY BUNT

Do "Bobrów" przyjechaliśmy późno wieczorem. Od razu wśród więźniów zauważyłem swoją wtykę. Wszystko trwało dalej. Znów długo trzymano mnie na z dala od innych więźniów, choć formalności załatwiane były zbiorowo. Potem zjawili się funkcjonariusze, coś tam szemrali między sobą. Dostałem materac i pościel, skierowałem się do sypialni kwarantanny, ale nie doszedłem. Dogonił mnie kum i powiedział, że zapadła decyzja, że mam przebywać w odosobnieniu. Okazuje się, że w kwarantannie mieli własny areszt, cele-sypialnie oddzielone kratami od pozostałych pomieszczeń. Właśnie tam mnie odprowadzono.

"Bobry" uważane są za nie najgorszą kolonię. Liczyłem, że uda się tu załatwić sprawy związane z bezprawiem. Po rozmowie z naczelnikiem kolonii numer 2 Aleksandrem Kakuninem, moje nadzieje skurczyły się. Zrobił na mnie wrażenie człowieka ograniczonego, tchórzliwego i gotowego wykonać każdy rozkaz. Rozmowę zaczął od tego, że koniecznie muszę podpisać prośbę o ułaskawienie.

– Wszyscy wasi, którzy tu byli, już podpisali.
– Cieszę się z ich powodu, szczerze ich wspierałem.
– Wy też podpiszecie, przecież nie będziecie psuć statystyk – zażartował.
– Na razie nie mam zamiaru.
– To nic, znajdziemy sposób, żeby was przekonać. I zapamiętajcie, bardzo nie lubię rozgłosu, kiedy gazety o mnie piszą.
– Boi się pan?
– Niczego się nie boję, jestem człowiekiem skromnym i mojego nazwiska w waszej prasie nie potrzebuję oglądać.

W czasie tej krótkiej rozmowy Kakunin odkrył się całkowicie. Miał talent. Było jasne, że milicyjne bezprawie będzie trwało dalej.

W „Bobrach" zaczęło się moje odosobnienie, pobyt w jednoosobowej celi. Trzeba było pocierpieć, żeby – jak mówią w zonie – nie wystawiać innych. Taki jest więzienny kodeks. W dalszym ciągu odmawiałem podpisywania „papierów", według pojęć więziennych byłem „na odmowie".

Umieszczono mnie na bloku o zaostrzonym rygorze, ale i tam nie zaznałem spokoju. Najpierw byłem sam, ale potem dokwaterowali mi gruźlika o niejasnej opinii w zonie. Jego zachowanie niepokoiło, choć on sam zaklinał się, że jest w porządku, zaś kierownictwo przekonywało, że to normalny więzień. Udało mi się go pozbyć dość szybko, ponieważ od razu napisałem pisma do żony i adwokata, że do mojej celi dokwaterowano niebezpiecznie chorego i zażądałem wyeliminowania zagrożenia kontaktem z zaraźliwą gruźlicą.

Gruźlika zabrano, ale po paru dniach przybył nowy współwięzień o niejasnej opinii z określonym „zadaniem". Dokwaterowano go podstępnie, tuż przed ciszą nocną. Kiedy wróciłem z materacem z magazynku (w tych celach każdego ranka pościel odnosi się do magazynku, a wieczorem zabiera), miałem już nowego współlokatora. Była to jawna prowokacja śledczych, żeby mnie zdyskredytować. Od razu narobiłem hałasu, zażądałem, żeby go zabrali. Nic to nie dało, bo było już po obchodzie i po rozpoczęciu ciszy nocnej.

Pomogli więźniowie z bloku o zaostrzonym rygorze. Podobnie jak osadzeni w areszcie karnym nie godzili się z nadużywaniem władzy wobec mnie, zaraz po moim przyjeździe zaproponowali mi „wsparcie" – papierosy i herbatę. Oznaczało to, że nic do mnie nie mieli. Byłem zmuszony ogłosić głodówkę, żądając, aby usunięto współwięźnia. Wykrzyczałem to. Na bloku usłyszano mnie i poparto, ogłoszono bunt przeciwko administracji. Zadziałało, współwięźnia zabrano.

Wszystkimi prowokacjami kierowali dwaj dyżurni pomocnicy naczelnika kolonii: Hreś i Hrycuk. Po buncie sytuacja nieco się uspokoiła. Zauważyłem jednak, że w celach zmieniają się ludzie. Z cel słychać było nowe głosy, komunikowano się między sobą aktywniej. Zrozumiałem, że należy się liczyć z nowymi prowokacjami.

W celi w Bobrujsku było ciężko. Temperatura od początku mojego pobytu nie przekraczała 8 stopni na plusie. Nie można było trzymać odzieży wierzchniej. Ziąb docierał do kości i nawet nocą pod kocem nie udawało się ogrzać. Na dwudziestominutowe spacery wyprowadzano przed śniadaniem i rewizją, o piątej rano, faktycznie nocą. Tak więc, na spacerach przez dwa miesiące nie widziałem słońca.

Jeszcze w czasie transportu do „Bobrów" zaczęły mnie boleć plecy. W kolonii bóle nasiliły się. Bolało ciągle. Lekarz przepisał mi tabletki przeciwbólowe, dostawałem zastrzyki, ale nie pomagało. Po jednym z zastrzyków zrobiło mi się niedobrze, miałem mdłości, zacząłem źle widzieć, zaczęły się bóle stawów. Przestraszyłem się, że wstrzyknęli mi nie to, co trzeba, i postanowiłem więcej nie prosić o pomoc, a nawet nie wspominać o bólach. Nie ustępowały. Próbowałem przez dziesięć–piętnaście minut leżeć na podłodze. Pomogło. Poprosiłem, aby pozwolono mi to robić oficjalnie, w ciągu dnia leżenie było zabronione, na dodatek w celi o zaostrzonym rygorze prycze na dzień składano i nie można ich było rozłożyć.

Pozwolono. Przez kilka dni w taki sposób leczyłem bóle. Potem oprawcy zorientowali się, że to „terapia" i surowo jej zabronili. Cały czas obserwowali, czy nie naruszam zakazu. Tak więc męczyłem się całymi dniami, bolało mnie, gdy siedziałem, stałem lub chodziłem.

Uwagę odwracało czytanie książek i rozwiązywanie krzyżówek. Książki wypożyczano raz na tydzień. Wybierałem nie te interesujące, tylko te co grubsze. Krzyżówki przysyłano mi z domu. Czytałem, żeby zagłuszyć ból, mechanicznie po sto stron dziennie, a potem nawet nie pamiętałem, co przeczytałem. Z powodu takiego „czytania", po wyjściu z więzienia do dziś trudno mi zacząć czytać książkę, a jeszcze trudniej – przeczytać całą. Na krzyżówki patrzeć nie mogę.

W kolonii w Bobrujsku pozwalano na spotkania z adwokatami. Oczywiście przez szybę. Co za ulga! Trzeba było omówić moją skomplikowaną sytuację. Adwokaci byli niesamowici. W nieprawdopodobny sposób potrafili pokonać naturalną niechęć administracji do wydawania zezwoleń na takie spotkania. Kiedy byłem w kwarantannie, pomogła mi niespodziewana okoliczność: naczelnik kwarantanny zakochał się w mojej adwokat Marynie Kawaleuskiej. Potem nie tylko nie przeszkadzał w spotkaniach, ale i ułatwiał je, ponieważ miał obowiązek nie tylko doprowadzać mnie na widzenia, ale też w nich uczestniczyć i obserwować.

– Mieliście szczęście, jaka ona jest ładna – wzdychał krępy, grubo ciosany funkcjonariusz.

– Zgadzam się – odpowiadałem.

– A głos jaki ma... – ciągnął mój przewodnik po drodze do punktu kontroli i przepustek.

– Bądźcie człowiekiem, dajcie spokojnie porozmawiać.

– Alehycz, nie myślcie, że będę coś robił przeciwko wam.

– A inni?

– No, przecież sami rozumiecie.

Jak mnie denerwuje to ciągłe usprawiedliwianie podłości: „Przecież sami rozumiecie"!

Zmiana kontyngentu na bloku została zorganizowana specjalnie z mojego powodu. Głosy z sąsiednich cel znowu zaczęły się interesować mną, moim więziennym życiem. Przedstawiali to tak, jakby chcieli pomóc szybciej urządzić się, ale ja już zaczynałem rozumieć, co się dzieje.

Według moich informacji, do zony miał przyjść „okólnik" – postanowienie podpisane przez co ważniejsze więzienne „autorytety", że w stosunku do mnie naruszane jest prawo i że bracia powinni to przerwać, a ci więźniowie, którzy będą w tym uczestniczyć – odpowiedzą.

Na bloku „autorytety" próbowały ponoć przekonać mnie, bym napisał gryps, który oni przekażą na wolność. Kagiebiści bardzo chcieli mieć jakieś pisemne świadectwo ode mnie. Odmówiłem. Wyznaczono mi spotkanie w czasie porannego spaceru, powiedziano nawet, na który spacerniak mam iść. Na spacerniakach przechadzaliśmy się pojedynczo, ale można było rozmawiać z sąsiadami.

Następnego dnia o piątej rano poszedłem na spacerniak i usłyszałem z obu stron znajome głosy zeków, tych najbardziej „nieobojętnych" na mój los. Opowiedziałem wszystko, co się działo ze mną na etapach z Nowopołocka do Bobrujska. Sąsiedzi wykazali się wielką znajomością moich spraw. Wiedzieli nawet, ile słoniny i kaszy dałem współwięźniowi w Witebsku. Wspomniałem o „okólniku", ale sąsiedzi usztywnili się.

Spacer dobiegł końca. Wróciłem do celi. Wkrótce zaczęło się jakieś zamieszanie. Przed obiadem ogłoszono, że rozmowy w czasie spacerów są zabronione i będą surowo karane. Potem zaczęli przetrząsać cele, według kagiebistów coś poszło nie tak, jak trzeba.

Po kilku dniach znowu dostałem formularze z opisem rzeczy. Spytałem, dokąd mnie kierują. Tym razem o niczym nie informowali. Zebrałem rzeczy, odprowadzili mnie do celi tymczasowej. Po drodze pomocnik naczelnika powiedział, że być może zostanę uwolniony. W celi tymczasowej zainteresowałem się, co dalej. Powiedziano mi, że wszystko będzie dobrze. I znowu dałem się złapać na tę samą wędkę, co i wcześniej – pozwoliłem sobie mieć nadzieję.

Kiedy przyszli strażnicy z etapu, nadal nie myślałem o gorszym. Człowiek, przy najmniejszym przebłysku nadziei, chce wierzyć, że będzie lepiej.

OTRUCIE

W odróżnieniu od poprzednich etapów, w trakcie których strażnicy czasem informowali o celu podróży, teraz ostro przerywano wszelkie rozmowy o tym, dokąd mnie wiozą. Tym razem kagiebiści przygotowali się dobrze, poinstruowali wszystkie ekipy konwojentów. W mojej sprawie wszelkie instrukcje wydawano ustnie, nie było nic na piśmie. Ponownie przyjechaliśmy do więzienia w Mohylewie. Znowu zdenerwowani pracownicy administracji, kompletny brak informacji, co dalej. Rozmowa z zastępcą naczelnika więzienia przyniosła trwożne oczekiwanie. Dał do zrozumienia, że zamierzają mnie zmusić do napisania prośby o ułaskawienie.

Miałem nadzieję na wizyty adwokatów. Stali się oni prawdziwymi detektywami, poszukując mnie w czasie etapów i w koloniach mimo nieustannych odmów departamentu wykonywania kar w sprawie udzielania informacji. Ustalali, gdzie mogę przebywać i przyjeżdżali tam. O takim przyjeździe adwokata do Mohylewa powiadomiła mnie naczelnik wydziału tajnego Żanna Goriełowa następnego dnia po przybyciu, wieczorem. Wezwano mnie do niej, a ona trzęsącymi się rękami pokazała podanie Maryny Kowaleuskiej z prośbą o spotkanie. Goriełowa bardzo się denerwowała – rozumiała, że łamie prawo, ale mimo to podjęła decyzję, że w czasie etapu spotkań z adwokatami nie ma.

W więzieniu byłem trzy dni, nie podano mi żadnej informacji, dokąd mnie powiozą dalej. Nerwowość wszystkich funkcjonariuszy, z którymi się stykałem, rosła z każdym dniem i udzielała się także mnie. W czasie obchodów porannych czy wieczornych nikt nie wchodził do celi. Na spacer wyprowadzano mnie pod strażą z dwoma psami – owczarek z przodu, rottweiler z tyłu. W końcu przyniesiono formularz transportowy. Kolejne przenosiny.

Karetka więzienna, „stołypin", znowu żadnych informacji o celu transportu. Konwój w ogóle nie reaguje na pytania. Jest to bardzo denerwujące. Faktycznie mam powód do zdenerwowania – ląduję w sadystycznym areszcie w Witebsku. Najpierw formalności wspólnie z innymi więźniami, potem zostaję oddzielony. Przyjeżdżamy rano, w porze obiadu nadal jestem w celi przejściowej. Od czasu do czasu słychać rozmowy z sąsiednich cel: o zabójstwach w celach, gwałtach, samobójstwach. Wiem, że te „straszaki" przeznaczone są dla moich uszu.

Pod wieczór prowadzą mnie do celi. Są w niej jakieś podręczniki do 9 klasy i zeszyty. Siedział tu (lub jeszcze siedzi) jakiś małoletni. Idę po materac, zaczynam się urządzać. Otwiera się okienko, dają miskę kapuśniaku. Zwracam uwagę, że przyniósł go nie „bałander", jak nazywa się więzień roznoszący jedzenie, a blokowy.

Niezwykłe, ale tak mi się chce gorącego, że zjadam całą miskę.

Ten sam blokowy miskę zabiera. Czekam na ciszę nocną, żeby się położyć. Nieoczekiwanie każą się zbierać, prowadzą do celi tymczasowej. Stamtąd do kuma. Nagle zaczynam się bardzo źle czuć, prawie tracę przytomność, boli mnie brzuch, serce wali, chyba temperatura podskoczyła, trzęsie mnie.

Zaprowadzają mnie do śledczego. Z trudem kontaktuję, ale staram się nie tracić kontroli nad sobą. Z jakiegoś powodu wydaje mi się ważne, że nie mogę pokazać po sobie, że się źle czuję.

Śledczy Andriej Kot mówi o napisaniu prośby, grozi, że zamknie mnie w celi z wariatami i niezrównoważonymi psychicznie, wspomina o rodzinie. Żąda, abym coś podpisał. Odmawiam, żeby jak najszybciej trafić do celi. Prowadzą. Ta sama co poprzednio, kiedy zaczęły się prowokacje. Współwięzień. Wyłączam się, nieznośny ból w całym ciele, mdłości, ale trzeba dotrwać do ciszy nocnej. W końcu padam na pryczę, zawijam się z głową w koc, żeby się ogrzać. Tracę przytomność, ostatnia myśl: na pewno mnie otruli.

Budzi mnie krzyk. Z trudem wyplątuję się z koca. Współwięzień coś tam agresywnie wykrzykuje pod moim adresem – o tym, że naród mnie nienawidzi. Otwierają się drzwi, zabierają go z celi. Wymiotuję, trochę mi ulżyło, ale nie na długo.

Nie będę opisywać swojego stanu, była to dla mnie najcięższa noc w czasie całego pobytu w GUŁAG-u. Niczym innym oprócz otrucia nie mogę wytłumaczyć swojego stanu. Żądałem spotkania z kierownictwem, ale odmówiono, proponując uparcie lekarza, ale lekarza nie chciałem. Wiedziałem, że nie będę mógł kontrolować, co mi wstrzykną. Najważniejsze było, żeby dożyć do rana. Wizjer do celi nie zamykał się ani na chwilę. Cały czas obserwowano mnie, choć jestem pewien, że cela była wyposażona w kamery i podsłuchy. Nie można było spać.

Do rana dotrwałem, znowu zażądałem widzenia z kierownictwem. Odmówiono. Usiadłem i zacząłem pisać podanie. Jak z tamtej strony zauważyli, że piszę, donieśli kierownictwu. Usłyszałem, jak strażnik raportuje przez telefon lub radiostację, że piszę podanie.

Po przeżyciu nocy doszedłem do wniosku, że oprawcy przystąpili do etapu końcowego wobec mnie, do zabójstwa. To szaleństwo mogło powstrzymać jedynie napisanie prośby o ułaskawienie. Tak sobie postanowiłem. W tym momencie myślałem o tym papierze nie jak o sposobie wyjścia na wolność, lecz jako o sposobie uratowania się od zabójstwa. Trzeba było wygrać z czasem. Przypomniałem sobie Aleha Biabenina.

Dalsze wydarzenia potwierdziły, że moje rozumowanie było słuszne. Naczelnikowi wydziału operacyjnego, Romanowi Mołokanowowi, do którego mnie przyprowadzono, powiedziałem:

– Nie jestem gotowy, abyście mnie zabili. Rozumiem, że odpowiedni rozkaz już macie.

Kum milczy, żadnych zaprzeczeń, przekonywania, że to nieprawda. Wyglądało na to, że zgadzał się z tym, co mówię.

– Rozumiem, czego się ode mnie oczekuje, jestem gotów napisać podanie o ułaskawienie.

I wtedy śledczy potwierdza moje najgorsze przypuszczenia. Stwierdza, że nie ma pełnomocnictw do przyjmowania jakichkolwiek próśb. Na tym rozmowa się kończy, a mnie odprowadzają do celi. Myśli niewesołe, rozumiem, że się spóźniłem, choć wcześniej wiedziałem, że nie mogę przepuścić krytycznej chwili. Ale po kilku godzinach znowu prowadzą mnie do Mołokanowa.

– Połączyłem się z kierownictwem i mnie zrugano – poinformował. – Powiedziano, że nie miałem racji, że prośba to wasze prawo i nie możemy go wam odbierać. No więc, piszcie.

– Ale co pisać? Są jakieś formularze? – instynktownie przeciągam sprawę.

– Zaraz się dowiem – śledczy zaczyna wydzwaniać, pyta, czy są jakieś urzędowe blankiety.

Dziwi mnie to, bo w „Bobrach" mówiono, że tekst jest gotowy, wystarczy podpisać.

Nikt przez telefon nie jest zorientowany w sprawach podań o ułaskawienie, wobec tego piszę jedno zdanie. Śledczy patrzy i mówi, że to za mało, trzeba dodać przyznanie się do winy. Tego robić nie zamierzam, dodaję więc coś o stanie zdrowia i – pod dyktando – o wyrażeniu skruchy. Wydawało mi się, że w więzieniu nie Mołokanow był główną osobą do spraw organizacji i realizacji wszystkich działań przeciwko mnie. Tak czy inaczej, chciałem wierzyć, że on także starał się znaleźć jakieś wyjście z sytuacji.

Odprowadzają mnie do celi. Po drodze troskliwie interesują się, czy potrzebuję lekarza. Odmawiam. Informują, że wkrótce trzeba będzie się zbierać, prowadzą mnie do karetki więziennej – gazeli, wsiadam. Znowu etap, ale tym razem krótki. Z aresztu śledczego w Witebsku do kolonii w Witebsku, najwyżej pół godziny jazdy.

IZOLACJA

Kolonia karna numer 3 „Wit'ba", moja trzecia. Po załatwieniu rutynowych formalności i po rewizji prowadzą mnie do naczelnika kolonii Witalija Agnistikowa. Od razu mówię, że napisałem prośbę. Rozmowa była spokojna. Jak widać, Agnistikow jeszcze nie dostał żadnych rozkazów, jak ze mną postępować. Otrzyma je wkrótce i będzie je skrupulatnie wykonywać, znęcać się, zachowując przy tym troskliwą minę.

Nie liczyłem, że mnie zwolnią, ale też nie oczekiwałem, że zostanę tak bardzo odizolowany. Myślałem, że roztrąbią o mojej prośbie po wszystkich mediach, ale oprawcy mieli inne plany. Znowu znalazłem się w celi o zaostrzonym rygorze, tyle że w cięższej sytuacji. Dwa miesiące bez listów, bez spotkań z adwokatami, bez żadnego kontaktu ze światem zewnętrznym. Po tygodniu bez listów zrozumiałem, że decyzja w mojej sprawie nie została podjęta, że udało mi się przyhamować plany Łukaszenki wobec mnie, ale nie powstrzymać. Pisałem podania, listy do rodziny i adwokatów.

Nie były przepuszczane. Naczelnik kolonii na kolejnym spotkaniu poradził mi pisać listy innej treści i pod inne adresy, robiąc aluzję do przyznania się do winy.

W celach o zaostrzonym rygorze kolonii „Wit'ba" panowały okrutne zwyczaje. Dwa razy dziennie rewizja w celi, cztery razy dziennie rewizja osobista. Cela naszpikowana podsłuchami i kamerami. Słabe światło, dość zimno, zakratowany głośnik, przez który regularnie odczytywano regulamin wewnętrzny. Było ciężko i fizycznie, i psychicznie. Miałem nieustanne bóle, a po Witebsku bałem się brać lekarstwa. Brałem, co dawali, ale przyjmowałem tylko walerianę w tabletkach, którą można rozpoznać po charakterystycznym zapachu.

Zajmował się mną zastępca naczelnika kolonii do spraw porządkowych i operacyjnych, Siergiej Szariczkow. Jego zadaniem było kontynuowanie prowadzonej przeciwko mnie prowokacji. W czasie pierwszej rozmowy powiedziałem mu, że, moim zdaniem, mojemu życiu zagraża niebezpieczeństwo i że chcą mnie zabić.

– Któż to chce was zabić? – spytał zastępca.

– Łukaszenko albo ktoś na jego zlecenie – wyjaśniłem.

Szariczkow nic nie powiedział, nie sprzeciwiał się, nie oburzał. W czasie całej mojej izolacji Szariczkow udawał, że bada moje zgłoszenie o zagrożeniu życia, nie zapominając o straszeniu mnie kłopotami w zonie.

W końcu zaczęto przepuszczać pojedyncze kartki i depesze. Adwokaci pisali, że robią wszystko, aby się ze mną spotkać. Moje listy i podania nadal nie były przepuszczane na wolność.

Po miesiącu Szariczkow nieoczekiwanie powiadomił, że przenoszą mnie do kwarantanny. Gdy mnie tam zaprowadzono, kierownik gospodarczy i dyżurni, odpowiednio poinstruowani, powiedzieli, że dzień wcześniej w telewizji publicznej (innej telewizji u nas nie ma) pokazano program o mnie. Z opowiadania kierownika wynikało, że w programie ogłoszono na cały kraj, że w kolonii mam kłopoty, obrzucono błotem mnie i żonę.

Znowu zapędzili mnie w ślepy zaułek. Telewizja Łukaszenki wsparła bezprawie. Więźniowie w kwarantannie na ogół dodawali mi otuchy, ale było też kilku z zadaniami specjalnymi. Spędziłem tam dwa dni, nie spałem w obawie przed nowymi prowokacjami. Po dwóch dniach nieoczekiwanie wezwano mnie do gabinetu naczelnika kwarantanny. Był tam również zdenerwowany Szariczkow.

– Zbierajcie się, wracacie do celi o zaostrzonym rygorze.
– Przecież mówiliście, że do oddziału.
– Trzeba z powrotem do celi.
– Może już dość znęcania się?
– Przecież rozumiecie, jak jest.

Znowu to znienawidzone zdanie. Umieszczono mnie w celi o zaostrzonym rygorze. Jeszcze na miesiąc. W celi znalazłem mocny nylonowy sznur, przywiązany do kraty okna i wygodnie zwisający nad przyśrubowaną do podłogi ławeczką. W szafce leżała ostra stalowa listwa. Podczas rewizji ani sznura, ani listwy nie ruszano, choć było to poważnym wykroczeniem. Usłużnie dostarczono mi narzędzi do popełnienia samobójstwa, nawet do wyboru. Sznur wisiał, ostrze spokojnie leżało w czasie całego mojego pobytu w izolatce.

Mniej więcej w połowie grudnia przez radiowęzeł nadawano konferencję prasową Łukaszenki. Głośnika umieszczonego za kratami nie można było wyłączyć, próbowałem czytać, ale nagle usłyszałem pytanie na temat więźniów politycznych, które zadała dziennikarka „Narodnej Woli" Maryna Koktysz. Usłyszałem odpowiedź Łukaszenki, który w swojej kołchozowo-chamskiej manierze kłamał, że nikt nie pisał żadnych próśb. Zrozumiałem, że w stosunku do mnie plan się nie zmienił – dyktator nie uspokoi się, dopóki mnie nie zabije.

Następnego dnia powtórnie napisałem prośbę. Oddałem ją w czasie rewizji i powiedziałem o niej wszystkim, którzy przy tym byli, ze strażnikami włącznie. Mogliby znowu ukryć tę informację.

W połowie stycznia przeniesiono mnie do oddziału. Szariczkow od razu uprzedził mnie, że jeśli zwrócę się do więźniów z zony o wsparcie, aby przerwać bezprawie, nie tylko ja, ale i cała zona będziemy cierpieć. Dobrze wiedział, jaka jest sytuacja w zonie, wiedział, że więźniowie pomogliby.

Najbardziej podłe w tej sytuacji było zarządzenie administracji, żebym w stołówce siedział sam, przy osobnym stole. Podkreślam – zdecydowała o tym administracja, nie więźniowie. Nie mogłem na to pozwolić. Niektórzy więźniowie, wiedząc, że jestem w porządku, zapraszali do swoich stołów. Oznaczałoby to jednak prawdziwy terror administracji wobec wszystkich zeków. Jednego z tych, którzy to zaproponowali, od razu przeniesiono do innego oddziału, drugiego wyprawiono z etapem.

Przy stole nie siadałem, zabierać jedzenie na wynos mi zabronili, choć inni więźniowie przy mnie otwarcie tak robili. Zapasy z paczek dawno się skończyły, do terminu zakupów w sklepiku więziennym było jeszcze daleko. Prawie dwa miesiące żyłem faktycznie chlebem, który wynosiłem ze sobą ze stołówki. Była to swego rodzaju nieogłoszona głodówka. Więźniowie zostali uprzedzeni, że jakakolwiek próba przekazania mi jedzenia zostanie ukarana. Nie były to puste słowa. Kilka osób wyprawiono etapem za powitalne okrzyki pod moim adresem. Innych za próby skontaktowania się ze mną przeniesiono do gorszych cel. Zrobiono wszystko, żeby zamorzyć mnie głodem, a równocześnie demonstracyjnie wzywano mnie do punktu medycznego na ważenie. Całe to bezprawie kontrolował osobiście zastępca naczelnika kolonii Szariczkow.

Po kilku dniach zauważyłem, że jeden z zeków z mojego oddziału przestał przyjmować pokarmy. Był odludkiem, z nikim się nie kolegował. Nie ogłaszał żadnych głodówek, nie odpowiadał na pytania na temat swojego głodowania. Po prostu stał niedaleko mnie, przy wejściu do stołówki i chudł w oczach. Nie znam przyczyn jego zachowania, myślę, że mogła to być solidarność ze mną.

Była to solidarność dziwna, jakby apatyczna i niezaangażowana, ale odbierałem jego zachowanie jako wsparcie.

Rozmawiać mogłem tylko z ludźmi wyznaczonymi przez administrację, w większości byli to prowokatorzy i donosiciele. Tylko jeden z nich pomógł mi, a nawet uprzedzał o przygotowywanych świństwach.

Donosiciele pracowali na całego. Szariczkow wzywał mnie i urządzał histerie. Powtarzałem mu to samo, co w poprzednich koloniach: poproście, żeby wam dokładnie powtarzali, co mówiłem, jeśli będą pytania, wyjaśniajcie sprawy ze mną, ja swoich poglądów nie ukrywam.

Zona zaaprobowała moje stanowisko, zrozumiała, że nikomu nie robię świństw, i zauważyłem, że zaczęła mnie szanować. Mimo zakazów, więźniowie znajdowali sposób, aby mnie wesprzeć i moralnie, i przekazując mi jedzenie. Potrafili wręczyć mi na urodziny dużą paczkę żywności, pocztówki i życzenia. Jestem niezmiernie wdzięczny tym ludziom, którzy byli gotowi odjąć sobie od ust, aby okazać mi wsparcie.

W dniu moich urodzin, przed ciszą nocną za ogrodzeniem kolonii zagrzmiał salut, który, jak się potem okazało, zorganizowali aktywiści Europejskiej Białorusi[47]. Cala kolonia była zachwycona, ludzie rozumieli, z czym to jest związane.

Jeszcze jednym z powodów histerii Szariczkowa była reakcja Internetu na znęcanie się nade mną. Wyobrażam sobie, co o nim pisano, i jestem wdzięczny tym, którzy przez Internet zakomunikowali klawiszowi, co o nim myślą.

Pewnego razu wezwał mnie do siebie i wrzasnął:

– Kiedy w końcu wasza żona zaprzestanie tych zabaw w mediach?! Na co ona sobie pozwala?!!! – wył. – Spać już nie mogę! Moi strażnicy boją się chodzić po ulicach!

– Ale o co chodzi?

– Za kogo ona nas uważa?! I te strony internetowe!

– Nazwała kogoś idiotą? Wiecie, kocham i szanuję swoją żonę.

Jest dziennikarką o światowej reputacji i tak sobie, bez ważnej przyczyny, niczego by nie napisała.

– Nie można tak prześladować ludzi, którzy są na służbie.

– Służyć można w różny sposób. Jeśli coś się nie zgadza w informacji prasowej, zorganizujcie mi widzenie z żoną, opowiem jej wszystko w szczegółach, a ona to dokładnie opisze.

Oczywiście, była to propozycja ironiczna, ale co dziwne, Szariczkow, który był bliski wybuchu wściekłości, opanował się i rozmowa szybko się skończyła.

ZWOLNIENIE

W końcu stycznia 2012 roku pozwolono mi na widzenie z adwokatem, a po paru dniach z żoną i mamą. Wyglądałem okropnie, schudłem i sczerniałem.

Adwokat Maryna Kowaleuska była niezawodna:

– Andreju Alehawiczu, wygląda pan świetnie – powiedziała radośnie na widok poczerniałego półszkieletu.

Byłem bliski płaczu.

Pewna nadzieja na zwolnienie pojawiła się po widzeniu z Irą i mamą. Jeśli pozwolili na widzenie, to przyznali tym samym, że złożyłem prośbę o ułaskawienie i że ją otrzymali.

Administracja zaczęła się bawić w komisję do spraw ułaskawienia. Wzywano mnie, wypełniano formularze, ale pytania zadawano typowe dla służb, nie dla ankiet. Jednocześnie proponowano, żebym przyznał się do winy. Rozumiałem, że grają na zwłokę. Nie pozwalałem sobie ani na nadzieję, ani na rozpacz. Dlatego też nie zareagowałem, kiedy wezwano mnie do szefostwa administracji i tam triumfalnie powiadomiono, że nie uważa ona ułaskawienia za możliwe i zgodnie z kompetencjami przekazuje sprawę do innej komisji. Wiedziałem, że od administracji kolonii nic nie zależy. Na oddziale życie toczyło się swoją drogą. Pracowałem w szwalni, szyłem rękawice robocze. Denerwował się tylko naczelnik oddziału Radionow, który do ostatniego dnia chciał wydobyć ode mnie przyznanie się do winy.

W końcu marca 2012 roku do kolonii przywieziono Siarhieja Kawalenkę[48], więźnia politycznego, który głodował już ponad trzy miesiące. Siarhieja posadzili za to, że na choince noworocznej w Witebsku powiesił naszą biało-czerwono-białą flagę. W kolonii specjalnie przeprowadzono go niedaleko ode mnie, żebym zobaczył, jak strasznie wygląda. Siarhiej faktycznie przypominał więźnia obozu koncentracyjnego w ostatnim stadium wyniszczenia. Przywieźli go do szpitala psychiatrycznego, który znajdował się na terytorium kolonii, chcieli, aby uznano go za chorego umysłowo. Udało mi się uprzedzić lekarzy szpitala, że jeśli to zrobią, będą na wszystkich czarnych listach. Nie wiem, czy moje ostrzeżenie podziałało, ale Siarhieja uznano za zdrowego psychicznie.

W kwietniu wezwano mnie do sztabu i zaprowadzono do gabinetu zastępcy naczelnika kolonii do spraw resocjalizacji. Czekali tam na mnie jacyś cywile. Jeden z nich przedstawił się jako pracownik KGB, drugi – jako ktoś w rodzaju prokuratora. Zaczęli mi otwarcie grozić, mówić, że jest wystarczająco dużo materiałów, żeby wszcząć przeciwko mnie kilka spraw karnych, między innymi o szpiegostwo i spisek w celach wywołania przewrotu państwowego. Przywieziono kserokopie odpowiednich artykułów Kodeksu karnego i na siłę mi je wpychano. Kagiebowiec uparcie nalegał, żebym wszystko opowiedział już teraz, nie czekając na wszczęcie spraw. Wyszedłem z gabinetu w rozterce: czy miała to być „profilaktyka" przed zwolnieniem, czy też żadnego zwolnienia nie będzie?

Po paru dniach po wizycie funkcjonariuszy, wezwano mnie z rzeczami do biura przepustek. Pomyślałem, że znowu na etap.

Tym razem jednak mnie wypuścili, zawieźli na dworzec w Witebsku i szybko odjechali. Stałem na placu przy dworcu z dwiema wielkimi torbami i w sportowym ubraniu. Dobrze, że zażądałem, aby mi zwrócili kartę telefoniczną. W kolonii połączenia z domem były możliwe tylko z telefonów na osobiście kupione karty.

Zadzwoniłem do Iry i usłyszałem w słuchawce krzyk: „Oj, to ty?!!!". Wkrótce przyjechał były więzień polityczny Siarhiej Parsiukiewicz[49], zabrał mnie do siebie do domu, abym mógł poczekać na Alaksandra Atroszczankowa, który razem z ojcem wyjechał po mnie z Mińska.

Byłem pewny, że równocześnie ze mną wypuszczą Żmiciera Bandarenkę. Napisał prośbę o ułaskawienie, kiedy tylko dowiedział się, że ja takową złożyłem na początku lutego 2012. Bardzo mi to pomogło. Bez jego podania mogły mnie czekać nowe „niespodzianki". Wypuszczono go następnego dnia, zmuszając nas do denerwowania się prawie przez dobę.

Prawdziwą przyczyną uwolnienia mojego i Żmiciera były naciski Unii Europejskiej. W końcu lutego 2012 w Mińsku miał miejsce prawdziwy skandal dyplomatyczny. W odpowiedzi na sankcje UE Łukaszenko zażądał, aby Białoruś opuścił ambasador Polski i przedstawiciel UE. Bruksela nie udawała, że to nieporozumienie, i odwołała z Mińska wszystkich ambasadorów europejskich. A na dodatek w marcu po raz pierwszy wprowadziła sankcje przeciwko kilku biznesmenom, bliskim Łukaszence.

Jedynie te działania przyniosły rezultat.

Wyszedłem na wolność 14 kwietnia 2012, szesnaście miesięcy po wydarzeniach 19 grudnia 2010 roku na Placu.

ŻYĆ NIE UMIERAĆ

Mogę powiedzieć, że więzienie to istnienie bez życia. Tak przynajmniej było w moim przypadku. Dla człowieka z niejakim doświadczeniem życiowym, nieuznającego pozbawienia wolności, czas spędzony w więzieniu to czas ukradziony życiu. Jedyny jasny punkt to uwolnienie, o ile uda się przeżyć.

W więzieniu nie ma życia, ale niektóre rzeczy są ważne i pozwalają przetrwać. W pierwszej kolejności to rodzina i przyjaciele. I oczywiście listy. My, polityczni, czekaliśmy na listy od pierwszego dnia osadzenia w więzieniu KGB. Nasi oprawcy bardzo dobrze wiedzieli, ile znaczą listy dla każdego zeka i oczywiście korzystali z tej wiedzy do prowadzenia traumatycznych działań psychologicznych. Dość długo nie przepuszczano listów ani do nas, ani od nas. Nawet paru słów. W końcu, stopniowo, umożliwiono nam korespondencję. Pisałem codziennie, do mnie też (wiedziałem to) codziennie pisali i mama, i teść, i przyjaciele, i nieznajomi. Ira nie pisała. Najpierw przebywała w celi obok, a później w areszcie domowym i miała zakaz korespondowania ze mną. Natomiast później, po ogłoszeniu wyroku, pisywała codziennie.

Listy były instrumentem wywierania nacisków. Najpierw nas ich pozbawiano, później wydawano tak, abyśmy się denerwowali, żeby „skoczyło nam ciśnienie" – jak mawiano w zonie. Jeśli czekałeś, na przykład, na najzwyklejsze wiadomości, nie mówiąc o tych dotyczących rodziny, to takie listy obowiązkowo zatrzymywano. Mogli przez cały tydzień przynosić listy codziennie, a potem przez cały tydzień nie przynosić i jednocześnie wywierać presję innymi metodami.

W Amerykance nie było możliwości prania odzieży, brudną bieliznę przekazywano rodzinie, która przynosiła czystą na zmianę. Wszystko to trzeba było organizować listownie. Wykorzystywano to w sposób niesłychanie podły i małostkowy, żeby robić świństwa. Piszę do mamy list, że w określonym dniu przekażę w paczce brudną bieliznę i proszę o przyniesienie czystej. W umówionym dniu przekazuję paczkę, ale jej nie zabierają i oczywiście czystej bielizny nie przynoszą. Po prostu przetrzymano list, a mama otrzymała go po umówionym dniu. Były to proste rozrywki kagiebowskich klawiszy.

BAJKI

Nasz syn Dańka, mały człowieczek w wieku trzech lat, nagle został pozbawiony rodziców, bez których nie wyobrażał sobie życia. Rodzice znaleźli się w więzieniu. Nie wiem, jak mu to wyjaśniono (w pierwszej chwili wymyśliłem „pilną delegację służbową"), nie wiem, jak zareagował, ale wiedziałem, że czeka na jakąś wiadomość ode mnie.

Bardzo trudno było mi znaleźć sposób porozumiewania się z Dańką z więzienia. Kilka razy brałem się za pisanie listu do niego, ale nie mogłem napisać ani linijki. Jak pisać i o czym? Wymyślać historię o „delegacji służbowej"? Kłamać? Postanowiłem pisać dla niego bajeczki. Bohaterami były małe myszki. Świadomie unikałem nie tylko jakichkolwiek aluzji do więzienia, ale nawet aluzji do aluzji, starając się patrzeć na te bajki oczami czujnych cenzorów. Wiedziałem, że teksty będą oglądane przez lupę w poszukiwaniu oznak buntu. Ważne było, żeby bajki dochodziły do Dańki jak najszybciej, wkładałem je do osobnych kopert z krótką notatką zamiast listu, żeby szybciej przepuszczali. Nawet prosiłem naczelnika więzienia Orłowa, aby nie zatrzymywał tych listów. Bajki wysyłano. Przyjaciel Dańki – Wowa, to znaczy mój teść Uładzimir Trafimawicz – pisał, że bajki się podobają. Zrozumiałem, że znalazłem sposób porozumiewania się z synkiem.

Nagle wysyłka bajek została wstrzymana. Z domu pisano, że Dańka biega do skrzynki pocztowej, a bajek nie ma. W czasie kolejnego spotkania z Orłowem spytałem, o co chodzi.
– Piszecie o ucieczce.
– ???
– Z klatki.
– Mówi pan serio?

Albo głupota kagiebistów była bezgraniczna, albo chcieli mnie przycisnąć i zatrzymali bajki na trzy tygodnie. Ponoć z powodu tej historii:

Myszka z klatki

Odważny Hiki rzeczywiście szybko wrócił. Chciał wbiec do norki z prawej strony przegródki i ze zdziwieniem popatrzył na żelazną listwę zagradzającą wejście, wyskoczył na zewnątrz i znowu spróbował wejść, ale już z lewej strony.
– Sprytna sztuczka – pochwalił Hiki. – Po to, żeby szczur Rydłaka nie wszedł? Majster Zibo to wymyślił? Może i ja powinienem coś takiego zrobić?
– Hiki – przerwał mu Typo – miałeś coś opowiedzieć.
– A, rzeczywiście! – przypomniał sobie Hiki. – Potrzebuję waszej pomocy i majstra Zibo też. Musimy pomóc pewnej myszce, którą trzeba uwolnić. Sam nie dam rady.
– Poczekaj, Hiki – przyhamował go Typo. – Opowiedz wszystko po kolei i dokładnie.

I Hiki opowiedział. Kiedy biegał dziś po piętrze, na którym znajduje się jego norka, zauważył, że koło drzwi jednego z mieszkań, w którym mieszkają ludzie, w ścianie zrobiła się dziurka. Widocznie przy listwie odpadł kawałek tynku, a za nią było pusto. Powstał niewielki otwór. Hiki był bardzo ciekawy, wsunął pyszczek do dziurki i nie zobaczywszy niczego podejrzanego, wszedł do środka.

W mieszkaniu nie było nikogo i Hiki spokojnie obejrzał wszystkie pokoje. Zaczął od stołu kuchennego, na którym pokrzepił się zostawionymi tam resztkami chleba, kiełbasy, a nawet konfitur. Potem zlazł ze stołu i z zadowoleniem pobiegał po dywanach, pokrywających podłogi we wszystkich pokojach, umył się w odrobinie wody, zostawionej na brzegu wanny, a w końcu trafił do pokoju, gdzie było pełno dziecięcych zabawek. Hiki zabrał się za oglądanie zabawek, gdy skądś z góry dobiegł go cichy pisk. Zadarł więc pyszczek i zobaczył na niedużym stoliku drucianą klatkę, a w niej – myszkę. Przestraszona myszka patrzyła na Hikiego i cicho popiskiwała. Sierść miała złocistą, a nie szarą, tak jak inne myszy w Dużym Domu.

– Cześć – powiedział Hiki do myszki ani trochę nie przestraszony; nie bez racji nazywano go odważnym. – Kim jesteś?

– Jestem Lipsi – odpowiedziała myszka z klatki. – Ja tu mieszkam. A ty?

– Nazywam się Hiki, ja też tu mieszkam, ale nie w mieszkaniu w klatce, tylko w swojej norce.

– Ja też kiedyś mieszkałem w norce – powiedział Lipsi. – Daleko, daleko stąd. A teraz jestem w klatce. Nie jest źle, dobrze karmią, ale bardzo się nudzę. Najpierw bawił się ze mną mały chłopiec i było bardzo wesoło. Ale potem chłopiec zniknął. Jego rodzice dbają o mnie, zmieniają mi wodę, dają jedzenie, czyszczą klatkę. Ale całymi dniami jestem sam i jest mi bardzo smutno.

– A nie możesz wyjść z tej klatki i zamieszkać w norce jak wszystkie myszy? – zainteresował się Hiki.

– Jak mam to zrobić? – spytał Lipsi.

– Nie możesz otworzyć klatki? – zdziwił się Hiki.

– Gdybym mógł, tobym w niej nie siedział – prychnął Lipsi.

– To nie jest w porządku – powiedział Hiki. – A rzeczywiście chcesz z niej wyjść?

– Oczywiście – zapewnił Lipsi. – Gdyby chłopiec był tutaj, pewnie bym nie chciał, ale tak... Chciałbym poznać inne myszki...

– Trzeba coś wymyślić – odpowiedział Hiki.

Obejrzał dokładnie klatkę. Była zrobiona z mocnego drutu, pręty tkwiły bardzo blisko siebie i żadna myszka między nimi by się nie przecisnęła. Klatka miała niewielkie drzwiczki, zamykane z zewnątrz na haczyk. Hiki postarał się dobrze zapamiętać, jak zbudowana jest klatka i drzwiczki.

– Trzeba coś wymyślić – powtórzył. – Powiedz, kiedy w mieszkaniu pojawiają się ludzie?

– Wychodzą wcześnie rano, a wracają wieczorem. Cały dzień nikogo tu nie ma – powiedział Lipsi.

– Pójdę naradzić się z przyjaciółmi, a potem wrócimy tu razem i spróbujemy cię uwolnić. Dziś już nie zdążymy, czekaj na nas jutro w ciągu dnia.

Na tym Hiki zakończył swoje opowiadanie i spytał uważnie słuchających go myszek:

– Jak uważacie, będziemy w stanie pomóc Lipsiemu?

– Powinniśmy pomóc – chórem odpowiedzieli Piko i Typo.

– Chodźmy do majstra Zibo – powiedział Typo. – Bez niego się nie obejdzie.

Majster Zibo wysłuchał myszek i poprosił Hikiego, aby szczegółowo opisał budowę klatki, szczególnie haczyk na drzwiczkach.

– Jasne – powiedział. – Myślę, że można je otworzyć. Zajmę się przygotowaniem urządzenia do otwarcia drzwiczek, a jutro pójdziemy razem, żeby pomóc Lipsiemu. Przydałby się jeszcze jeden pomocnik, żeby wystarczyło siły do otworzenia klatki.

– Można zawołać Fipiego – powiedział Piki, który nie miałby nic przeciwko temu, żeby jeszcze raz zajrzeć do zrzędy i pooglądać jego książki.

Myszki zgodziły się z Pikim, złożyły wizytę Fipiemu i wszystko mu opowiedziały. Fipiego bardzo zainteresowała niezwykła sierść myszki z klatki. Wyciągnął jakąś wielką książkę, przewrócił kartki, znalazł potrzebną stronę i krzyknął:

– Dokładnie! To jest mysz piaskowa. One mieszkają w piaskach i dlatego mają sierść takiego koloru. Jak ona się tu znalazła? Trzeba będzie spytać.

Fipi oczywiście zgodził się pomóc i następnego dnia cała kompania z Hikim na czele przeniknęła do mieszkania przez dziurkę przy drzwiach wejściowych.

Myszki przybiegły do pokoju z klatką i od razu wzięły się do pracy. Majster Zibo wyprodukował świetny przyrząd – do końca mocnego sznurka przywiązał niewielki haczyk. Myszki wdrapały się na stolik, przeciągnęły sznurek przez pręty klatki od strony drzwiczek i poprosiły Lipsiego, aby przeciągnął sznurek na drugą stronę. Lipsi podał im sznurek z drugiej strony klatki. Myszki pociągnęły go i mały haczyk zaczepił się o haczyk klatki. Myszki zgodnie pociągnęły sznurek, haczyk zamykający klatkę podniósł się, a Lipsi naparł na drzwiczki od wewnątrz. Drzwiczki łatwo otworzyły się. Lipsi wydostał się z klatki i myszki szybko opuściły mieszkanie. Majster Zibo pamiętał, żeby zwinąć sznur z haczykiem i zabrać go ze sobą.

Zrzęda Fipi zaprosił wszystkich do siebie, żeby wysłuchali opowieści Lipsiego – bardzo chciał dowiedzieć się więcej o tej dziwnej myszce.

Taka właśnie historia z „ucieczką" myszki przez trzy tygodnie niepokoiła kagiebowskich cenzorów. Po moich zapewnieniach, że żadnej ukrytej informacji w bajkach nie było i nie będzie, przesyłanie listów z historyjkami o myszkach zostało wznowione.

Trzeba podkreślić, że jakkolwiek starałem się unikać aluzji i paraleli, coś tam jednak do bajek przenikało. Na upartego można by dopatrzeć się w złym szczurze Rydłace cechy Łukaszenki, a postać negatywna – paskudnik Siki – przypominał Orłowa.

Pod naciskiem Dańki Siki zmuszony był się zresocjalizować. Kiedy areszt domowy Iry dobiegł końca, napisała, że nasz syn bardzo chciałby widzieć w paskudniku Sikim pozytywnego bohatera. Musiałem stopniowo naprawić charakter złej myszy.

Bajki o myszkach były dla mnie nie tylko sposobem kontaktowania się z Dańką, ale i swoistą ulgą, rozrywką. Pisanie ich stało się obowiązkiem, który starałem się wykonywać niezależnie od warunków i okoliczności. W rezultacie uzbierały się trzy zbiory bajek, które pisałem w czterech więzieniach, trzech koloniach, a nawet w czasie transportów w „stołypinach".

Wkrótce po uwolnieniu zadzwonił do mnie mój przyjaciel, znakomity czeski dramaturg i jednocześnie profesor Uniwersytetu w Jenie, René Lewinski.

– Witaj, mój drogi, chcę wystawić sztukę w teatrze dziecięcym na podstawie twoich bajek.

– René, ja dopiero co wyszedłem na wolność, nie bardzo rozumiem, o co chodzi.

– Pisałeś w więzieniu bajki dla Dańki? Przysłano mi je, chcę na ich podstawie napisać sztukę. Wyrażasz zgodę?

– Oczywiście, René, dla ciebie – wszystko, co chcesz.

W efekcie tej krótkiej rozmowy powstała cudowna sztuka o myszkach *Przelecieć przez tęczę*, wystawiona w teatrze Naivní Divadlo w Libercu (Czechy). Niedawno obejrzał ją Dańka i bardzo mu się podobała.

Z bajkami związana jest pewna mistyczna historia. W przygodach myszek są dwaj bohaterowie – pomysłowy Piki i jego rozważny, solidny przyjaciel Typo. Ci bohaterowie nagle zmaterializowali się w mojej izolatce w kolonii numer 2 w Bobrujsku, w „Bobrach". Pewnej nocy obudziłem się z powodu hałasu, nagle zbudzony nie wiedziałem, co się dzieje. Najprawdopodobniej hałas był skutkiem przewrócenia się kosza na śmieci. Sam z siebie przewrócić się nie mógł, a w celi oprócz mnie nikogo nie było. Wstałem z pryczy i postawiłem kosz pionowo. Po kilku minutach w celi pojawiły się dwa szare cienie, dwie myszki. Jedna mniejsza i zwinna, druga grubsza i nie taka szybka. Sprawnie zabrały się za kosz, zanurkowały do środka i rozkołysały go, piszcząc przy tym niemiłosiernie. Wyjaśniło się, kto przewrócił kosz.

Gdyby nie moje bajki, znalazłbym z pewnością sposób na pozbycie się myszy z celi, ale to nie były zwykłe więzienne myszy, to były Piki i Typo. Podkarmiałem je, zostawiałem im na podłodze frykasy, obserwowałem ich bieganinę, żeby wykorzystać to wszystko w nowych historyjkach. Myszki oswoiły się i zrobiły bezczelne, zaczęły naruszać moje terytorium i zamierzały dobrać się do pryczy, ale twardo wyznaczyłem granice i nie dawałem im poza nimi jedzenia. Myszy zrozumiały i granic nie naruszały.

Bajki nie wystarczały, żeby oderwać się od nieznośnej obrzydliwości bytu. Mechaniczne wyłączanie mózgu poprzez lektury lub rozwiązywanie krzyżówek na jakiś czas pomagało, ale po kolejnych wstrząsach fizycznych czy emocjonalnych już nie. Zrozumiałem, że trzeba znaleźć zajęcie dla mózgu, w którym będzie aktywnie uczestniczył pod moim kierownictwem, a nie pod presją okoliczności.

HAIKU

Nagle z jakiegoś powodu do głowy przyszło mi haiku. Nie wiem dlaczego. Ani w więziennej lekturze, ani w kagiebowskim programie telewizyjnym nie było odniesień do japońskich wierszy. Doznałem olśnienia. Zacząłem próbować tworzyć haiku. Przedtem nie byłem wielbicielem tego gatunku poezji japońskiej. Klasyków haiku nie czytywałem, ale napotykając je w tekstach, doceniałem ich piękno i lapidarność. Spróbowałem sam i zrozumiałem, że znalazłem sposób wychodzenia z więzienia na wolność.

Poprosiłem teścia, aby przysłał mi kanony, według których pisze się haiku. Później zrozumiałem, że postawiłem mu niewykonalne zadanie. Uładzimir Trafimawicz, człowiek doskonale czujący słowo i władający nim, nie mógł sobie pozwolić na sformalizowanie tego piękna. W liście napisał, że szczegółowych zasad nie ma, przyjęto pewien umowny rozmiar, ale nie jest to obowiązujące. Następnie przytoczył kilka klasycznych wzorców i oczywiście te autorstwa Bashō, a ja natychmiast umieściłem je sobie przed oczami, przyszpiliłem do ściany myśli.

Dzisiaj mogę napisać cały hymn haiku. Stały się one dla mnie unikalnym narzędziem utrzymywania rozumu i emocji w normalnym stanie. Forma ta dawała wszystko, czego potrzebował mózg. Tworzenie haiku wymagało uruchomienia wyobraźni i jednocześnie znajdowania odpowiednio pojemnych słów do wyrażenia obrazu idei. Haiku dyscyplinowało myśli, nie wymagało matematycznej dokładności. Można było wymyślić haiku o przyjemnym wspomnieniu, na przykład o odpoczynku nad morzem, i na długo pogrążyć się w rozpatrywaniu tego wspomnienia ze wszystkich stron. W tym samym czasie mózg miał za zadanie wydobyć zeń haiku, a to nie pozwalało na rozpływanie się we wspomnieniach ani na przeżywanie, że nie można być teraz z bliskimi w tak przyjemnym miejscu.

Wykryłem, że przy układaniu haiku można stosować różne sztuczki. Bodźcem mogło być wspomnienie lub wrażenie, coś zadziwiającego na spacerniaku, na przechadzce lub w drodze na przesłuchanie, słowo usłyszane w radiu lub rozmowa sąsiadów w celi. Zacząłem od opisywania więziennego życia, ale to zupełnie nie było to. Później stworzyłem haiku na podstawie ulotnych myśli, obrazka przyrody lub wrażenia, emocjonalnego lub wzrokowego. Interesujące było poszukiwanie słów, aby stworzyć z nich formę i rozmiar. Uczepiwszy się wspomnienia, można było całymi godzinami żonglować słowami, poszukiwać obrazu i wnikać w jego szczegóły. Mogłem zajmować się tym w celi, na spacerach, nawet na przesłuchaniach i podczas rozmów ze śledczymi.

Nie mnie oceniać jakość tych haiku, po więzieniu nigdy do nich nie wracałem. Teraz przeczytałem je i zrozumiałem, że pamiętam okoliczności powstania każdego z nich. Na przykład prawdziwa historia ze spaceru:

W brudnym betonie
Więziennego spacerniaka
Śpi pszczoła Dali.

Wspominałem wypady z Dańką na wieś:
Dziecinnej nóżki ślad
Przebiegła mrówka
Nie poruszając pyłu.
Znowu z więzienia, w oczekiwaniu na odpowiedź na listy, które były pisane na kartkach z zeszytu w kratkę:
Kratka z okna
Padła na kartkę
Listu z więzienia.
Oto nasz urlop nad morzem i podróż do Gümüşlük z wyspą królików:
Królik pod górą
Chwyta uszami słońce
Wchodzące w morze.

Niestety, zapisałem tylko niektóre ze swoich haiku. Zapisywałem tylko to, co było trzeba, aby kroczyć dalej tą tajemniczą japońską drogą, która ratowała mnie w więzieniu. Niekoniecznie najbardziej udane. Teraz żałuję, ponieważ, jak się okazuje, haiku ma jeszcze jedną właściwość istotną dla autora – momentalnie i dokładnie przypomina okoliczności jego powstania.

Odkryłem to niedawno. Gościła u nas w Warszawie Olga Romanowa, liderka Rusi Siedzącej[50], czarująca i odważna kobieta, która wyciągnęła męża z więzienia i faktycznie, bez czczej gadaniny, pomaga więźniom. Rozmawialiśmy, wspomnieliśmy o więzieniach, spytała, co pomagało mi przeżyć więzienny koszmar, a ja opowiedziałem o haiku. Z trudem przypomniałem sobie niektóre i nagle, kiedy wyrecytowałem jedno z nich, tak wyraźnie powróciło wspomnienie celi w Amerykance – obdartych ścian, nędznego stolika na żelaznej ramie, zakratowanego okna, że zrobiło mi się strasznie. Wyszedłem do sąsiedniego pokoju, żeby się uspokoić. Mistyczna japońska siła.

Wtedy właśnie Ira powiedziała, że długo płakała nad jednym z wierszy przysłanych z więzienia. Przypomniałem go sobie i pożałowałem, że wysłałem go do domu. Pamiętam, że poczułem wtedy ulgę, ale zdałem sobie sprawę, że przerzuciłem ciężar na bliskich. Oto on:

Boli. Nocą uspokaja
Rączka mojego malca
Gładząc po ojcowsku.

NOWA ZIEMIA

Długo czekałem na tę książkę. W końcu Irze udało się przesłać mi ją do zony. Tomik Jakuba Kołasa z domowej biblioteki z poematem *Nowa ziemia*. Jak dla mnie, absolutny szczyt poezji białoruskiej. Zaczytywałem się. Za każdym razem, kiedy dochodziłem do rozdziału *Niedzielny poranek*, odczuwałem coś niezwykłego. Cokolwiek by się działo dookoła albo cokolwiek bym przeżywał, te proste, szczere linijki o śniadaniu z blinami w białoruskiej chacie w niedzielny poranek miały na mnie cudowny wpływ – uspokajały i wyciszały. Nauczyłem się ich na pamięć i powtarzałem jak swego rodzaju mantrę po kilka razy dziennie. Każdego dnia odczuwałem ich magiczne działanie. Robiło się spokojnie, chciało się uśmiechać i pomyśleć o czymś dobrym.

Dzień był świąteczny. Już od rana
Bliny się piekły na śniadanie
Przy piecu z patelnią
Stała matka... Pod ręką

Tłoczyły się dzieci, biegały,
Śmiały się i śpiewały.
I tak dalej, do końca opisu tego niedzielnego poranka.
Polecam wszystkim przeczytanie tych wierszy na głos, dla siebie. Wydaje mi się niemożliwe, aby nie odczuć tej zadziwiającej magii, absolutnego cichego piękna, które nie może nie poprawić nastroju.

RODZINA

Nie miałem wątpliwości, że przyjaciele i znajomi z całego świata będą wobec mnie solidarni, nie mogłem sobie jednak wyobrazić, jaką kampanię w sprawie mojego oswobodzenia rozwinie moja siostra Ira, Irina Bogdanowa. Od dawna mieszkała w Wielkiej Brytanii, leczyła ludzi. Prywatną praktykę było niełatwo rozpocząć. Jest bardzo dobrą lekarką, obdarzoną wielką zaletą – szczerym współczuciem wobec każdego pacjenta. Do 2010 roku nie mogła się od nich opędzić. I oto rezygnuje ze zdobytej z takim trudem pozycji, żeby zajmować się tylko więźniami politycznymi na Białorusi i naszym uwolnieniem.

Nie istniały dla niej przeszkody. Opowiadano mi, że na jakimś szczycie pokazano jej kanclerz Niemiec, Angelę Merkel, stojącą w otoczeniu oficjalnych osobistości i ochroniarzy. Ira kompletnie nie wiedziała, kto to jest Merkel i jak wygląda. W świecie lekarskim było to nieznane nazwisko. Ira wiedziała tylko, że kanclerz Niemiec może pomóc w oswobodzeniu więźniów politycznych.

Ruszyła prosto do niej, nie zwracając uwagi na ochroniarzy, którzy próbowali zagrodzić jej drogę, po czym zażądała, żeby niemiecki biznes przestał wspierać dyktatora. Zdumiona Merkel uważnie wysłuchała wszystkiego i, być może, podjęła jakieś działania.

Martwiłem się o siostrę, wiedziałem, że zetknie się nie tylko z niezrozumieniem i obojętnością, ale też z jawnym cynizmem polityków i urzędników. Tak też bywało, ale oprócz tego byli i są przyjaciele. Jako pierwszy z Wielkiej Brytanii na wezwanie o solidarność odezwał się Tom Stoppard, mój dobry przyjaciel, utalentowany dramaturg. Wcześniej kilka razy próbowałem go zapoznać z Irą, ale ona zawsze była zbyt zajęta. Teraz się poznali i zaprzyjaźnili. Tom stanął na czele komitetu solidarności, który działał bardzo aktywnie.

Listy Iry nie dochodziły do mnie, wobec tego wymyśliła, że będzie mi przysyłać pocztówki bez podpisu, żebym wiedział od kogo. Wyszukiwała pocztówki z fotografiami albumów Beatlesów i Pink Floydów, pisała jakieś śmieszne tekściki i te listy dochodziły.

Opublikowała list otwarty – życzenia z okazji moich urodzin – w nadziei, że w jakiś sposób do mnie dotrze. Przeczytałem go w całości dopiero po wyjściu na wolność. Wszyscy bracia na świecie, którzy mają młodsze siostry, powinni mi zazdrościć takiego listu.

Drogi Andriusza! Dopiero od niedawna, od paru lat zwracam się tak do Ciebie. W dzieciństwie nazywałam Cię prawie oficjalnie – Andrej. Nie wyobrażałam sobie, że może być inaczej – przecież byłeś starszym bratem. Zawsze stawiano mi Ciebie za przykład, w mojej dziewczęcej wyobraźni byłeś nieosiągalnym ideałem i uosobieniem sukcesu. Tak było przez wiele lat. Widywaliśmy się rzadko – od czasu, gdy skończyłam 17 lat, mieszkaliśmy w różnych krajach, najpierw z powodu Twojej pracy, a później ze względu na mój wyjazd.

Kilka lat temu nagle spojrzałam na Ciebie innymi oczami, zobaczyłam po prostu brata – bardzo mądrego, zdolnego, wszystko umiejącego i wszystko rozumiejącego, a równocześnie rodzonego i najbliższego – jedynego brata, tę samą krew. Stało się to prawie nagle, jakby na mgnienie oka spojrzenie skupiło się na czymś niewiarygodnie ważnym, na tym, co powinno zająć w pamięci szczególne miejsce. Być może stało się to wtedy, gdy będąc ode mnie setki kilometrów, podtrzymywałeś mnie na duchu po udarze, nazywając mnie pieszczotliwie imieniem z dzieciństwa. Może kiedy zobaczyłam, że napotykamy w życiu te same problemy, rozwiązujemy je podobnie, tylko ty bardziej po męsku. W takich chwilach czułam się starsza, mądrzejsza od Ciebie. Bardzo chciałam objąć Cię, uspokoić i powiedzieć, że wszystko będzie dobrze. Ale nie miałam śmiałości. Nie mijało wrażenie, że uważasz mnie za młodszą siostrę. Mimo mojego odpowiedzialnego zawodu, dorosłych synów, nadal byłam dla Ciebie młodszą siostrą, a Ty – moim starszym bratem.

W ostatnich latach bardzo mi brakowało kontaktu z Tobą. Tak chciałam popytać o wszystko, porozmawiać. Ale Ty jak dawniej chroniłeś mnie – jestem przecież młodszą siostrą. I na dodatek gorącą głową, a Ty – dyplomatą i z charakteru, i z zawodu. Przez telefon nie można było otwarcie porozmawiać, a nasze spotkania – kiedy przyjeżdżałam do domu albo Ty, będąc przejazdem, wpadałeś na jeden dzień – były rzadkie i krótkie.

Pokrzepiające było to, że oboje dokładaliśmy starań, aby się spotykać.

Po Twojej decyzji, by startować na prezydenta, sytuacja się skomplikowała. Pytano mnie, dlaczego się zdecydowałeś, a ja nie rozumiałam, o co chodzi. Wydawało się absolutnie naturalne takie wcielenie w życie ideałów naszego wychowania – walki o wiarę w dobro i sprawiedliwość. Mama była w szoku z powodu twojej decyzji: z jednej strony trzeba było ją wspierać, a z drugiej – odizolować Ciebie od macierzyńskich lęków i nerwów. Nie jest to łatwe, kiedy mieszka się setki kilometrów dalej. Brak informacji był trudny do zniesienia. Szczątkowe informacje dochodziły od Iryszy, niewiele więcej – od naszych wspólnych przyjaciół.

Jeden temat zawsze pozostawał otwarty – Dańka. O synu zawsze opowiadałeś dużo i z zadowoleniem, o jego zabawnych powiedzonkach i wybrykach. Zdumiewające jest, jaki jest rozsądny na swoje lata i jak wszystko doskonale wyczuwa. Wyczekiwaliśmy na nasz wspólny urlop z rodzinami. Niestety, koniec sierpnia nie był dla Ciebie łatwy i nie spotkaliśmy się. Przywiozłeś Irę z Danikiem, a sam wróciłeś do Mińska – musiałeś prowadzić kampanię prezydencką. Urlop był wspaniały – cudownie było pobyć razem z Irą i malcem, ale bardzo nam Ciebie brakowało!

Rozmowy z Tobą albo milczenia, ale razem.

Dziś są Twoje urodziny, a mnie zamiera serce, gdy myślę, jak je spędzisz.

Ze wszystkich sił staram się posłać Ci miłość i ciepło, które wypełniają moje serce w nadziei, że one do Ciebie dotrą. Przecież większość listów i kartek do Ciebie nie dochodzi. Ty nigdy w życiu nie mówiłeś o nikim źle, więc i ja nie będę. Mam tylko nadzieję, że Twoi strażnicy i śledczy mają jeszcze normalne odruchy. Może przypomną sobie dziś o tym i potraktują Cię po ludzku.

Pamiętasz, jak spędzaliśmy Twoje urodziny na daczy? Kilka rodzin. Jeszcze leżał śnieg, jeździliśmy na łyżwach, a potem jedliśmy ziemniaki w mundurkach, ugotowane na piecyku. Proste jedzenie i proste rozrywki, ale w towarzystwie rodziny i przyjaciół. Było wesoło i ciepło! Wydawało się, że dzień urodzin nie może być dniem nieszczęśliwym. Kilka dni temu dowiedziałyśmy się z mamą, że straciłeś adwokata i że masz kłopoty ze zdrowiem. Nieznośny jest dla mnie Twój ból, pierwsza myśl, która przychodzi mi do głowy – chcę być razem z Tobą. Na pewno tak samo myślą wszyscy ci, których bliscy są w więzieniach. Wiem, że mimo wszystko wytrwasz, przecież walczysz o to, w co wierzysz.

Coraz częściej myślę o tym, jak bardzo trzeba cenić każdą minutę – czas, który spędzamy razem z tymi, których kochamy. Jak ważne jest mówienie sobie dobrych słów. Często odkładamy coś na potem, nie cenimy czasu, spieszymy się. Chcę się teraz cofnąć w czasie i przeżyć jeszcze raz nasze spotkania. Mam nadzieję, że będziemy mieli jeszcze wiele szczęśliwych świąt i nie będę musiała wyszukiwać w pamięci tych rzadkich wspólnych chwil.

Chcę życzyć Ci wytrwałości i odwagi. Wiem, że Twoje zasady są niezłomne – nigdy nie traciłeś ludzkiej godności i przyzwoitości. Życzę Ci hartu ducha, żebyś z honorem zniósł wszystkie próby. Masz silną rodzinę, mnóstwo oddanych przyjaciół i jestem pewna, że czujesz nasze wsparcie. Życzę Ci Wiary, Nadziei, a Miłość płynie do Ciebie z całego świata.

Wszystkiego najlepszego z okazji urodzin, Andriusza!

Mama również stała się osobą publiczną. Musiała mieć kontakt z dziennikarzami, białoruskimi i zagranicznymi. Komentować wydarzenia. Był to dodatkowy stres w całym tym kołowrocie poszukiwania adwokatów, sterczenia w kilometrowych kolejkach z paczkami, wstrząsów nerwowych, ataków serca, prowokacji KGB i mediów państwowych, rewizji i bezsennych nocy.

O nią bałem się najbardziej. Wytrzymała wszystko.

Oto wywiad, w którym opowiedziała trochę o sobie, ale nie wspomniała, że jako dziewczynka przeżyła wojnę i to nie na tyłach, ale w szpitalach, w których pracowała jej mama, a moja babcia, Maria Daniławna. Mamę chciano wysłać do domu dziecka, do internatu, ale babcia twardo powiedziała wojskowemu: „Możecie mnie oddać pod sąd, ale córki nie zostawię". W ten sposób mama znalazła się najpierw w pływającym szpitalu pod Stalingradem, a potem w innych przyfrontowych lazaretach.

AŁŁA SANNIKOWA, *MIĘDZY MNĄ A SYNEM SĄ 104 KROKI NIE DO POKONANIA*: Ałła Uładzimirawna Sannikowa mieszka w centrum Mińska, w domu, na którego fasadzie wisi tablica upamiętniająca jej teścia, znakomitego reżysera teatralnego i aktora, członka grupy założycieli Teatru Kupałowskiego, Kanstantina Mikałajewicza Sannikowa. Mieszkanie przypomina muzeum – jest to w zasadzie gniazdo rodowe trzech pokoleń Sannikowów, pokoleń narodowej inteligencji. Jej teścia – kupałowca, założyciela pierwszej trupy teatru białoruskiego, jej męża – naukowca i teatrologa oraz syna, który wyrósł w tym rodzinnym domu – dyplomaty, polityka, byłego kandydata na prezydenta, Andreja Sannikowa. Do tego domu nie przywiodła mnie pusta ciekawość. Żyjąc w ciągłym niepokoju o los syna, Ałła Uładzimirawna potrzebuje wsparcia.

Chcąc choć trochę oderwać ją od niewesołych myśli, Elena Mołoczko, dziennikarka gazety „Narodnaja Wola" poprosiła, żeby opowiedziała o sobie.

– Jest pani, o ile wiem, wykładowcą języka rosyjskiego, szkolnym pedagogiem?

– Pracuję na uczelni. Kiedyś na Białoruskim Uniwersytecie Państwowym, obecnie na Białoruskim Państwowym Uniwersytecie Medycznym. Przez wiele lat kierowałam katedrą języka rosyjskiego dla cudzoziemców. Jestem docentem.

– Interesujące, jak zmienia się u nas skład cudzoziemców?

– Pierwszymi cudzoziemcami, którzy przyjechali do nas, do republiki, na początku lat sześćdziesiątych, byli Kubańczycy. W 1962 roku utworzono pierwszą grupę sowieckich wykładowców, która na zaproszenie Fidela Castro pojechała na Kubę uczyć Kubańczyków rosyjskiego. Znalazłam się w tej grupie wraz z mężem. Uczestniczyliśmy w krótkim kursie języka hiszpańskiego w Moskwie, a potem w Hawanie ukończyłam Wyższy Instytut Pedagogiczny Języków Obcych im. Paula Lafargue'a (język hiszpański). Otrzymałam dyplom.

– Czy znajdowała się pani w niezwykłych sytuacjach z powodu różnic kulturowych?

– Nie, zawsze szybko się dostosowywałam. Obowiązuje zasada – w obcym kraju dostosowujesz się do miejscowych praw. Studentom w Mińsku powtarzam: przyjechaliście na Białoruś, powinniście dostosować się do naszych obyczajów, praw i norm zachowania. Ale z młodzieżą bywa różnie...

– Proszę powiedzieć, czy Andrej od razu wybrał swoją drogę życiową?

– Andrej jest bardzo zdolnym człowiekiem. Mam dwoje dzieci. Oboje ukończyli szkołę ze złotymi medalami. Medale stoją u nas za szybą, a dzieci mówią: „To twoja zasługa, mamo". Córka, Iryna (została lekarzem), jest bardzo wytrwała i pracowita, u niej wszystko musiało być idealnie, od fartucha do zeszytów. Andrej w dzieciństwie nie był takim pedantem, nauka przychodziła mu łatwo. W tamtych czasach modna była fizyka. Chciałam, żeby związał swoje życie z nauką. Pewnego razu przyjechał do nas przyjaciel rodziny, naukowiec, nazywał się bardzo *à propos* – Torij (rodzice dali mu takie imię w związku z nowym pierwiastkiem, taka była moda), a ja, zatroskana o przyszłość syna, poprosiłam go, aby porozmawiał z Andrejem. Panowie długo rozmawiali w zamkniętym pokoju, ale bez rezultatu. W Instytucie Języków Obcych otwarto nowy wydział – translatorski. Andrej postanowił studiować na tym wydziale, zabrał się za książki, nauczyciel w szkole wypytywał: „Wynajęła pani synowi korepetytora?". Nie, odpowiadam, sam się uczy języka. I zdał! Jeszcze jako małe dziecko powtarzał: „Ja sam, ja sam!". Nie chciał pomocy. Na przykład, gdy napisał wypracowanie w szkole. Mówię: „Daj, sprawdzę!". Za nic. Córka, jak najbardziej, mamo – sprawdź. A on – nie. Męski charakter, męska siła. Uczył się zawsze znakomicie.

– Jakie stosunki panowały między Andrejem a ojcem?

– Męska linia Sannikowów wyróżnia się silną więzią duchową. Ojciec Andreja – Aleh Kanstantinawicz – był bardzo blisko ze swoim ojcem, znakomitym reżyserem, Sannikowem. Łączyły ich także zbliżone zawody – jeden był reżyserem, drugi historykiem sztuki. Andreja łączyły z dziadkiem i ojcem bardzo serdeczne stosunki, to szczery kontakt.

– A co, pani zdaniem, Andrej odziedziczył po ojcu?

– Jego ojciec był złotą rączką, potrafił zrobić wszystko: od drewnianej lampy po wyroby jubilerskie. Świetnie rysował, umiał nawet wyszywać krzyżykami. Andrej tak samo. Ceni wszystko to, co indywidualne, niestandardowe, od razu to widać w jego mieszkaniu. A jeśli chodzi o kuchnię... Dziadek, ojciec i wnuk – cała trójka świetnie gotuje! I to bardzo wyszukane potrawy... W naszej rodzinie, w linii żeńskiej, też są dobre gospodynie. Ale nie możemy równać się z naszymi panami.

–Ało Uładzimirawna, co czuje matka, gdy jej syn jest w niewoli?

– Tego nie da się opisać... To najgorszy okres w moim życiu. Dostałam jeden króciutki list i notatkę. Syn, co prawda, nigdy się nie rozpisywał. Czy to w wywiadach, czy w artykułach, zawsze wyrażał się krótko i treściwie. Taki charakter. Pamiętam, jak w dzieciństwie Andrej pojechał do Arteku, a babcia mu mówi: „Pisz często, masz tu kartki z adresem, pisz, że jesteś żywy, zdrowy". No i napisał: „Żywy, zdrowy, całuję, Andrej". List z niewoli także krótki: „Dziękuję za paczki i przesyłki". O moich listach nie wspomina, a przecież pytałam o różne sprawy! Chcę zabrać brudną bieliznę i w żaden sposób nie mogę tego załatwić. W odpowiedzi na list, dostałam parę słów. Mam urodziny 14 stycznia – przyszły życzenia na kartce z zeszytu.

– W jaki sposób dochodzą listy? Odbiera je pani w okienku aresztu KGB?

– Nie, na poczcie.

– Jaki jest adres zwrotny?

– Poczta główna, skr. poczt. 8. Andrej napisał: „Przesyłam Ci najlepsze życzenia urodzinowe, życzę więcej zdrowia, odwagi, mniej zmartwień. Dbaj o siebie. Nie denerwuj się głupstwami". No tak, kompletne głupstwo... „U mnie wszystko w porządku, żyję, jestem zdrowy". Jak z Arteku... „Całuję mocno, kocham, Andrej". Tak jakby był czemukolwiek winien. To jasne, że zamieszki zostały sprowokowane. Przez kogo? Nie wiem. Ludzie spokojnie stali koło pomnika Lenina. Żadnego nawoływania do przemocy, wprost przeciwnie, przypominali o ostrożności. Andrej w ogóle nie jest radykałem, z natury jest dyplomatą. Jest to podstawowa cecha jego charakteru: nigdy o nikim nie mówić źle, a tym bardziej o przeciwnikach w walce przedwyborczej. Mógł nie podzielać czyichś poglądów, ale nigdy nie mówiłby niczego złego pod czyimś adresem. To samo dotyczy stosunków rodzinnych.

– Czy pani także poszła na Plac?
– Nie. Wyszłam na balkon, widziałam, że ludzie zapełnili cały prospekt... Wydaje mi się, że pochód ciągnął się od placu Październikowego do placu Niepodległości. Nie mniej niż 40 tysięcy ludzi. Postałam, popatrzyłam w dół, a potem poszłam do małego wnuka, Danika, ponieważ Lucyna Jurijewna była z nim sama. Słyszałam wezwanie: „Idziemy na pokojowe rozmowy!" – myślałam, że nie ma powodu do niepokoju. A po paru godzinach – zaczęło się! Wszyscy świadkowie twierdzą, że nic nie zapowiadało zamieszek... Ludzie poszli protestować przeciw fałszowaniu wyborów – to się dzieje we wszystkich krajach. Władze powinny tolerować opozycję. A opozycja bywa niewygodna. Nie można wykorzystywać władzy i nie liczyć się z opozycją. Okrutne jest odebranie dziecku ojca i matki. Irę mogliby wypuścić choćby przed rozpoczęciem procesu... Wiele lat byłam kierownikiem. Podlegała mi duża grupa ludzi, ale nigdy nie wykorzystywałam stanowiska, żeby wywierać presję wobec kolegów. Dlatego żyliśmy w zgodzie. A było to trzydzieści kobiet!

– Kiedy Andrej Alehawicz złożył dymisję i odszedł z MSZ w 1996 roku, jak pani zapamiętała tamten okres?
– Zakomunikował mi: „Składam dymisję". I zrobił to. Uważam, że był to krok poważny i odważny. Syn postąpił zgodnie ze swoimi zasadami, na znak protestu przeciwko referendum 1996 roku. Oczywiście mógł wyjechać i pracować jako urzędnik w organizacjach międzynarodowych na Zachodzie, w Moskwie. Zapraszano go wszędzie. Ale Andrej zawsze powtarzał : „Jestem Białorusinem i nigdzie nie wyjadę".

– W tym czasie kierowała pani katedrą, czy postępowanie Andreja miało wpływ na pani pracę?
– Nie. Nie mogę niczego takiego powiedzieć. Polityką nigdy się nie zajmowałam. Syn mnie nie wciągał. Nigdy nie uważałam za możliwe, bym mogła wpłynąć na dorosłego mężczyznę.

– A jak Andrej Alehawicz czuje się fizycznie? Czy cieszy się dobrym zdrowiem?
– Nigdy nie chorował na nic poważnego. Co prawda jest skłonny do przeziębień, jak wielu Białorusinów... Mówią, że w Amerykance są zimne cele. Posłałam mu ciepłe rzeczy. Jak tam jest, co tam się dzieje? Sama pochorowałam się z tych nerwów... Jak można wsadzać do więzienia kandydatów na prezydenta? Wydaje mi się, że władzom i ich doradcom brakuje rozumu... W końcu Andreja poparło mnóstwo ludzi. Opowiadano mi, że jego spotkania jako kandydata odbywały się przy pełnych salach. Jego program wielu osobom imponował. Andrej uzyskał w wyborach dużo głosów. Nie zgadzam się z dziennikarzami, którzy zarzucają opozycji brak wspólnego kandydata. W naszej sytuacji to nawet dobrze, że kandydatów było wielu, opozycja zebrała więcej zwolenników, dlatego ludzie tak licznie wyszli na Plac.

– Czy pani wierzy? Czy pani jest człowiekiem wierzącym?
– Wychowałam się w rodzinie komunistycznej. Zrozumiałe, że nie zostałam ochrzczona. Ale nie na próżno mówi się, że do Boga powinno nas coś doprowadzić. Los Andreja doprowadził mnie do Boga. Znajduję w Nim pociechę. O synu myślę stale. Jest przy mnie. Ktoś policzył, że nasze domy – moje mieszkanie i jego areszt – dzielą 104 kroki... nie do pokonania.

Mojej żony, Iry, nie mogły powstrzymać żadne wyroki. Po areszcie domowym i wyroku dwóch lat w zawieszeniu, co oznaczało ścisłą kontrolę nad jej zachowaniem i poruszaniem się, nie czekając nawet minuty, włączyła się do publicznego osądu reżimu i żądań uwolnienia zakładników dyktatury. Włączyła się otwarcie, ostro i bezkompromisowo, nie patrząc na ciążący na niej wyrok w zawieszeniu, zmuszający do „przykładnego" zachowania się. W sądzie, w swoim ostatnim słowie przed wydaniem wyroku, Ira mówiła o naszej rodzinie:

W stosunku do mojej rodziny władze zastosowały taktykę spalonej ziemi. Naszą rodzinę próbowano zniszczyć fizycznie i moralnie. To nie przypadek...

Przyzwyczailiśmy się wypowiadać głośno te słowa, które wszyscy pozostali wymawiają szeptem, w kuchni, przy telefonie nakrytym poduszką. Przyzwyczailiśmy się mówić, że znamy konstytucję i wymagamy przestrzegania naszych konstytucyjnych praw.

Wołamy: chcemy móc się zbierać i wypowiadać, mamy prawo do wolności wypowiedzi, do organizowania mityngów i przemarszów. A mówi się nam, że to nieprawda. Konstytucja jest jak pieniądze – jedni ją mają, inni – nie...

Aresztowano nas, sądzono, rozłączono z naszymi rodzinami.

Nawet w sądzie nie mogłam zobaczyć się z moim mężem, Andrejem Sannikowem. Mamy tę samą sprawę karną, ale w różnych sądach i nie jestem pewna, czy zdołam się z nim zobaczyć.

Co do Andreja Sannikowa. Pytano mnie, w jakim charakterze byłam na Placu – jako dziennikarka, osoba zaufana czy żona? Odpowiedziałam, że jako żona. Później usiadłam i zastanowiłam się. Czego we mnie było więcej? I dziś mogę odpowiedzieć: po 100 procent i pierwszego, i drugiego, i trzeciego. Zawsze będę dziennikarką. Zawsze będę żoną Andreja Sannikowa, jestem szczęśliwa, że spośród wszystkich kobiet świata wybrał właśnie mnie. I na zawsze pozostanę obywatelką Republiki Białorusi...

I wreszcie na koniec. Wczoraj moja mama powiedziała mi: jeśli ciebie znowu zamkną, nie będę więcej okłamywać twojego syna, że mama jest w delegacji. Powiem całą prawdę o złych ludziach, którzy zabrali mu mamę i tatę i o pewnym złym wujku. W ogóle o wszystkich złych wujkach, którzy są na Ziemi. Sądzę jednak, że jeśli nawet mnie nie zamkną (mam nadzieję), trzeba będzie powiedzieć dziecku prawdę. Niech wie, w jakim kraju i w jakim społeczeństwie przyszło mu żyć.

Trzy moje kobiety – mama, siostra i żona – pomogły mi przeżyć w nieludzkiej sytuacji.

Na Białorusi, w odpowiedzi na szaleństwo władz, pojawiła się groźna siła: matki, żony, siostry, rodziny więźniów politycznych. Właśnie kobiety, występując w obronie swoich najbliższych, były tak bardzo ofiarne i nieustraszone, że nie sprzeciwił im się żaden polityk ani z Zachodu, ani z Rosji. Z inicjatywy Olgi Bandarenki utworzono organizację „Wyzwolenie", walczącą o uwolnienie więźniów politycznych. Nazywały siebie „siostrami" i faktycznie stały się bliskie nie tylko sobie, lecz także rodzinom więźniów politycznych i im samym. Olga Bandarenka, Ludmiła Mirzajanowa, Natalla Pinczuk, Walentyna Aliniewicz, Maryna Adamowicz, Jelena Lichawid, Maryna Łobowa – kłaniam się Wam nisko, siostry!

PRZYJACIELE

Za kratami wspominało się różne rzeczy. Na przykład spotkania z legendarnymi dysydentami sowieckimi. W swoim czasie utrzymywałem kontakty, a nawet przeprowadzałem wywiady z Natalią Gorbaniewską, Władimirem Bukowskim, Borisem Pustyncewem[51]. Często ich wspominałem. Siedzieli w więzieniach, przeżyli, walczyli dalej z systemem.

Nie byli szczególnie uradowani z powodu likwidacji ZSRR, nie świętowali – jakby wiedzieli, że totalitarny wirus, żyjący w narodach byłego Związku Radzieckiego, nie został zniszczony i choroba będzie wracać. Choroba powtarzała się, wydając na świat takich jak Łukaszenko, Janukowycz czy Putin. Boris Pustyncew jeszcze na początku lat dziewięćdziesiątych jako jeden z pierwszych uprzedzał, że władzę w Rosji przejmą służby specjalne. Z tego powodu w 1992 roku w Petersburgu Boris został ciężko pobity przez kagiebistów, w rezultacie czego niemal zupełnie stracił wzrok. Boris w swoim czasie zadziwił mnie twierdzeniem, że odwilż w ZSRR skończyła się w 1956 roku, choć przyjęto uważać, że odwilżą był cały okres władzy Chruszczowa. Pustyncew miał prawo do takich poglądów. Wsadzono go do więzienia w 1957 roku za protest przeciwko interwencji ZSRR na Węgrzech w roku 1956.

Pustyncewa zabrakło w 2014 roku. Nie wybrałem się do niego do Petersburga na słuchanie jazzu, który uwielbiał od dzieciństwa, od czasu, gdy po raz pierwszy w Głosie Ameryki usłyszał Willisa Conovera i jego *Godzinę jazzu*.

Przyjaźniłem się z Nataszą Gorbaniewską. Wściekłem się, gdy kagiebiści podczas rewizji biura wyborczego ukradli jej książkę, która cudem znalazła mnie po kilku latach. Natasza przekazała mi ją z Paryża przez znajomych, ale z jakichś przyczyn przez prawie dwa lata książka nie mogła do mnie dotrzeć. I tak oto zbiór wierszy, który z takim trudem do mnie trafił, ukradli kagiebiści. Jak gdyby czując moją złość, a może za sprawą poetyckiej intuicji, Gorbaniewska przywiozła swoją nową książkę do Mińska i przekazała ją mojej żonie. Ira opowiedziała mi o tym na widzeniu.

Nie miałem wątpliwości, że wszyscy ci ludzie, byli więźniowie polityczni, wystąpią w naszej obronie i wezwą społeczność światową do reakcji na bezprzykładne okrucieństwo reżimu Łukaszenki. Tak właśnie się stało.

W obawie przed aresztowaniem do Wielkiej Brytanii byli zmuszeni przenieść się Mikoła Chalezin i Natalla Kalada, założyciele Teatru Wolnego. Przez jakiś czas mieszkali u mojej siostry. Nawet w więzieniu miałem wrażenie, że do kampanii solidarności włączyły się wszystkie gwiazdy teatru, Hollywood oraz Starego i Nowego Świata. Wystarczy wymienić kilka nazwisk, aby mieć wyobrażenie o skali tej solidarności: Václav Havel, Tom Stoppard, Kevin Spacey, Jud Law, Joanna Lumley, Lou Reed, Kevin Kline, Philip Seymour Hoffman i wielu innych. Były listy otwarte i wywiady, informacje o nich przenikały przez więzienne mury i przez druty kolczaste.

Dobry i wierny przyjaciel, pisarz z Jekaterynburga, Andriej Matwiejew, przysyłał mi nawet notatki z podróży na Wyspy Cooka. Andrieja poznaliśmy wraz z Irą ponad dziesięć lat temu i od tamtego czasu nie widzieliśmy się, ale należy on do tych ludzi, których uważa się za bliskich i których bardzo się ceni. Andriej przysyłał swoje maile do Iry, ona je drukowała i dołączała do listów. Potem Andriej zamilkł, uznał, że tego rodzaju zapiski są w mojej sytuacji nie na miejscu. Szkoda, bo to świetny pisarz, czytanie go jest przyjemnością, zaś Wyspy Cooka były w więzieniu wspaniałym światem, który czekał na wolności.

Do tej chwili napotykam w Internecie na wypowiedziane wówczas słowa wsparcia, których funkcjonariusze tak się bali i starali się je ukryć przed więźniami.

Mój dawny znajomy, polski dziennikarz pracujący w belgijskim „Le Soir", Leopold Unger przypomniał mi o początkach działania Karty '97, gdy otworzyliśmy w Brukseli nasze przedstawicielstwo, a Leo opublikował w swojej gazecie bardzo dobrą informację o tym fakcie, nazywając przedstawicielstwo „alternatywną ambasadą". List otwarty, który napisał, przeczytałem, jak się okazało, już po jego śmierci. Leo zabrakło w końcu 2011 roku.

Drogi Andreju, drogi przyjacielu! Nie jestem pewien, czy ten list do Ciebie dotrze. Tym niemniej piszę. Piszę jako osoba prywatna, ale publikuję list w „Gazecie Wyborczej", ponieważ żadna gazeta na świecie nie zajmuje się tematyką Białorusi tak profesjonalnie i z taką troską jak „Wyborcza". Wspominam, jak przyjeżdżałeś w 1998 roku do Brukseli. Już wtedy okazywałeś zadziwiającą przenikliwość, jeśli chodzi o rozwój wypadków na Białorusi i próbowałeś otworzyć Europie oczy na dyktaturę w Mińsku oraz intrygi Moskwy. Uprzedzałeś mnie, że prawdziwe represje dopiero się zaczynają. Miałeś rację. A na pytanie: „Jak na Zachodzie możemy temu przeciwdziałać?", odpowiedziałeś: „Bądźcie naszym głosem, który u nas dławi cenzura, starajcie się ostrzec świat przed ogromnym ryzykiem cierpliwości wobec dyktatury w najbardziej newralgicznym punkcie Europy, to znaczy na styku Wschodu z Zachodem. No i oczywiście niezbędne są sankcje. Skuteczne".

Sercem i duszą jestem z Tobą na ławie oskarżonych. Stale wspominam nasze pożegnanie w Brukseli i Twoją odpowiedź na pytanie, czy wracasz do Mińska, bo tam jest przecież niebezpiecznie. „Oczywiście. Nie martw się o mnie, martw się o Białoruś. Przecież kiedyś padnie pytanie: Kto zdradził Białoruś?"

Po wyjściu z więzienia przeczytałem artykuł znanej amerykańskiej dziennikarki i obrończyni prawa, Katy Fitzpatrick. Katy poznałem w czasie mojej pierwszej podróży do USA – po rezygnacji ze stanowiska wiceministra spraw zagranicznych. Od razu znaleźliśmy wspólny język. Katy jest nie tylko moją niezawodną i starą przyjaciółką, ale też jedną z niewielu obrończyń prawa, która ma słuszny pogląd na sytuację w krajach dyktatury i wie, jakie stanowisko wobec nich powinien zająć Zachód. Może właśnie dlatego nie znalazła sobie miejsca w mainstreamie ruchu obrońców praw. Zawsze chciałem spotkać na amerykańskich i europejskich korytarzach władzy ludzi podobnych do Katy. Ale jak dotąd nie spotkałem.

Artykuł Katy, zwłaszcza w części dotyczącej oceny polityki Zachodu, jest aktualny do dziś. Katy napisała prorocze zdanie: „Koniec despotyzmowi rosyjskiemu trzeba położyć dzisiaj, w Mińsku. Jeśli tego nie zrobimy, ta sprawa szybko do nas wróci".

„Trzymaj się, Prezydencie!": sąd nad Andrejem Sannikowem
W Mińsku odbywa się pokazowy proces stalinowski. Sądzony jest nasz przyjaciel i kolega, Andrej Sannikau. Wszystko to przypomina straszny sen... Nikt nie zwraca na to uwagi i trudno uwierzyć, że dzieje się to naprawdę.

Istnieje dziwne i narzucone socjalistyczne przekonanie, że na Białorusi ludzie mają „minimum" tego, czego nie mieliby w Rosji i na Ukrainie. Jakoby kwestia ta wyjaśnia popularność tego szaleńca i poparcie dla niego. Nie, „poparcie" zapewnia mu siła, zastraszanie i terror.

Strasznie jest oglądać na zdjęciach Sannikowa w klatce. W sądzie wsadzają do klatek ludzi, jak gdyby byli niebezpiecznymi i dzikimi zwierzętami. Sannikau ma szarą twarz i ponury wygląd. Jak inaczej może wyglądać po czterech miesiącach spędzonych w więzieniu, po okrutnym biciu, gdy pokaleczono mu nogę, gdy bito go po głowie, kiedy specnazowcy rzucili na niego żelazną siatkę i skakali po niej?

Ciężko pisać o tym, co się dzieje z moim przyjacielem. Wiele lat temu, kiedy Andreja, stale walczącego o niezależność Białorusi, pobili faszyści z RJN[52], a on przysłał nam zdjęcia, żebyśmy postarali się zwrócić uwagę na te burdy, nie mogłam sobie wyobrazić, że może być gorzej...

Chcę napisać o wielu sprawach. Źmicier Bandarenka, bliski kolega i przyjaciel Sannikowa, z którym wiele razy się spotykałam, został wczoraj skazany na dwa lata więzienia. Przyznał, że był na Placu, ale przecież to nie jest przestępstwo.

Najgorsze jest uczucie bezradności, kiedy budzisz się codziennie i myślisz o Andreju w więzieniu. Na świecie tak dużo się dzieje – tsunami w Japonii, rozpędzenie demonstracji w Syrii – że trudno jest zwrócić uwagę na tę stalinowską farsę sądową, która krzywdzi porządnych i niewinnych ludzi.

Jak można było do tego dopuścić? Jak mogliśmy do tego dopuścić? Pierwsza jestem gotowa przyznać, że nie zrobiłam wszystkiego, co trzeba. Petycje, listy, wystąpienia USA nie zmienią sytuacji, choć powinny być kontynuowane.

Znaczenie mógłby mieć europejski bojkot białoruskich produktów naftowych (USA już taki bojkot zapowiedziały), bez oglądania się na sprzeciwy Rosji. Kropka.

Chciałabym więcej napisać o tym, co mówi Andrej. Tak jak wielu dysydentów z Europy Wschodniej zawsze mówił, że chciałby żyć w normalnym kraju, chciałby, aby jego synowie rośli w normalnym kraju...

W myślach widzę półki z książkami w jego mieszkaniu. Pokazał mi czasopismo, które pomagałam wydawać, „Problemy Europy Wschodniej". Miał także inne wydawnictwo drugiego obiegu, rozsyłane przez Międzynarodowe Centrum Literatury. Przez wszystkie te lata wysyłaliśmy książki i okazało się, że na próżno. Ale Sannikau i tacy jak on te książki czytają. Żyją sprawami Europy Wschodniej. Obecnie brakuje im wsparcia innych państw, zwłaszcza intelektualistów, którzy mogliby zrozumieć, co się dzieje. Za wyjątkiem dramaturga Toma Stopparda i aktorów z jego kręgu, takich jak Jud Law, Białoruś mało kogo interesuje.

Można było mieć nadzieję, że oprócz Czechów, Szwedów i Norwegów, będzie więcej zaangażowanych. Sannikau był w latach dziewięćdziesiątych wiceministrem spraw zagranicznych i pracował na rzecz wycofania broni jądrowej z terytorium Białorusi. Porozumienie w sprawie broni jądrowej, jak stale przypominał Andrej oficjalnym osobistościom z USA, takim jak Strobe Talbott i Stephen Sestanovich na spotkaniach, w których ja także brałam udział, przewidywało, że w zamian za rezygnację z broni jądrowej, kraje te miały mieć zagwarantowaną niezależność. Było to zadanie skomplikowane, ponieważ Rosja stale grozi odcięciem gazu i prowadzi agresywną politykę w regionie. Łukaszenko jest traktowany jak swego rodzaju nieudany wariant „lepiej Kania niż Wania" (pamiętacie to hasło?), ale w rezultacie wyszedł nawet nie Jaruzelski, lecz ktoś znacznie gorszy: faszyzujący *clown*, który z niewyczerpaną energią rozsiewa zło.

Na Białorusi przepadły bez śladu cztery znane osoby, a we wrześniu ubiegłego roku w zagadkowych okolicznościach zginął nasz przyjaciel Aleh Biabenin.

W czasie, gdy będziemy pisać listy, petycje i wysłać do Sannikowa pocztówki – jego mama Ała Sannikowa szczególnie o to prosiła – powinny zdarzyć się następujące rzeczy:

– Europa, na wzór USA, powinna podjąć decyzję o bojkocie białoruskich produktów naftowych. Jest to najważniejsza sprawa, nic więcej nie ma znaczenia. Sankcje wizowe, mniej konferencji i dialogu – to nie to. Tylko bojkot.

– Przestańcie wymagać od opozycji zjednoczenia się i zaprzestania bojkotu wyborów parlamentarnych. Wszystkich, którzy doradzają niezależnym politykom na Białorusi, aby poszli pod gilotynę i uczestniczyli w oszukańczych wyborach, trzeba wysłać do psychiatry. Szanujcie choćby to wszystko, co ostatnio przeżyli ci ludzie: niektórzy spędzili w więzieniach długie miesiące i z tym trzeba skończyć. Zachód także nie jest jednomyślny w sprawach polityki wobec Rosji i innych krajów (Libia, Afganistan). Należy potraktować poważnie pokiereszowane społeczeństwo obywatelskie, które jest katowane za pokojowe wyrażanie poglądów. Powinien być bojkot. To jedyna słuszna postawa. Udzielanie pomocy technicznej w przygotowaniu wyborów po 19 grudnia jest odrażające.

Prawda jest taka, że poligon białoruski działa. Dziś sądzony jest Andrej Sannikau, widzieliśmy, jak sądzą Chodorkowskiego i Płatona Lebiediewa[53] w Moskwie, a jutro zobaczymy, jak sądzą Borisa Niemcowa[54], który nie dostanie wyroku w wysokości piętnastu dni. Położyć kres despotyzmowi rosyjskiemu trzeba już dziś, w Mińsku. Jeśli tego nie zrobimy, ta sprawa szybko do nas wróci. Jest to akurat ta chwila, o której się mówi „Za wolność naszą i waszą!".

Nie wstydzę się swojego gniewu i szczerości, wymieniając ludzi i kraje, które są moralnie tchórzliwe. To, co dzieje się w Mińsku, jest niedopuszczalne. Nie powinno się zdarzyć. Ale dzieje się i jest nie tylko zasługą „ostatniego dyktatora Europy", ale także wolnego świata, który nie chce zająć zdecydowanego stanowiska – i to nie tylko w komunikatach dla prasy, ale głównie poprzez bojkot przyszłych wyborów, dopóki nie zniknie Łukaszenko i jego represje.

Już po wyjściu moim i Źmicera Bandarenki z więzienia, nasi przyjaciele Pavol Demeš i Joerg Forbrig[55] w swoim artykule także podkreślali, że uwolnienie więźniów politycznych i w ogóle demokratyzacja Białorusi możliwe są tylko w przypadku zajęcia przez Europę zdecydowanego stanowiska. Pavol i Joerg pisali:

Najpierw wydawało się niemożliwe, że ostatnia dyktatura Europy zdecydowała się wypuścić na wolność dwóch najbardziej wyrazistych jej krytyków, tym niemniej dziesiątki stronników powitały w Mińsku Andreja Sannikowa, który w czasie ostatnich wyborów wystąpił przeciwko Aleksandrowi Łukaszence, a także jego pomocnika Żmiciera Bandarenkę.

Kim są, czym narazili się dyktatorowi i dlaczego ich zwolniono?

To ludzie niezwykli. Sannikau – spokojny intelektualista, który wyrobił sobie nazwisko jako główny negocjator w sprawach rozbrojenia jądrowego swego kraju po rozpadzie Związku Radzieckiego. Odszedł ze stanowiska wiceministra spraw zagranicznych w 1996 roku na znak protestu przeciwko dyktaturze Łukaszenki i dołączył do opozycji demokratycznej, gdzie wkrótce stał się jednym z kluczowych liderów. Bandarenka – były sportowiec, który służył w sowieckim specnazie, jeden z szefów popularnej stacji radiowej, która później została zamknięta za krytykę rządu. Dołączył do ruchu demokratycznego, organizował pokojowe akcje protestacyjne, inspirował nowe pokolenie młodych aktywistów.

Spotkali się w 1997 roku, kiedy to obaj zainicjowali utworzenie Karty '97. Po roku, po „referendum", które otworzyło Łukaszence drogę do dyktatury, pod tym dokumentem podpisało się ponad 100 tysięcy ludzi. Wezwali oni do „przestrzegania zasad niezależności, wolności, demokracji, poszanowania praw człowieka, solidarności ze wszystkimi, którzy występują na rzecz likwidacji dyktatury i przywrócenia demokracji na Białorusi". Sannikau i Bandarenka zainicjowali także utworzenie charter97.org, portalu informacyjnego, który odtąd stał się głównym niezależnym środkiem masowego przekazu na Białorusi.

Dziesięć lat później rozpoczęli kampanię Europejska Białoruś, której celem było wsparcie demokratycznych reform, poszanowanie praw człowieka i integracja europejska. Sannikau jako przedstawiciel tego ruchu zgłosił swoją kandydaturę w wyborach prezydenckich 2010 roku. Przy pomocy Bandarenki i ekipy młodych aktywistów zebrał ponad 150 tysięcy podpisów popierających jego kandydaturę, objechał cały kraj, występując w zapełnionych salach, zwrócił się do jeszcze większej liczby ludzi dzięki możliwości wystąpienia w telewizji. W rezultacie aktywnej kampanii stał się wiodącym kandydatem opozycji. Ludzie pokładali nadzieje w tym, że po niezwykle swobodnej atmosferze przedwyborczej, białoruski reżim pozwoli także na pewne swobody w dniu głosowania.

Łukaszenko brutalnie zniweczył te nadzieje. Wybory zostały sfałszowane tak samo jak i poprzednie. Kiedy Sannikau, Bandarenka i inni demokraci odpowiedzieli pokojową akcją protestu, w której wzięły udział dziesiątki tysięcy ludzi, zaatakowała ich milicja. Protestujących pobito, aresztowano, osadzono w więzieniach, a następnie skazano na pokazowych procesach. Sannikau dostał pięć lat więzienia, Bandarenka dwa.

Najgorsze było przed nimi. W ciągu szesnastu miesięcy spędzonych za kratami Sannikowa i Bandarenkę poddano wyczerpującym naciskom fizycznym i psychicznym. Białoruski aparat terroru próbował zmusić ich do przyznania się do „winy" i donoszenia na kolegów. Adwokatów i rodziny pozbawiono możliwości widzeń z nimi. Sannikau o mało co nie stracił swojego czteroletniego syna, a Bandarence odmówiono rehabilitacji po operacji kręgosłupa, przeprowadzonej w więzieniu. Kiedy więźniowie nie ustąpili, naciski na Sannikowa zwiększyły się. Aby ochronić swoją rodzinę przed zagrożeniem, podpisał prośbę o ułaskawienie, potem to samo na znak solidarności zrobił Bandarenka. Tym niemniej minęło jeszcze wiele miesięcy, zanim ich oswobodzono.

Na fotografiach zrobionych po wyjściu na wolność widać, że wyglądają fizycznie źle, ale w oświadczeniach poinformowali, że są silni duchem i gotowi do kontynuowania walki.

Wsparcie Europy będzie miało dla Sannikowa, Bandarenki i innych demokratów białoruskich decydujące znaczenie. UE powinna uznać, że ich uwolnienie to pierwszy efekt usztywnienia kursu politycznego wobec reżimu Łukaszenki. Po wielu latach obojętności wobec wydarzeń na Białorusi, wahań i często naiwnej współpracy z władzami tego kraju, Europa zajęła stanowczą pozycję we wspieraniu demokracji na Białorusi oraz wyraziła gotowość zastosowania sankcji politycznych i gospodarczych wobec Mińska. Te naciski na Łukaszenkę powinny być kontynuowane. Jedynie wtedy ofiara Sannikowa, Bandarenki i pozostałych opozycjonistów nie pójdzie na marne, lecz będzie korzystna dla całej Białorusi.

Z Pavlem Demešem poznaliśmy się w końcu lat dziewięćdziesiątych, na jakiejś konferencji w Warszawie. Słyszałem o nim od ludzi z różnych krajów, o jego autorytecie oraz o roli, jaką odegrał w przemianach politycznych w Słowacji i w Europie Wschodniej, o jego dążeniach do rozwoju i konsolidacji społeczeństwa obywatelskiego. Podczas pierwszego spotkania w Warszawie rozmawialiśmy krótko, był bardzo zajęty, ale umówiliśmy się, że będziemy w kontakcie.

I oto w 2001 roku wraz ze Żmicierem Bandarenką pojechaliśmy do Demeša do Bratysławy. W tym czasie Słowacja miała już za sobą unikalne doświadczenia transformacji od czechosłowackiej „aksamitnej rewolucji" i początków demokratycznych reform po autorytarne rządy Mečiara, odsunięcie go od władzy i wznowienie procesu integracji z Europą. Z trudem zebraliśmy pieniądze na podróż i gdyby nie gościnność Pavla, byłoby nam niełatwo, nawet we względnie taniej Bratysławie. Podróż była tego warta. Pavol przygotował dla nas bogaty program i w swoim stylu, spokojnie i życzliwie, zaprezentował nam przekrój rozwiniętego i aktywnego społeczeństwa obywatelskiego Słowacji, zapoznał z interesującymi osobami, zaangażowanymi w politykę i życie społeczne swojego kraju. Rozstaliśmy się w przyjaźni i od tego czasu utrzymujemy przyjazne kontakty.

Dwa lata po tej podróży poznałem Joerga Forbriga. W Bratysławie właśnie otworto biuro Niemieckiej Fundacji Marshalla Stanów Zjednoczonych, w którym pracowali Pavol i Joerg. Fundacja Marshalla w tym czasie niezbyt interesowała się Białorusią, głównym obiektem uwagi biura w Bratysławie były Bałkany. Po naszych spotkaniach w Bratysławie, za którymi poszły następne, między innymi w Mińsku, Fundacja zwróciła uwagę na Białoruś, a później stworzyła specjalny program pomocy dla naszej demokracji i społeczeństwa obywatelskiego.

Zarówno Pavol, jak i Joerg różnili się od niekompetentnych i indyferentnych „ekspertów" do spraw Białorusi, z którymi przychodziło mi się spotykać. Słowakowi Pavlovi i Niemcowi z byłej NRD Joergowi nie trzeba było wyjaśniać sytuacji. Momentalnie zorientowali się w niej i zaangażowali emocjonalnie.

Nie bez powodu obywatel Niemiec Joerg Forbrig tak bardzo interesował funkcjonariuszy KGB, szczególnie w czasie pierwszych przesłuchań, kiedy próbowano zmontować przeciwko mnie sprawę o szpiegostwo i zdradę ojczyzny. Zajmowała ich także sama Fundacja Marshalla i jej współpracownicy. Z wieloma z nich utrzymywałem przyjazne kontakty, przede wszystkim z prezesem Fundacji Craigiem Kennedy'm.

W więzieniu dowiedziałem się, że, otwierając kolejne Forum w Brukseli w marcu 2011, Craig wezwał uczestników do wyrażenia solidarności ze mną i innymi więźniami politycznymi Białorusi, do wywarcia nacisku na reżim Łukaszenki i wywalczenia naszej wolności. Po wyjściu z więzienia, w moim wystąpieniu na Forum Brukselskim, szczerze podziękowałem Craigowi, powiedziałem, jak ważne było dla mnie to poparcie. Po wystąpieniu podszedł do mnie prezydent Estonii Toomas Hendrik Ilves i z żartobliwą pretensją w głosie powiedział:

– Przecież ja też otworzyłem konferencję imienia Lennarta Meri od przywołania twojego nazwiska i wezwałem do solidarności.
– Nie wiedziałem, z pewnością opowiem o tym w Tallinie.
Obietnicy dotrzymałem.

Po moim wyjściu na wolność było wiele takich spotkań. Opowiadano mi, jak zostało przyjęte stłumienie pokojowej demonstracji 19 grudnia 2010 w Mińsku, jak walczono o nasze uwolnienie. Niesamowicie przyjemnie było słuchać tych ludzi i podziękować im z całego serca, biorąc pod uwagę ogólnoświatową solidarność z Białorusią.

Dowiadywałem się także o tragicznych sprawach. Gdy byłem w więzieniu, nie dotarła do mnie wiadomość, że w kwietniu 2011 zmarł mój dobry przyjaciel Ron Asmus. Mężnie walczył z rakiem, ale choroba zwyciężyła. Ron również pracował w Fundacji Marshalla, kierował biurem w Brukseli. Właśnie on był architektem wielkiej imprezy międzynarodowej – Forum Brukselskiego. Jego ideą było polepszenie współpracy transatlantyckiej w okresie ochłodzenia stosunków między USA i Europą. Pierwsze forum odbyło się w 2005 roku. Z Ronem zawsze dyskutowaliśmy o Białorusi i Rosji. Wybitny dyplomata, jeden z wiodących strategów amerykańskiej Partii Demokratycznej, odegrał kluczową rolę w rozszerzeniu NATO. Ron świetnie znał nasz region, ale zawsze prosił, by opowiadać szczegółowo o tym, co się dzieje, i uznawał za konieczne rozpatrywanie różnych wariantów rozwoju wypadków. Jego książkę *NATO. Otwarcie drzwi* uważam za lekturę obowiązkową dla wszystkich dyplomatów, zawłaszcza z krajów Europy Wschodniej.

Partnerem Rona w Partii Republikańskiej był Bruce Jackson, który również odegrał znaczącą rolę w zbliżeniu USA z Europą Wschodnią. Z Bruce'm znaliśmy się od dawna, a po tym, jak ożenił się z przyjaciółką naszej rodziny, Irą Krasouską (jej pierwszego męża Anatola Krasouskiego porwano i zamordowano w 1999 roku), nasze stosunki znacznie się zacieśniły. Stopniowo zapoznawałem go z całą naszą ekipą: z Alehem Biabeninem, Źmicierem Bandarenką, Władem Kobiecem, Alaksandrem Atroszczankowem, Natallą Radziną. Z Bruce'm nie zawsze się zgadzaliśmy. W sprawach politycznych kłóciliśmy się, a nawet wymyślaliśmy sobie, ale byłem przekonany, że Bruce i Ira zrobią wszystko, by głupota reżimu nie pozostała w świecie niezauważona.

Po wyjściu na wolność dowiedziałem się od Mikoły Chalezina o jeszcze jednej ciężkiej dla mnie stracie. W styczniu 2011 zmarła Ellen Stewart, twórczyni znakomitego amerykańskiego Teatru Awangardowego La MaMa, moja stara przyjaciółka. Wiele o niej opowiadałem Mikole i Natalli Kaladzie, próbowałem ściągnąć Ellen ze spektaklami do Mińska, marzyłem, żeby białoruski Teatr Wolny wystąpił na scenie La MaMy. I wystąpił. Ellen zmarła w przeddzień spotkania z Mikołą i Natallą podczas występów gościnnych teatru na scenie La MaMy.

Po wyjściu z więzienia zawarłem w końcu znajomość z szefem mojej żony Dmitrijem Muratowem, redaktorem naczelnym „Nowej Gaziety"[56]. Poznałem go i od razu pożałowałem, że nie zrobiłem tego wcześniej. Urok osobisty, bystry umysł, wielka erudycja, szybki refleks i cała uwaga skierowana na rozmówcę – wszystko to zawsze przyciąga mnie do ludzi, z którymi bardzo chce się rozmawiać. Tego, co Dmitrij zrobił dla naszej rodziny, nie da się zmieścić w ramach stosunków szefa z podwładną, to właśnie Irę ochraniał w pierwszej kolejności. On, jego rodzina i dziennikarze „Nowej Gaziety" stali się nam bliscy.

Poznałem także innych ludzi, których przed więzieniem nie znałem, ale którzy wzięli sobie naszą sytuację do serca i wiele zrobili, aby zwrócić na nią uwagę. Taki był na przykład europoseł Marek Migalski. Marek energicznie poparł inicjatywę Europarlamentu, aby „objąć patronatem" więźniów politycznych Białorusi. Jego „patronatem" zostali objęci dwaj Źmicierowie: Bandarenka i Daszkiewicz. W odróżnieniu od innych eurodeputowanych, Marek nie dawał żyć władzom białoruskim, zwłaszcza niepokoił się o zdrowie Źmiciera Bandarenki, który w więzieniu przeszedł skomplikowaną operację kręgosłupa.

W więzieniach i zonach otrzymywałem tysiące listów, czasem około setki dziennie. Mniej więcej tyle samo do mnie nie dochodziło. Pisano z całego świata, ekspediowano przesyłki, które naturalnie trafiały do strażników, pisali politycy i wieśniacy, bezrobotni i biznesmeni, artyści i robotnicy.

Radio „Swaboda" przysłało informację, że napisali do mnie prezydenci USA i Czech George Bush i Václav Havel. List od Busha nie został mi przekazany. List Havla jednakowoż postanowili doręczyć, ale już po śmierci słynnego dysydenta, pierwszego prezydenta Czech. Napisał listy do więźniów politycznych Białorusi w grudniu 2011, na tydzień przed śmiercią. List oddano mi w styczniu 2012. Przechowuję go starannie, między innymi dlatego, że zapowiadał on moje zwolnienie.

DLACZEGO POSZEDŁEM W PREZYDENTY

Unikam charakterystyki osobowości dyktatora. Nie odpowiadam na pytania dziennikarzy, co sobą reprezentuje Łukaszenko jako człowiek. Nie przeciwstawiam się jemu, ale temu, co robi jako szef państwa, przeciwstawiam się systemowi władzy jednostki – bezlitosnemu i nieludzkiemu – który on stworzył.

Jako człowiek Łukaszenko absolutnie mnie nie interesuje, co więcej – jest mi wstrętny. Nie mam takich znajomych ani przyjaciół. Kiedy spotykałem w życiu podobnych ludzi, starannie unikałem kontaktów z nimi, utrzymywałem solidny dystans, aby ich nie widzieć i nie słyszeć. Ale, jak każdemu z nas, zdarzało mi się ich spotykać. W więzieniach i zonach jest takich sporo. To właśnie oni, udając biednych i mizernych, starają się wzbudzić zaufanie, aby potem zaszkodzić. Tacy przeszukują teczki w szkole, w bramach zaczepiają młodszych, zawsze w towarzystwie podobnych do siebie. Wykorzystują wszystkich dookoła, nikomu nie pomagając.

Ze swojej nikczemności robią miarę człowieczeństwa i wedle tej zasady dobierają sobie wspólników. Całe życie mszczą się za krzywdy z dzieciństwa. Im są starsi, tym bardziej się mszczą. Władzę traktują jako możliwość bezkarnego działania. Bezkarnie można kraść, burzyć domy i rozbijać rodziny, ranić i w końcu zabijać ludzi, pozbawiać ich życia, upajając się pełnią władzy nad bezbronnymi. Pozbawieni są nie tylko moralności, ale też ludzkiego stosunku do życia i działają zgodnie ze zwierzęcymi instynktami.

Sięgają po władzę tylko po to, żeby ją za wszelką cenę utrzymać. Momentalnie przystają do nich tacy sami łajdacy jak oni, którzy instynktownie czują, że skoro jest wódz, to nastał także ich czas. Jeśli już w pierwszym okresie władzy pozwoli się im być górą, społeczeństwo stanie się ich zakładnikiem, zdemoralizuje się i utraci poczucie przyzwoitości.

To stało się na Białorusi.

Prosiłem kiedyś moich kolegów dziennikarzy, żeby nie analizowali osoby Łukaszenki. Uważałem i nadal uważam, że poszukiwanie głębokiego sensu w takiej nędzy ludzkiej ośmiela i podważa moralność. Dyktator czerpie siły z tego, że w zwykłej chciwości, złośliwości, zawiści widzi się oznaki mądrości politycznej i głębokiego sensu postępowania rozpasanego chama. Dmitrij Muratow, redaktor naczelny „Nowej Gazety", z którym omawialiśmy tę kwestię, znalazł precyzyjniejsze określenie: „Nie trzeba uczłowieczać dyktatorów".

Po pierwszych wyborach prezydenckich na Białorusi w 1994 roku, w których zwyciężył Łukaszenko, nie było konfliktu między reformatorami a konserwatystami. Mimo ogromnej roli sił narodowo-demokratycznych, które doprowadziły Białoruś do niezależności, władzę w kraju trzymali sowieccy konserwatyści. Żądne władzy lumpy Łukaszenki skumały się z komunistyczną nomenklaturą. Łukaszenko w pierwszych miesiącach swoich rządów bywał różny: z pianą na ustach gromił BNF, płakał w parlamencie przy czytaniu wystąpienia antykorupcyjnego, wierzył we własną wyjątkowość i pocił się z nienawiści do niezależnej prasy. Mógł wydawać się silnym i słabym, liberałem i tyranem, można było przez pewien czas mieć złudzenia co do niego, ale na pewno nie co do jego kadr. Jak brązowa ciecz ludzie ci przeniknęli przez wszystkie poziomy władzy i zabezpieczyli zwycięstwo ciemnoty, to znaczy Łukaszenki. Wyróżniała ich niesamowita pazerność i wysoki poziom nienawiści do ludzi. Formowanie rządu Łukaszenki zakończyło się rozpędzeniem ostatniego wybranego parlamentu i pełnym zwycięstwem lumpów nad partyjną nomenklaturą.

Przez pewien czas MSZ, w którym pracowałem, trzymał się z boku od tych walk, udawało się nam nawet forsować decyzje, które doprowadzały Łukaszenkę do wściekłości, na przykład decyzje rozbrojeniowe, ale nie mogło to trwać długo.

Łukaszenkę widziałem tylko raz, przed moją nominacją na wiceministra. Audiencja u niego (na szczęście pierwsza i ostatnia) rozwiała moje nadzieje co do poczytalności tego człowieka. Byłem zaszokowany jego agresją bez powodu.

Pamiętam, że zaraz po tym spotkaniu zadzwoniłem do mojego przyjaciela, deputowanego do Rady Najwyższej Walancina Hołubiewa i poprosiłem go o rozmowę. Spacerowaliśmy po centrum Mińska, a ja mówiłem, że długo nie zagrzeję miejsca w rządzie. Walancin namawiał mnie, abym wytrwał i zajął się swoją pracą, dlatego że na nowym stanowisku mogę dużo zrobić.

Miesiąc później Walancin został pobity w sali parlamentu razem z grupą deputowanych, którzy zorganizowali głodówkę na znak protestu przeciwko planom Łukaszenki, by zmienić symbole narodowe. Walancin zadzwonił do mnie wcześnie rano i opowiedział, co się stało. Poradziłem, aby nagłośnił tę informację przede wszystkim w ambasadach. Kiedy tego samego dnia przyszedłem do pracy, poinformowano mnie, że ambasador USA Kenneth Yalowitz prosi o telefon. Wszyscy moi koledzy unikali kontaktów z nim. Ja od razu odpowiedziałem na jego prośbę. Teraz nie pamiętam, czy rozmawialiśmy przez telefon, czy ja go przyjąłem. Ken wyraził swoje oburzenie nocnym pobiciem parlamentarzystów. Poparłem go i poprosiłem, aby zwrócono uwagę na to przestępstwo. Ken według mnie speszył się. Było jasne, że za pobiciem stoją ludzie Łukaszenki. Jak widać, ambasador USA nie spodziewał się, że w MSZ nie tylko go wysłuchają, ale nawet poradzą, żeby ostro zareagował na działania władz. Było mi wszystko jedno, że telefony są na podsłuchu, że czekają mnie nieprzyjemności. Bardzo chciałem, żeby odpowiedzią na to przestępstwo była ostra reakcja międzynarodowa.

Miałem ochotę trzasnąć drzwiami z powodu sfałszowanego referendum, po którym na Białorusi pojawiły się niedorzeczne sowieckie godło i flaga.[57] Dużo różnych spraw zostało rozpoczętych i należało je dokończyć. Przyjaciele doradzali, żebym wytrwał. W zasadzie to właśnie wtedy, po „referendum" 1995 roku, podjąłem decyzję o odejściu.

Znałem niektórych ludzi z ekipy przedwyborczej Łukaszenki, szczególnie Anatola Majsenię. Był na Białorusi – w polityce, w sprawach analiz, w życiu intelektualnym – znaczącą osobą. Stworzył pierwsze centrum analiz „Wschód–Zachód". Był świetnym publicystą, człowiekiem o niewyczerpanej energii, próbował aktywnie wpływać na wszystko, co działo się na Białorusi. Przyjaźniłem się z nim, a jego aktywność przypadła mi do serca. Podobała mi się jego niewiarygodna zdolność uczenia się. Ogólnie, na początku lat dziewięćdziesiątych, nie mieliśmy ani analityków, ani dziennikarzy specjalizujących się w tematyce międzynarodowej. Teraz też nie ma ich wielu. Anatol próbował wypełnić sobą tę pustkę. Rozumiał, że młode państwo powinno mieć własny pogląd na świat. Nie wstydził się uczyć.

Uczestniczyłem jako ekspert we wszystkich spotkaniach przywódców Wspólnoty Niepodległych Państw. Anatol był na nich obecny jako dziennikarz. Pamiętam, jak szczegółowo analizowaliśmy te spotkania, to co było przed rozpoczęciem, w trakcie i po zakończeniu. Anatol często słuchał moich rad – z kim trzeba porozmawiać, kogo poprosić o komentarz. Podchodził do każdego, rozmawiał z każdym. Bardzo koncentrował się na tym, co chciał wyjaśnić, był tak przygotowany do każdej rozmowy, że jego rozmówcy, czy był to prezydent kraju WNP, czy generał, jeśli nawet na początku kręcili nosem, to później dawali się wciągnąć w jego emocjonalny sposób prowadzenia rozmowy i całkowicie się w niej zatapiali. Pamiętam, jak Anatolij po prostu zrobił nalot na marszałka Szaposznikowa, ówczesnego głównodowodzącego sił WNP, na płycie lotniska w Kijowie, i z marszu zaczął go przepytywać. Niezadowolenie Szaposznikowa z powodu natarczywości dziennikarza trwało dosłownie moment. Już po paru sekundach spacerowali razem po pasie lotniska, nie zwracając uwagi na mżawkę, całkowicie pogrążeni w rozmowie. Anatolij mówił szybko, lekko się zacinał, ale w czasie swoich wywiadów z dziennikarza stawał się równorzędnym rozmówcą. I tak właśnie był traktowany.

Wiosną 1994 roku w Zurichu odbywała się wielka konferencja międzynarodowa, w której uczestniczył Anatol Majsenia. Pracowałem wówczas w naszym przedstawicielstwie w Genewie i dowiedziawszy się o konferencji, pojechałem do Zurichu, żeby się z nim spotkać. Siedzieliśmy w holu hotelowym i rozmawialiśmy długo i szczegółowo. Została już wtedy przyjęta nowa konstytucja Białorusi, a kraj przygotowywał się do wyborów. Do wyborów szykował się także Łukaszenko, a Anatol był w jego ekipie. Właśnie wtedy przestawił mi strategię „młodych wilków", jak nazywano wówczas ekipę Łukaszenki: przede wszystkim wygrać wybory, a z nieokrzesanym Łukaszenką dadzą sobie radę, da się go kontrolować, będą mogli przeprowadzić niezbędne reformy. Byłem do tego sceptycznie nastawiony, mówiłem, że takie mierności ze względu na swoje braki w wykształceniu są niereformowalne i szukają najbardziej prymitywnych rozwiązań. Anatol gorączkował się, wyjaśniał, że usuną Łukaszenkę tak samo, jak go „stworzyli". Później Anatol Majsenia przeszedł do zdecydowanej opozycji w stosunku do tego, którego „stworzył". Jego znakomitą publicystykę, szczególnie artykuł *Białoruś we mgle*, należy omawiać w szkołach.

Anatol zginął 12 listopada 1996. W wersji oficjalnej Majsenia zasnął za kierownicą i spowodował wypadek. Jego prywatny samochód na 286. kilometrze szosy Brześć–Mińsk zderzył się z jadącym z naprzeciwka samochodem GAZ-53. Majsenia odniósł ciężkie obrażenia i zmarł w drodze do szpitala.

Śmierć Anatola była wstrząsem dla całej Białorusi, uprzedzała o nadchodzącej tragedii. Generał Juryj Zacharanka, były minister spraw wewnętrznych Białorusi, który od razu udał się na miejsce tragedii, stwierdził, że katastrofa nie była dziełem przypadku. Nie wiem, czy tak było. Wtedy o tym nie myślałem. Wydawało się to nieprawdopodobne.

Śmierć Anatola zakończyła ważny rozdział w życiu Białorusi, który tylko on mógł poprowadzić dalej.

Dwa i pół roku po śmierci Majseni przyszedł straszny dla Białorusi rok 1999, który na zawsze określił naturę reżimu Łukaszenki. Jeden za drugim zaczęli znikać bez śladu główni oponenci Łukaszenki. W tajemniczych okolicznościach błyskawicznie zmarł Hienadź Karpienka, bezsporny przywódca opozycji. O takich ludziach mówi się „znaczący". Faktycznie, gdzie się pojawił, od razu przyciągał uwagę. Wicemarszałek parlamentu, członek-korespondent Akademii Nauk, dyrektor wielkiego zakładu, sportsmen (sędzia piłkarski kategorii ogólnozwiązkowej), po prostu czarujący człowiek, uważany za swojego w każdym towarzystwie. Właśnie z nim wiązałem nadzieje na przemiany na Białorusi. Pracowałem z nim z satysfakcją, uznając jego autorytet i jego przywództwo.

W maju zniknął generał Juryj Zacharanka, współtowarzysz Karpienki, zajmujący się tworzeniem Związku Oficerów. Zacharanka był ministrem spraw wewnętrznych, odmówił wykonywania rozkazów Łukaszenki i został zdjęty ze stanowiska. W naszym „gabinecie cieni", na którego czele stał Hienadź Karpienka, generał Zacharanka odpowiadał za struktury siłowe, a Łukaszenko bał się go nie bez powodu. Po dymisji stał się wśród mundurowych jeszcze bardziej popularny.

We wrześniu tego samego roku, razem ze swoim przyjacielem biznesmenem Anatolem Krasouskim, zniknął Wiktar Hanczar, znakomity prawnik i mówca, człowiek o wodzowskich talentach i ambicjach. Należał do wąskiego kręgu ekipy Łukaszenki, zajął stanowisko wicepremiera w jego rządzie, ale bardzo szybko zrozumiał, że Łukaszenko uparcie prowadzi Białoruś w ślepy zaułek władzy autorytarnej. Hanczar odszedł ze stanowiska i został jednym z najbardziej znaczących liderów opozycji. Pracował z Karpienką.

W czerwcu następnego roku zniknął operator telewizyjny Źmicier Zawadzki, który wcześniej wchodził w skład grupy dziennikarzy dopuszczonych do nagłaśniania działań Łukaszenki.

Stało się jasne, że trwa operacja specjalna, mająca na celu wyeliminowanie przeciwników politycznych Łukaszenki. Pojawiła się informacja, że istnieją listy około stu osób przeznaczonych do likwidacji. Z kilku źródeł dowiedziałem się, że na tych listach jest również moje nazwisko. Trzeba było wyjechać na parę miesięcy z Białorusi, tym bardziej że na początku 1999 roku jeszcze przed zniknięciem polityków, na mnie, Źmiciera Bandarenkę i Aleha Biabenina napadli młodzi faszyści z Rosyjskiej Jedności Narodowej. Złamali mi żebra i nos. Dzięki poświęceniu Aleha i Źmiciera, którzy zrobili wszystko, aby ściągnąć atak faszystów na siebie, pozostałem przy życiu. Teraz wiem, że napad nie był przypadkowy. W tym strasznym dla Białorusi roku zginęli, a raczej zostali zabici, liderzy opozycji Hienadź Karpienka, Juryj Zacharanka, Wiktar Hanczar.

Łukaszenko miał rację, uważając mnie za swojego głównego wroga. Wiedział i widział, że kontynuuję tę samą linię, którą wyznaczyliśmy razem z Karpienką, Hanczarem i Zacharanką. Na pewno miałem szczęście, że po wielu latach przeciwstawiania się Łukaszence trafiłem „tylko" do Amerykanki, a nie zniknąłem jak moi koledzy i przyjaciele.

KAMPANIA WYBORCZA

Ta kampania prezydencka nie była podobna do poprzednich. Bazując na doświadczeniach wspólnego kandydata opozycji w latach 2001 i 2006, początkowo byłem przeciwny powtarzaniu starych scenariuszy, rozmawiałem praktycznie ze wszystkimi kandydatami na prezydenta, oprócz Źmiciera Ussa. Była to dla mnie osoba dziwna i przypadkowa. Decyzja o samodzielnym udziale w wyborach nie oznaczała, że nie powinienem współpracować z innymi kandydatami i liderami opozycji. Tym właśnie zajmowaliśmy się intensywnie.

Wstępne rozmowy zainicjował Stanisłau Szuszkiewicz. W 2008 roku w prasie pisano, że jestem gotowy stanąć na czele BNF i z ramienia tej partii startować na prezydenta. Twierdzono, że po cichu złożyłem wniosek o przyjęcie mnie do BNF i że już jestem członkiem tej partii. Nic podobnego nie miało miejsca, ale prowadzono rozmowy z Lawonem Barszczeuskim[58] i były to rozmowy poważne. Barszczewski jeszcze przed 2010 rokiem twierdził, że wystawi swoją kandydaturę, ale było widać, że bardzo tego nie chciał.

Kiedy ogłosiłem decyzję o kandydowaniu, podjęto rozmowy ze „starą gwardią" Frontu. Zwróciłem się do Wiktara Iwaszkiewicza i byłem pewien, że się włączy. Tak właśnie się stało. Początkowo, w 2009 roku, rozmawiałem z Barszczeuskim, kiedy był jeszcze przewodniczącym BNF, a także później, gdy został pozbawiony tego stanowiska. Lawon był jednym z tych, którzy usilnie namawiali mnie, abym kandydował, obiecując wszechstronne wsparcie. Chciał, żeby całą kampanię prowadził BNF, żeby Front decydował o całej strategii jako ta siła, która miała struktury na całej Białorusi.

Zabawnie było wysłuchiwać, jak przedstawiciele różnych partii mówili, że mają struktury zdolne do zorganizowania kampanii politycznej. W warunkach dyktatury partie ledwo dyszą, a ich struktury, czy to w Mińsku, czy w regionach, istnieją raczej na papierze niż w rzeczywistości.

Nasza ekipa zawsze miała struktury, które były tworzone zgodnie z zasadami nielegalnej działalności: istnieje kilku oficjalnych liderów, reszta działa w cieniu. Była to zasługa Żmiciera Bandarenki, od początku stosował taką zasadę w naszej pracy. Tak więc struktury mieliśmy, ale bezwarunkowo były zbyt skromne, żeby prowadzić pełnowymiarową kampanię prezydencką.

W końcu doszliśmy z Lawonem Barszczeuskim do porozumienia, umówiliśmy się, że stanie on na czele sztabu wyborczego. Następnie Barszczeuski zniknął. Dosłownie: nie odbierał telefonów, unikał spotkań. Wyłowiłem go na jakimś przyjęciu i powiedziałem, że pora oficjalnie ogłosić nasze plany. Miałem to zrobić w najbliższych dniach. Lawon zaskoczył mnie odmową. Była to pierwsza rozmowa po naszej umowie i jego nagła decyzja bardzo mnie zaskoczyła. Potem, kiedy doszedłem do siebie, stwierdziłem, że w zasadzie nie bardzo go widziałem w roli szefa sztabu. Był działaczem politycznym, a pracę sztabową i tak musiałby wykonywać ktoś inny. Barszczeuski, który wcześniej pretendował na stanowisko wspólnego kandydata opozycji, w kampanii 2010 i w organizacji wydarzeń na Placu nie brał żadnego udziału. Naczelnikiem mojego sztabu wyborczego został jeden z liderów ruchu „Żubr" Wład Kobiec. Podjęliśmy próby dogadania się z Alaksandrem Kazulinem[59]. Po jego wyjściu z więzienia w sierpniu 2008 był przez wiele osób uważany za poważną figurę w środowisku opozycji. Nie podzielałem tego poglądu, ale biorąc pod uwagę opinie ekipy, omawiałem z nim możliwe warianty. Kiedy Kazulin siedział, prowadziliśmy dość aktywną kampanię na rzecz jego uwolnienia w odróżnieniu od jego własnej partii, która go po prostu zdradziła, wyrzucając ze stanowiska przewodniczącego w czasie, kiedy przebywał za kratami.

Pewnego razu, było to w maju 2009 w Oslo, gdzie byliśmy razem z Alaksandrem Kazulinem i Anatolem Labiedźką (przewodniczącym Zjednoczonej Partii Obywatelskiej), spróbowałem zaproponować pewien plan działań opozycji. Idea była prosta – należało określić, jakie są realnie działające grupy opozycyjne i ich liderzy, wyznaczyć główne kierunki działania przed wyborami prezydenckimi, ustalić podział obowiązków, pozostawiając na razie na uboczu sprawę wspólnego kandydata opozycji. Wydawało mi się, że można było stworzyć w ten sposób silną grupę, która wyznaczyłaby lidera. Na moją propozycję nie zareagowano.

Nie wracałem więcej do tej rozmowy, przeprowadzonej w czasie podróży pamiętnej tym, że w tamtych dniach w konkursie Eurowizji zwyciężył norweski Białorusin Alaksandr Rybak (dzwoniliśmy nawet z gratulacjami do ambasady Norwegii w Moskwie, gdzie świętował swoje zwycięstwo). Nawiasem mówiąc, piosenkarz Rybak, syn uciekinierów z Białorusi, po konkursie Eurowizji radośnie spotykał się z Łukaszenką i prezentował swoje z nim zdjęcia w Internecie.

Rozmowy z Kazulinem kontynuowałem na Węgrzech, w Sopronie, dokąd zaprosił nas mój dobry przyjaciel jeszcze z czasów służby dyplomatycznej, ambasador István Gyarmati na dwudziestą rocznicę Pikniku Paneuropejskiego. Gdzie moglibyśmy poważnie porozmawiać, jak nie za granicą? Próbowałem omówić ewentualną współpracę, dowiedzieć się, jakie są plany Kazulina na kampanię prezydencką. Po rozmowie, która była dla mnie poważnym wstrząsem, nie mogłem już traktować Kazulina jak ewentualnego sojusznika. Alaksandr przerwał moje próby omawiania sytuacji i zaczął mnie otwarcie zastraszać. Stwierdził, że nie powinienem się pchać w kampanię, że zabiją mnie i moją rodzinę, że nie wyobrażam sobie, jacy straszni ludzie są przy władzy.

Wszystko to bardzo przypominało przesłanie KGB, którego celem było zastraszenie i wykluczenie mnie z wyborów. Kazulin – w odróżnieniu od naszych wcześniejszych rozmów o możliwej współpracy – teraz rozmawiał ze mną twardo, myśli formułował wyraźnie. Nie chcę osądzać jego motywów, ale tego wieczoru straciłem ewentualnego sojusznika, a nieprzyjemny osad po tej rozmowie pozostał do dziś.

W POSZUKIWANIU SOJUSZNIKÓW

Pierwszym kandydatem na prezydenta, który zaproponował mi współpracę, był Aleś Michalewicz. Zrobił to przez swojego zaufanego człowieka, który później pracował przy mojej kampanii. Propozycja była jasna. Plan był następujący: zapraszano mnie, abym uczestniczył w scenariuszu „Dubler" – chodziło o to, że idziemy do wyborów we dwójkę, a kiedy jednego z nas usuwają z kampanii, drugi ją kontynuuje.

– Usuwają – to znaczy zabijają? – spytałem.
– Wszystko jest możliwe – odpowiedział emisariusz.
– Jeśli proponują coś takiego, to zakładają, że usunięty zostanę właśnie ja, prawda?
– Niekoniecznie, ale raczej tak.

Propozycja była śmieszna. Spotkałem się jeszcze później parę razy z Michalewiczem, ale nie było o czym rozmawiać, ponieważ budował swoją kampanię nie jako opozycję wobec dyktatury, lecz jako alternatywę biznesowo-apolityczną. Nie mieliśmy wspólnej płaszczyzny.

Z Ryhorem Kastusiowem[60] poznaliśmy się jeszcze przed wyborami 2006 roku. Przedstawił mu mnie ówczesny kandydat opozycyjny Alaksandr Milinkiewicz. Kastusiou był w jego ekipie. Moje pierwsze wrażenie nie zmieniło się aż do dziś. Od pierwszego spotkania było jasne, że Kastusiowa interesuje tylko możliwość zarobienia na kampanii. Proponował Milinkiewiczowi pośrednictwo w kontaktach z biznesmenami z Rosji pochodzenia białoruskiego. Nic więcej go nie interesowało, choć rozmowa dotyczyła także strategii. W czasie kampanii 2010 roku starałem się utrzymywać z Kastusiowem poprawne stosunki, choć widziałem, że próbuje obwołać mnie kandydatem promoskiewskim i zyskać na tym parę punktów dla siebie i swojej kampanii. Później stało się jasne, że jest on faworytem władz, jako najsłabszy z kandydatów. Łukaszenko chwalił go publicznie, a w telewizji białoruskiej pomagano nagrywać jego wystąpienia.

Moją domniemaną „promoskiewskość" próbował wykorzystać także inny kandydat Wital Rymaszeuski[61]. W kampanii był bardzo aktywny, jednocześnie jego partia Białoruska Chrześcijańska Demokracja stale wychodziła z inicjatywami połączenia sił w kampanii. W pewnej chwili członkowie sztabu Rymaszeuskiego przyznali, że chcą tego głównie ze względu na problemy z zebraniem podpisów. Później w jakiś cudowny sposób problem podpisów został rozwiązany i Rymaszeuski wystartował jako samodzielny kandydat. Nigdy zresztą nie ukrywał, że uczestniczy w wyborach wyłącznie w celu wypromowania siebie i partii. Tym niemniej jeszcze przed wyborami Żmicier Bandarenka proponował Rymaszeuskiemu i współprzewodniczącemu partii Pawłowi Siewiaryniecowi[62], żeby stanęli na czele naszego sztabu przedwyborczego. Oczywiście po dogadaniu się z BChD co do ogólnej strategii. Ale liderzy BChD odmówili.

Przed wyborami spotkałem się z ewidentnie „nasłanym" kandydatem Wiktarem Ciareszczanką[63]. Spotkałem się z nim nie z własnej inicjatywy i nie z własnej woli. Prosił mnie o to szanowany członek naszej ekipy. Ciareszczanka starał się „sprzedać" jak najlepiej, mówił o swoim znaczeniu, proponował współpracę między ekipami i wyraźnie chciał, żebyśmy publicznie ogłosili nasze wspólne plany. Zapewniał, że znamy się od dawna, choć widziałem go pierwszy raz na oczy, i że właśnie on zaproponował mnie na stanowisko wiceministra w odległym roku 1994. Dlaczego kłamał – nie rozumiem. Intuicyjne podświadome przeświadczenie, że jest to człowiek podstawiony, po tym spotkaniu nie zmieniło się, więcej spotkań sam na sam nie było.

Z Mikołą Statkiewiczem nie musiałem się spotykać. Obaj wiedzieliśmy, że swoich decyzji nie zmienimy, a możliwości współpracy w tamtym czasie nie było. Statkiewicz szedł w tandemie z najdziwaczniejszym kandydatem, Ussem. Z Mikołą spotkaliśmy się w przeddzień wyborów i umówiliśmy się, że będziemy koordynować działania na Placu w zależności od rozwoju sytuacji.

Mikoła odegrał ważną rolę w całej kampanii. Dobrowolnie wziął na siebie zadanie najbardziej radykalnego kandydata i dostał za to najwyższy wyrok. Na finiszu kampanii Statkiewicz wykonał kilka mocnych i wyrazistych posunięć, przede wszystkim w swoich wystąpieniach telewizyjnych, co dało dobry impuls całości naszych działań agitacyjnych.

Najbardziej interesowała mnie współpraca ze Zjednoczoną Partią Obywatelską (ZPO)[64]. Stara gwardia ZPO nie akceptowała kandydata Jarosława Romańczuka[65]. Nie było to dla nikogo tajemnicą. Byli gotowi poprzeć Anatola Labiedźkę. Rozumieli, że kandydatura Romańczuka miała pomóc pozyskać finansowanie, zaakceptowali poufną decyzję lidera partii Labiedźki i jego zastępcy Romańczuka jako zło konieczne. Miałem dobre stosunki z wieloma członkami ZPO. Byli to jedyni ludzie, których chciałem widzieć w naszej ekipie, nie tymczasowo, ale jako wartościowych jej członków. Próbowałem rozmawiać z Anatolem Labiedźką, proponowałem połączenie sił, ponieważ ich kandydat nie miał szans, a jako ekspert do spraw gospodarczych mógłby odegrać swoją rolę. Anatol zaszokował mnie swoją odpowiedzią: „Wiesz, mamy teraz w ekipie taką znakomitą atmosferę, że nie zamierzam jej psuć". Jak widać, w tej atmosferze zrodził się nie kandydat na prezydenta Romańczuk, ale Romańczuk – donosiciel, który wystąpił w telewizji publicznej BT od razu po masowej rzezi w centrum Mińska, żeby rzucać oszczerstwa na swoich kolegów.

Kandydatem, z którym zawarliśmy luźne porozumienie, był Uładzimir Niaklajeu. Poetę Niaklajewa znałem wystarczająco dawno, ale kandydata na prezydenta Niaklajewa nie rozumiałem. Kampania Mów Prawdę! zrodziła się niespodziewanie, została opracowana dla Niaklajewa i nie zawierała żadnych konkretnych haseł. Tym niemniej jego ugrupowanie uzyskało pokaźne środki finansowe, z czym należało się liczyć.

Pierwszą próbę połączenia sił podjął Niaklajeu. Dość specyficzną. Latem 2010 roku spytał, czy nie wycofałbym swojej kandydatury na jego korzyść za określoną kwotę. Odmówiłem, nie poruszając tematu pieniędzy. Wymieniono mi ją później w KGB. Ponoć Niaklajeu chciał mi zaproponować półtora miliona dolarów za zgodę. To dużo, ale gdyby nawet zaproponował mi wtedy tę sumę, decyzji bym nie zmienił.

Kontakty z ekipą Niaklajewa trwały jeszcze podczas kampanii za pośrednictwem byłych aktywistów ruchu młodzieżowego „Żubr", którzy weszli do jego sztabu. W końcu zdecydowaliśmy się na sojusz. W tym czasie było już jasne, że jesteśmy liderami w wyścigu prezydenckim. Spotkaliśmy się we dwóch w kawiarni „Astara" w centrum Mińska, porozmawialiśmy o tym, w jakich dziedzinach możemy współpracować i zawarliśmy dżentelmeńskie porozumienie. O tym spotkaniu, zorganizowanym w konspiracji, opowiedziano mi potem szczegółowo w KGB.

Porozumienie to pozwoliło na przeprowadzenie kilku pamiętnych akcji, na przykład – wspólnych mityngów na placu przy dworcu i na placu Swobody. Wzmocniło naszą kampanię.

Ciekawy fakt: spośród dziewięciu kontrkandydatów Łukaszenki pięciu świadczyło na moją niekorzyść – przed kamerami białoruskiej telewizji i w mediach albo w trakcie przesłuchań: Romańczuk, Kastusiou, Rymaszeuski, Ciareszczanka i Uss.

STARTUJEMY

Rozpoczynając kampanię, postanowiliśmy, że po każdym etapie będziemy podejmować wyważone decyzje o jej kontynuowaniu. Szczerze mówiąc, nie zawsze nam to wychodziło, ciągle brakowało czasu, a dynamika kampanii dyktowała swoje warunki. Nie mieliśmy środków nawet na normalny start, ale wsparcia przybywało z każdym dniem. Momentem przełomowym był, jak się wydaje, nagły wzrost liczby członków grupy inicjatywnej, którzy zbierali podpisy.

Siedem pierwszych setek wolontariuszy pojawiło się dość szybko. Byli to nasi aktywiści ze wszystkich regionów Białorusi. Potem nabór lekko przyhamował. Zgłaszano się przez Internet, mobilizowano krewnych, przyjaciół, znajomych – w końcu ludzi było aż za dużo i trzeba było odmawiać. Nasza grupa inicjatywna liczyła 2003 osoby. Najstarsza z nich była teściowa Stanisława Szuszkiewicza, Galina Matwiejewna Simonienko, urodzona w roku 1913. Zbierała podpisy wśród swoich przyjaciół i sąsiadów.

Po takim wzroście sił przybyło nam pewności siebie.

Początek akcji zbierania podpisów też dawał nadzieję. Od pierwszego dnia pod naszymi punktami stały kolejki. U innych kandydatów tego nie było. Ludzie przychodzili do nas od razu z dokumentami, przygotowani do złożenia podpisu właśnie na naszych formularzach. Niektórzy specjalnie przyjeżdżali z pobliskich miast. Punkty zbierania podpisów na Łukaszenkę wyglądały żałośnie, zbierający marzli samotnie, w większości były to kobiety lub członkowie Białoruskiego Republikańskiego Związku Młodzieży, chętnych jakoś brakowało, przechodnie rzucali krzywe spojrzenia.

Zbieranie podpisów przypominało pierestrojkę, ludzie najpierw z obawą, a potem coraz śmielej toczyli publiczne dyskusje, nie bali się żadnych zakazów. Po paru tygodniach we wszystkich punktach trwały gorące dyskusje o sprawach najprostszych i najbardziej skomplikowanych. Członkowie grup zbierających podpisy, z których wielu nie miało do czynienia z działalnością społeczną, uczyli się sztuki prowadzenia dyskusji publicznych, umiejętności obrony swoich poglądów.

I to się im podobało.

Udało mi się wziąć udział w spotkaniach w punktach zbierania podpisów w Mińsku, Grodnie, Baranowiczach, Mohylewie, Brześciu, Mołodecznie i innych miastach. Atmosfera była radosna. Nieliczni obrońcy Łukaszenki, nasłani lub szczerze w niego wierzący, z początku próbowali skakać nam do gardeł, urządzać skandale, prowokować konflikty, ale napotkali na opór większości i w rezultacie albo odchodzili, albo wdawali się w normalną dyskusję. I to cieszyło najbardziej – przywrócenie tradycji dyskusji między oponentami.

Ludzie, którzy przyszli na spotkania podpisać się lub dowiedzieć, kim jestem, stopniowo zaczęli ze mną rozmawiać, traktując mnie jak przedstawiciela już istniejącej władzy, domagając się rozwiązywania swoich problemów i nie uznając sprzeciwu. W jednym z punktów podeszła do mnie niemłoda Cyganka i zażądała, abym natychmiast zajął się przeciekającym dachem w jej domu, urządzeniem podwórek w jej dzielnicy i innymi ważnymi sprawami. Po wyjaśnieniu, że wszystkie postulaty będę przyjmować po wyborach, zaprezentowała bardzo profesjonalne podejście lidera opinii publicznej w swojej wspólnocie – obiecała, że zapewni wiele podpisów na moją kandydaturę, jeśli odpowiem na jej pytania. Pytań zadawała dużo, żądała konkretnych odpowiedzi. Po zakończeniu powiedziała, że idzie zbierać ludzi, aby mnie poparli. Odeszła, ale wróciła i poprosiła choćby o parę tysięcy. A ja już czułem się taki dumny ze swoich zdolności przekonywania...

Pewnego razu w punkcie zbierania podpisów podszedł do mnie mężczyzna w średnim wieku, po którym było widać, że pije dużo i od dawna. Poprosił mnie na bok. Odszedłem w przekonaniu, że chce pieniędzy na wódkę. Było przed południem.

– Słuchaj, kandydat – powiedział wyborca, ziejąc wczorajszą wódką – przy nim to ja nie rzucę picia.

Było jasne, o kogo chodziło z tym „przy nim"...

– Dlaczego? – zainteresowałem się niezwykłym początkiem rozmowy.

– Próbowałem, ale nie wychodzi – powiedział mężczyzna tak, że było wiadomo, że próbował.

– A bez Łuki?

– Myślę, że dałoby radę. Ty się za to zabierz.

– Postaram się tylko pod jednym warunkiem.

– A jakim?

– Głosować będziesz na trzeźwo.

– Dobrze – i rozmówca odszedł zdecydowanym krokiem.

Człowiek zaczął mieć cel. Jak widać, słowa dotrzymał, skoro zwyciężaliśmy.

Punkty zbierania podpisów stały się miejscem minimityngów, w których oprócz mnie uczestniczyli członkowie ekipy. Z każdym dniem przybywało nam pewności, że udało się obudzić w ludziach aktywność. Łukaszenko z hukiem przegrywał w oczach opinii publicznej.

Ekipa pracowała z pełnym oddaniem. Galina Jurina, Dzmitry Barodka, Jauhen Afnagel zarządzali całością, nie bali się niczego, kierowali się obowiązkiem moralnym. Lida Czystowa odpowiadała w naszej ekipie za działalność w zakresie obrony prawa. Zajmowanie się obroną praw człowieka w czasie kampanii prezydenckiej w kraju dyktatury oznaczało pracę całodobową. Żmicier Bandarenka obserwował codziennie dynamikę zbierania podpisów i koordynował całość działań. Kontrola prawdziwości podpisów należała do zadań Walentyny Swiatskiej i Galiny Siemdianowej. Tu można było być spokojnym, żadne próby złożenia wątpliwych podpisów by nie przeszły. Wład Kobiec i Łarysa Korolenko pedantycznie i dokładnie zabezpieczali przekazywanie podpisów do biura wyborczego. Na tle innych kandydatów, sprawy dotyczące zebranych podpisów zostały załatwione bez zarzutu.

Po Mińsku rozbijał się samochodem niezmordowany Andruś Kreczka, organizacją punktów zbierania podpisów zajmował się w stolicy były członek specnazu Wasyl Żorau. Jeden z większych punktów mieliśmy koło GUM-u. Codziennie, gdy Wasyl podjeżdżał pod GUM rozstawiać namiot i stoliki, czekał na niego funkcjonariusz milicji. Był tam zakaz zatrzymywania. Codziennie Wasyl płacił mandat, ale nasz punkt działał. Wiele podpisów udało się zebrać przy hipermarkecie Hippo w Sieriebrance. Pracowała tam Olga Bandarenka.

W czasie zbierania podpisów trzeba było kserować wypełnione listy – kampania odbywała się w kraju dyktatury. Pod wynajętymi mieszkaniami, gdzie zajmowano się tymi sprawami, całodobowo dyżurowali szpicle, od czasu do czasu robiło się niepojęte zamieszanie, w którym uczestniczyło kilka samochodów i większa ilość tajniaków. Albo chcieli nas nastraszyć, albo przygotowywali prowokacje.

Oprócz członków grupy inicjatywnej, podpisy zbierali znajomi, znajomi znajomych i nieznajomi, którzy współpracowali z oficjalnymi zbierającymi, żeby wszystko było zgodne z prawem. Aktywnie włączali się krewni członków ekipy. Koleżanki mojej mamy zapomniały o chorobach, żwawo obchodziły swoich znajomych i sąsiadów. Zbierałem podpisy nie tylko w miastach, ale i we wsiach. Interesujące było poznanie poglądów ludzi na wsi, których wszyscy możliwi eksperci automatycznie zaliczali do elektoratu Łukaszenki. Nic bardziej mylnego. Odwiedziłem kilka wsi, nikt tam nie popierał obecnej władzy, za to pretensji było mnóstwo.

Zbieranie podpisów skończyło się. Zebrano ich gdzieś około 200 tysięcy przy wymaganych 100 tysiącach. Po weryfikacji pozostało 150 tysięcy „pewnych" podpisów, które przekazano do biur wyborczych. Ta faza kampanii dobiegła końca. Dla wszystkich było jasne, że wymaganą liczbę podpisów zebrało najwyżej trzech kandydatów. Łukaszenko i Jarmoszyna[66], szefowa Centralnej Komisji Wyborczej, musieli teraz ogłosić decyzję. Byłem całkowicie pewien autentyczności naszych podpisów, ale nie chodziło o liczbę i prawdziwość, lecz o to, co zrobią władze. Mogły nas po prostu nie zarejestrować. Byliśmy na to przygotowani i planowaliśmy, że w przypadku odmowy zarejestrowania od razu ogłaszamy protest i wyprowadzamy ludzi na ulicę.

Na posiedzeniu CKW w sprawie rejestracji kandydatów wezwałem do przestrzegania prawa i uczciłem pamięć zabitego przez reżim Wiktara Hanczara, byłego przewodniczącego CKW. Jarmoszynie, w odróżnieniu od większości kandydatów, ręki nie podałem. Denerwowała się, zwłaszcza gdy wspominałem Hanczara.

WYZWANIE RZUCONE DYKTATURZE

Zostałem zarejestrowany, ale oficjalnie zarejestrowano także pozostałych kandydatów. Wszystkich ich było dziesięciu.

Nie mogę zrozumieć, dlaczego zabrakło odwagi i uczciwości kandydatom, którzy podpisów nie zebrali. Dlaczego nie przyznali tego otwarcie? Było to najbardziej podłe posunięcie w historii opozycji białoruskiej. Zadano cios zasadom moralnym, na których opozycja obowiązana jest budować swoją działalność. Nie mam pretensji jedynie do Mikoły Statkiewicza – w 2006 roku nie mógł uczestniczyć w wyborach prezydenckich z powodów prawnych, ponieważ był prześladowany. W roku 2010 Mikoła szedł na wojnę z dyktaturą i nie było dla niego ważne, czy go zarejestrują, czy nie. Dlaczego inni kandydaci zgodzili się stanąć do wyborów bez zebranych 100 tysięcy podpisów, pozostaje dla mnie zagadką.

W warunkach dyktatury nie da się, niestety, otwarcie złapać nieuczciwych kolegów za rękę. Przemilczeliśmy bezprawie, choć było nam niezręcznie wobec ludzi, którzy dali z siebie wszystko przy zbieraniu podpisów, a zostali zrównani z manipulantami. Nic się nie dało zrobić, kampania trwała nadal. Trzeba było wykorzystać ten „urodzaj" kandydatów, także tych, którzy nie mieli prawa w niej uczestniczyć.

Postanowiliśmy wyrazić swój sprzeciw wobec dyktatury, licząc na włączenie wszystkich kandydatów i ich ekip do poparcia idei masowych demonstracji w dniu wyborów. Cel osiągnęliśmy.

Zaczęła się sama kampania wyborcza – sprawa dla mnie nowa. Bycie kandydatem politycznym to szczególna rola. Trzeba było odpowiednio się zachowywać, odpowiednio mówić, odpowiednio gestykulować. Trzeba było przygotować się do wystąpień na żywo, do prowadzenia dialogu z tysiącami ludzi w wielkich salach. Posłusznie robiłem to, czego nie robiłem wcześniej i, jak się okazało, nie cierpiałem robić. Chodziłem na sesje fotograficzne, wysłuchiwałem porad stylistów i piarowców, nakręcałem próbne wywiady na wideo. Paweł Marynicz i jego przyjaciele rozwinęli działalność na szeroką skalę, poznając mnie ze specjalistami od PR, stylistami i artystami fotografikami. Kilka razy spotkałem się z profesorem, wykładowcą sztuki aktorskiej Andrejem Andrejewiczem Kaladą, uczniem mojego dziadka, starając się zrozumieć i opanować techniki wystąpień publicznych.

Wszystko to pomagało, ale trzeba było znaleźć jakiś punkt oparcia. Znalazłem go – uznałem, że należy zachowywać się naturalnie. Każdy fałsz w zachowaniu lub rozmowie natychmiast „odrzucał" mnie od rozmówcy, czasem na zawsze. W czasie spotkań z wyborcami zrozumiałem, że można pokazać te wszystkie strony własnej natury, jakich nie pokazuje się na co dzień.

W zwykłym życiu nie musisz być trybunem, możesz pozwolić sobie na luźne rozmowy. W czasie kampanii musisz być mówcą, musisz sprężyć się i myśleć szybko, szybko reagować i używać konkretów. Miałem doświadczenia z wystąpień przed sporymi audytoriami, z uczestnictwa w dużych konferencjach, gdzie trzeba było twardo dyskutować. Przypomniałem sobie to wszystko i zastosowałem w kampanii wyborczej. Jak wyszło – nie do mnie należy osąd, nie czułem jednak dyskomfortu podczas wystąpień publicznych i sesji zdjęciowych. Moim nad wyraz wymagającym krytykiem był znakomity reżyser Jury Chaszczawacki. Dał mi kilka prostych rad, jak przygotować się do nagrywania lub do występu na żywo, żeby czuć się dobrze przed kamerą. Podpowiedzi okazały się nieocenione. Jury ma bystre oko i zawsze robi bardzo celne uwagi. Może powiedzieć dwa słowa i będą to akurat te słowa, które pomogą ci usunąć błąd, jaki popełniasz podczas wystąpień. Dlatego czułem się uskrzydlony, kiedy parę razy zadzwonił do mnie i powiedział, że wszystko było w porządku. Nie oznaczało to, że tak faktycznie było, tylko to, że nie zaliczyłem większych wpadek.

Kampania – to kilka rodzajów działań, które wymagają pełnego zaangażowania. Należą do nich spotkania z wyborcami, kontakty z prasą, wystąpienia w radiu i telewizji. W 2010 roku po raz pierwszy za czasów Łukaszenki na Białorusi kandydatom dano możliwość wystąpień na żywo. Każdy z kandydatów otrzymał dwa razy po pół godziny czasu antenowego. Każdego wieczoru występowały dwie osoby. Prezentacje miały zakończyć się na dwa tygodnie przed wyborami. Było jasne, że pozostały czas przewidziano dla jednego tylko kandydata – dla Łukaszenki.

Zgodnie z losowaniem Centralnej Komisji Wyborczej moje wystąpienia miały mieć miejsce 25 listopada i 1 grudnia. Były też zaplanowane dwa wystąpienia w radiu – wcześnie rano, o godzinie 6.00. Z radiem było prościej. Człowieka nie widać, może czytać z kartki. W sztabie postanowiliśmy, że w radiu powiem to samo co w telewizji. Do audycji telewizyjnych trzeba się było poważnie przygotować. Tym bardziej że moje doświadczenia w wystąpieniach na żywo przed kamerą były skromne.

Kilka razy przerabialiśmy teksty wystąpień, potem dziesiątki razy odczytywałem je głośno, zapamiętując odpowiednie fragmenty. Postanowiłem, że nie warto uczyć się ich na pamięć. Nie byłem zbyt zadowolony z mojego debiutu w telewizji, ale okazało się, że zrobił on furorę. Wystąpienie kandydata na prezydenta, który w telewizji nazywa rzeczy po imieniu, dało Białorusinom, żyjącym wiele lat w dyktaturze, nadzieję na zmianę na lepsze.

Dobry wieczór, drodzy rodacy! Wyobraźcie sobie: 20 grudnia, zwyciężyliśmy, dyktatura odeszła w przeszłość, Łukaszenko prywatnym samolotem uciekł do Wenezueli... Miliony ludzi z okrzykami „Hura!" i „Niech żyje Białoruś!" wyszły na ulice. Telewizja białoruska przeprowadza transmisję na żywo z ulic Mińska. Szesnaście lat czekaliśmy na to zwycięstwo. Ten dzień właśnie nastąpił. Pozbyliśmy się korupcji i złodziei, mafii we władzach.

Każdy z nas marzy, aby żyć w wolnej Białorusi, gdzie panuje dobrobyt, gdzie szanuje się człowieka, gdzie żyje się bezpiecznie, spokojnie i radośnie. 19 grudnia możemy to marzenie ziścić. Wybrać właśnie tę Białoruś, o której od dawna marzymy.

Łukaszenko już przegrał. Zbierano podpisy i wszyscy widzieliśmy, że koło stanowisk z jego portretem było pusto. Do punktów zbierania podpisów na niego zganiano nauczycieli i wychowawców z przedszkoli. Nikt do tych punktów nie podchodził. Łukaszenko nie ma wsparcia w narodzie.

On to wie. Bał się nawet przyjść osobiście, żeby zarejestrować się jako kandydat na prezydenta. Mnie po zarejestrowaniu się witali na Placu moi przyjaciele, bliscy, nawet nieznajomi ludzie, którzy przyszli z gratulacjami i wyrazami poparcia. Ani jeden człowiek nie przyszedł pogratulować Łukaszence. Minister edukacji Radzkow, który otrzymał w jego zastępstwie zaświadczenie o byciu kandydatem, wyszedł z Pałacu Republiki przez nikogo niezauważony i dla nikogo nieinteresujący.

Do zmiany władzy i wyzwolenia kraju pozostało zaledwie parę tygodni. Jak dotychczas Białoruś nazywana jest ostatnią dyktaturą Europy i nazywana jest tak nie bez racji. Dokładnie pamiętamy tę chwilę, w której Białoruś zaczęła się staczać ku dyktaturze. 14 listopada 1996 przewodniczący Centralnej Komisji Wyborczej Wiktar Hanczar został bezprawnie zdjęty ze swojego stanowiska przed referendum.

Tamten rok powinien być ostatnim rokiem Łukaszenki. Referendum, które przeprowadził w celu zniszczenia naszej konstytucji i całkowitego zagarnięcia władzy, było bezprawne. Hanczar nie dopuściłby do niego. Łukaszenko przy pomocy swoich ochroniarzy usunął Hanczara z Centralnej Komisji Wyborczej i postawił na jego miejscu swojego człowieka – radcę prawnego z Bobrujska, Lidiję Jermoszynę, której głównym zadaniem od tego czasu jest fałszowanie wyborów i niedopuszczanie obserwatorów do podliczania głosów, ukrywanie dorzucania paczek sfałszowanych list do urn wyborczych. Żadne wybory ani referendum przeprowadzone przez Jermoszynę nie zostały uznane przez społeczność światową. Dzisiaj na Jermoszynę nałożono sankcje międzynarodowe, tak samo jak na funkcjonariuszy struktur siłowych, podejrzewanych o zabójstwa liderów opozycji. Nawet przeciw Łukaszence sankcji nie zawieszono. O jakich uczciwych wyborach mówimy?

Właśnie wtedy, w listopadzie 1996, odszedłem ze stanowiska wiceministra spraw zagranicznych Białorusi. Bardzo lubiłem swoją pracę. Byłem szczęśliwy, że mogę pracować na rzecz niezależności naszej ojczyzny, wspierać wzrost jej autorytetu na świecie. Nie mogłem jednak pozostać w służbie państwowej po tym, gdy w kraju przestało działać prawo, a podział władzy został ostatecznie zlikwidowany. Zrozumiałem, że należy walczyć o przywrócenie na Białorusi praworządności. Zrozumcie mnie. Jestem zawodowym dyplomatą, do pracy przyszedłem za czasów naszego rodaka Andrieja Andriejewicza Gromyki. Widziałem, że Łukaszenko oszukiwał naszych partnerów zagranicznych, tak samo jak oszukiwał naród. Nie chciałem brać w tym udziału.

Podział władzy jest podstawą normalnego społeczeństwa. Jeden segment władzy kontroluje drugi, a wszystkie są niezależne od siebie: parlament, rząd i sądownictwo. Dlaczego Łukaszenko zniszczył ich niezależność? Dlatego, że w przeciwnym razie odpowiadałby przed parlamentem, w którym byli godni politycy, rozumiejący, co się dzieje w kraju. Zniesienie trójpodziału władzy było mu potrzebne, żeby bez żadnej kontroli przywłaszczać sobie nasze pieniądze, tworzyć kosztem narodu własne, przez nikogo niekontrolowane fundusze. Opowiada, że nasze podatki idą na płace lekarzy i nauczycieli. Ale spytajcie lekarzy i nauczycieli, czy są zadowoleni ze swoich zarobków. Oczywiście – nie są. Białoruś przez długi czas zajmowała jedno z pierwszych miejsc w świecie, jeśli chodzi o wysokość podatków, którymi obciąża się obywateli. Na co więc idą nasze pieniądze? Idą do osobistej kieszeni Łukaszenki, za nasze pieniądze woził swoją świtę w góry na narty, utrzymuje zbiegłego z Kirgizji dyktatora Kurmanbeka Bakijewa, który mieszka tu na nasz koszt jak padyszach, urządza sobie święta. Nawet dożynki nie mają nic wspólnego z ludowym świętem zbiorów, przekształciły się w pokazówkę dyktatora. Za te pieniądze można by wyleczyć tysiące dzieci, którym Ministerstwo Zdrowia odmawia opłacenia leczenia, bo w budżecie nie ma na to pieniędzy. Jesteśmy zmuszeni zbierać je na całym świecie. Zwróćcie uwagę, ile numerów kont, na które można przekazać pieniądze na chore dzieci, wisi w każdym banku. Państwo odmówiło im pomocy i jedyne, co może dla nich zrobić, to pozwolić na otwarcie konta bankowego.

W 1996 roku, kiedy Łukaszenko bezprawnie przejął władzę w państwie, stracił prawo do nazywania siebie wybranym prezydentem Białorusi. Stał się zwykłym uzurpatorem, tak jak przywódcy latynoamerykańskich junt i afrykańscy dyktatorzy-ludożercy, jak drobni führerowie typu Ceausescu.

Z tego powodu Białoruś zatrzymała się w rozwoju na długie lata.

Dopóki dyktatorzy bezprawnie dzierżą władzę, próbują przekonać społeczeństwo, że kraj kwitnie. Białorusini są mądrym narodem i od dawna nie wierzą w bajki Łukaszenki. Chcą żyć w normalnym, wolnym kraju dobrobytu. Dlaczego więc Łukaszenko utrzymuje się bezprawnie przy władzy już czternaście lat?

Są dwie przyczyny. Pierwsza to taka, że reżim już w końcu lat dziewięćdziesiątych zamordował tych liderów, którzy mogli przeciwstawić się Łukaszence. 7 kwietnia 1999 w dziwnych okolicznościach zmarł mój przyjaciel Hienadź Karpienka – członek korespondent Akademii Nauk, wicemarszałek Rady Najwyższej, który stworzył „gabinet cieni" i był gotów wziąć na siebie odpowiedzialność za uwolnienie Białorusi od dyktatury. Gdyby Karpienka pozostał przy życiu, od dawna żylibyśmy w innym, szczęśliwym kraju.

7 maja 1999 został porwany i zabity Juryj Zacharanka – były minister spraw wewnętrznych, którego kariera państwowa zakończyła się w chwili, gdy na stwierdzenie Łukaszenki: „Powinieneś wykonać każdy rozkaz prezydenta", odpowiedział: „Strzelać do ludzi nie będę". Zachował honor oficera, ale stracił życie. Juryja Zacharankę szanowała i milicja, i wojsko. Gdyby pozostał przy życiu, Białoruś byłaby już wolna.

Wiktar Hanczar i jego przyjaciel Anatol Krasouski zostali porwani i zamordowani 16 września 1999. Hanczar nie dopuściłby do bezprawia. Gdyby żył, nasze głosy w wyborach nie byłyby wyrzucane do śmietnika prosto z urn. Już dawno odzyskalibyśmy prawo do wolnych wyborów. Znałem tych ludzi, pracowałem z nimi i widziałem w nich liderów wolnej Białorusi. Dzisiaj bronię tych samych zasad, co i oni.

Jestem pewien, że wkrótce rozpoczną się dochodzenia w sprawie porwań, a winni zostaną ukarani.

Drugą przyczyną długoletniej dyktatury jest cierpliwość narodu białoruskiego. Łukaszenko zastraszył wielu, robiąc z nich niewolników systemu kontraktowego. Jedno nieostrożnie rzucone słowo może kosztować człowieka pracę. Po prostu nie przedłużą mu kontraktu. Jest to najprostszy sposób, żeby ludzie bali się własnego cienia i myśleli tylko o tym, by za dużo nie powiedzieć.

Studenci, którzy jeszcze nie są związani łańcuchami kontraktów, są straszeni wyrzuceniem ze studiów, z akademika lub pozbawieniem stypendium. Grożąc czymkolwiek z tej listy, władza zagania ich na prawybory – nawiasem mówiąc jest to bezczelny sposób fałszowania wyborów. W weekendy muszą uczestniczyć w widowiskach z udziałem Łukaszenki i jego przyjaciela Hugo[67], gdzie udają szczęśliwe masy ludowe. Wychodzi na to, że Białoruś stała się wielką wsią potiomkinowską, w której wszystko oparte jest na kłamstwie i strachu.

Moi znajomi nierzadko mówią: masz rację, ale zrozum – mamy rodziny i pracę. To są dobrzy znajomi, ale nie pojmują, że mimo woli mnie obrażają, zapominają, że ja także mam rodzinę. Mojej żonie, Irynie Chalip, znanej dziennikarce, i naszemu maleńkiemu synowi grożono śmiercią. Mamy przyjaciół, są to: Źmicier Bandarenka, Jury Chaszczewacki, Michaił Marynicz, Natalla Radzina, Wiktar Iwaszkiewicz, Jauhen Afnagel i wielu innych. Miałem także przyjaciela Aleha Biabenina, który zginął w przeddzień kampanii prezydenckiej. W naszej ekipie był niezastąpiony. Jego śmieć stała się przedmiotem cynicznych kpin telewizji Łukaszenki. Władze nie robią nic, by odnaleźć winnych śmierci Aleha. Reżim nie robi nic, by wykryć winnych zabójstwa dziennikarzy Źmiciera Zawadzkiego, Weroniki Czerkasowej, Wasyla Grodnikowa. Moi przyjaciele siedzieli w więzieniach, byli bici, propagandziści telewizji publicznej rzucali na nich gromy, grożono im i zastraszano ich. Ale nikt i nic ich nie złamie. Pozostaną wierni zasadom i będą walczyć o interesy narodu. Wszyscy oni są dziś w mojej ekipie.

Dość strachu. Niech dyktator i jego świat boją się nas.

Białoruś nie jest w sytuacji wyjątkowej. Jesteśmy zwykłym krajem europejskim. W 1991 roku uzyskaliśmy niepodległość, ale w 1996 roku utraciliśmy wolność. Mam dużo kontaktów z politykami zachodnimi i niektórzy pytają: może Białorusinom odpowiada życie w dyktaturze? Może macie jakiś szczególny klimat? Bzdura! Polacy, Węgrzy, Czesi, Słowacy, Niemcy wschodni nienawidzili dyktatury, ale ustępowali sile. Wszyscy pamiętamy wydarzenia na Węgrzech w 1956 roku, Praską Wiosnę 1968 roku, protesty „Solidarności" w Polsce. W 1989 roku wszyscy oni uzyskali wolność. Tak samo walczyli obywatele białoruscy. Na Białorusi odbywały się wielotysięczne akcje: Czarnobylski Gościniec, Marsze Swobody, Dzień Wolności, marsze protestacyjne „O lepsze życie", wreszcie Plac. Białorusini przeciwstawiali się dyktaturze tak samo jak inne narody Europy Wschodniej. Dziś mamy realną szansę uczynić nasz kraj nie tylko niepodległym, ale też wolnym.

Naród białoruski, o którego anielskiej cierpliwości krążą legendy i opowiadane są anegdoty, jest cierpliwy tylko do czasu. W historii było sporo przypadków, kiedy naród brał na siebie odpowiedzialność za los swojej ziemi. Przypomnijcie sobie, że właśnie na Białorusi powstał najsilniejszy ruch partyzancki w czasie wojny. Dlaczego więc od tylu lat tolerujemy tę tępą, toporną dyktaturę?

Łukaszenko nazywa nas opozycją. Ale to on sam i jego otoczenie, ci, którzy mieszkają w Drozdach[68], już dawno stali się opozycją. Oni są w opozycji do narodu białoruskiego. My nie jesteśmy opozycją, my nie mieszkamy za wysokim ogrodzeniem Drozdów, mieszkamy w swoim kraju i to my jesteśmy gospodarzami. Jak mawia mój teść, Trafimycz, jeśli do twojego ogrodu wejdzie cudza świnia, nie będziesz powoływał komisji. Trzeba po prostu wziąć kij i wygnać ją z ogrodu.

Widzę przyszłą Białoruś jako państwo europejskie, które z czasem stanie się częścią składową zjednoczonej Europy. Będziemy mogli jeździć do Europy bez wiz. Obiecuję, że stanie się tak w najbliższym czasie po zmianie władzy.

Za swoje główne zadanie uważam poprawę życia ludzi nie w dalekiej przyszłości, ale w najbliższym czasie. Powinniśmy osiągnąć średni europejski poziom życia w ciągu siedmiu–ośmiu lat.

W nowej Białorusi będzie szanowane prawo pracy obywateli. Nie będzie więcej systemu kontraktowego. Obiecuję, że rozporządzenie o likwidacji systemu kontraktowego będzie jednym z pierwszych, jakie podpiszę.

Oczywiście trzeba odrodzić związki zawodowe, które przy obecnej władzy stały się narzędziem nadzoru. W nowej Białorusi związki zawodowe będą wypełniać swoje normalne zadania – bronić praw pracujących.

Wycofamy ideologię Łukaszenki ze wszystkich programów szkolnych i uniwersyteckich. Przedmioty te są elementem przemocy nad jednostką. Krajowi potrzebni są obywatele i patrioci, a nie posłuszni niewolnicy.

Studenci powinni poczuć, że są przyszłością kraju, że są przedmiotem troski, że nie będą szantażowani miejscami w akademiku, nie będą dzieleni według zasady „członek BRZM[69] albo wróg " i nie będą podlegać nakazowi pracy.

Emeryci powinni być pewni, że ich emerytury będą realnymi pieniędzmi, a nie obiecankami, które przepadają po kampaniach wyborczych z powodu wzrostu cen lub dewaluacji. Przychodząc do przychodni, nie powinni, jak dziś, obawiać się, że dostaną receptę nie na to lekarstwo, które jest potrzebne i które pomoże, ale na najtańsze, które będą mogli kupić z emerytury.

Służba wojskowa stanie się prawdziwą szkołą dla młodego mężczyzny, a nie bezpłatną podrzędną pracą.

Przedszkola powinny troszczyć się o każde dziecko, a nie traktować dzieci jak statystyczną masę. Pedagodzy przedszkolni będą mogli wdrażać swoje autorskie programy i opracowania. W wolnym kraju normalne jest twórcze podejście do wykształcenia przedszkolnego.

Opieka medyczna będzie ukierunkowana na profilaktykę chorobową i tworzenie ludzkich warunków leczenia oraz pielęgnacji chorych, niezależnie od tego, czy będzie to w mieście, czy na wsi.

Z tematyki czarnobylskiej powinna zostać zdjęta blokada informacyjna. Powinny zostać przywrócone gwarancje społeczne i ulgi dla osób, które ucierpiały z powodu Czarnobyla. (Tezy te włączyłem do swojego programu na prośbę członka korespondenta Akademii Nauk, Iwana Nikołajewicza Nikitczenki, który zginął tragicznie 20 listopada tego samego roku.)

Postaramy się, aby kraj był komfortowym miejscem do życia dla osób niepełnosprawnych. Proszą mnie o to niemal na każdym spotkaniu wyborczym. W różnych krajach na lotniskach widzę niepełnosprawnych, którzy podróżują po całym świecie, w normalnych krajach mają stworzone wszelkie warunki. U nas nie ma nawet pochylni dla wózków inwalidzkich.

Przedsiębiorcy będą mieli możliwość zarabiania, nie będą duszeni podatkami, kontrolami czy czepianiem się. Będą traktowani jako najbardziej pracowici i najcenniejsi członkowie społeczeństwa, a nie jak robactwo. Zostanie zlikwidowana skandaliczna Ustawa Nr 760, która pozbawia wielu przedsiębiorców możliwości normalnej działalności.

Pochylam się nad sprawami mieszkańców wsi, którzy tak dużo pracują, a tak mało dostają w zamian. Potrzebna jest nam reforma rolnictwa, aby nasza żywność, tak jak żywność rolników polskich i litewskich, zdobyła rynki Europy i Ameryki.

Czy to będzie trudne? Możliwe. Ale będą to trudności związane nie z wegetacją, ale ze wzrostem, z drogą ku normalnemu życiu, w której słowa „dostatek" i „własność" nie będą oznaczały czegoś podejrzanego, ale staną się normą.

Jest mi wstyd za chamstwo Łukaszenki, za to, że tyka podległych mu pracowników, za to, że publicznie ich poniża, jest mi wstyd patrzeć, jak siwi generałowie są zmuszani do stawania na baczność przed małym chłopcem, ubranym w pocieszny mundur, tylko dlatego że tak się zachciało jego tacie-dyktatorowi.

Zwracam się do przedstawicieli milicji i armii. Już od 1 stycznia możecie stać się obywatelami demokratycznego państwa prawa, w którym ludzie w mundurach będą szanowani, państwa, które nie będzie szczuć ich na obywateli. Trzeba tylko przestrzegać prawa.

Nawet ci, którzy przywykli do obojętności i chamstwa najwyższego kierownictwa, czerwienili się po polskiej tragedii w Smoleńsku, gdzie zginęła praktycznie cała elita kraju. Białorusini płakali, szli pod polską ambasadę i konsulaty, żeby wyrazić współczucie. Tylko reżim zachowywał się tak, jak gdyby nic się nie stało. Dotyczyło to Polski. Jeszcze większą obojętność zademonstrował reżim po niedawnej tragedii w Pińsku, gdzie żywcem spłonęli ludzie.

Rzeczywiście chcę, żeby Białoruś stała się krajem europejskim, w którym lekceważący stosunek do ludzi pociąga za sobą dymisję urzędnika, który sobie na to pozwolił. Wiem, jak uczynić z Białorusi kraj europejski. W latach dziewięćdziesiątych uczestniczyłem w rozmowach międzynarodowych na temat zbrojeń konwencjonalnych i jądrowych. Z naszymi opiniami liczyła się wówczas i Rosja, i Europa, i USA. Uwzględnialiśmy ich interesy, broniliśmy naszych interesów narodowych, zawieraliśmy umowy, które obowiązują do dnia dzisiejszego. Dziś partnerami dyktatora są Iran i Wenezuela.

Demokratyczni kandydaci już przedstawili kilka programów reform. W kraju jest sporo profesjonalnych ekonomistów. Niektórzy Białorusini są wybitnymi menadżerami w największych światowych firmach, są też gotowi wrócić do kraju po przemianach. Mam listę członków przyszłego rządu, w skład którego wejdą znani działacze ruchu demokratycznego i obecnie pracujący urzędnicy. Mam program transformacji, przygotowany razem ze znanym białoruskim ekonomistą Leanidem Złotnikowem. W moim kolejnym wystąpieniu, 1 grudnia, opowiem o nim bardziej szczegółowo.

Choć programy są bardzo ważne, obecnie najważniejsze jest zwycięstwo nad dyktaturą. Aby zacząć normalne życie, trzeba zmienić władzę. Każdy dzień pozostawania Łukaszenki przy władzy jest koszmarem ekonomicznym dla kraju. W ostatnich trzech latach łączne zadłużenie zewnętrzne kraju wzrosło do 25 miliardów dolarów. Rezerwa walutowa mająca pokrycie w złocie jest pięciokrotnie mniejsza.

Do kraju dyktatury inwestycje nie płyną. Takiemu krajowi daje się najwyżej kredyty na bardzo wysoki procent, spłacać te kredyty będą zwykli ludzie.

Glosując na nowego prezydenta, ratujecie kraj przed bankructwem.

Chcę się w związku z tym zwrócić do białoruskich biznesmenów. Znacie powiedzenie, że w normalnym kraju polityka jest kontynuacją biznesu. Poprzyjcie dzisiaj mnie i innych demokratycznych kandydatów – w czasie tych wyborów kandydaci mają prawo tworzyć swoje fundusze wyborcze – a obiecuję, że w nowym roku będziecie mogli zajmować się interesami swobodnie i w sposób cywilizowany. Uwierzcie w swoje siły. Poprzyjcie dążenie narodu do wolności!

Chcę zwrócić się do urzędników państwowych. Doskonale wiem, jak trudna jest wasza praca. Sam oddałem służbie państwowej dwadzieścia lat. Wiem, że chcecie pracować w normalnym państwie. W czasie kampanii wyborczej nie naruszajcie prawa, pozwólcie ludziom wybrać. Przy nowej władzy profesjonaliści będą potrzebni, ale dziś wy także musicie dokonać wyboru. Trzeba uratować nasz wspólny kraj.

Na spotkaniu z wyborcami w Baranowiczach podeszła do mnie kobieta i powiedziała:
– Wszyscy obiecują, a pan co mi obieca?
– A co pani chce?
– Chcę męża!

To jest bardzo proste. Proszę przyjść 19 grudnia o ósmej wieczorem na Plac w Mińsku. Będą tam najlepsi mężczyźni na Białorusi, odważni, silni.

W całym świecie jest przyjęte, że po zamknięciu komisji wyborczych razem oczekuje się ogłoszenia wyników wyborów, aby świętować zwycięstwo swojego kandydata.

Wiem, że na Białorusi są najodważniejsi na świecie mężczyźni i najpiękniejsze kobiety.

Historia dzieje się dziś. Historię tworzymy my i razem zwyciężymy!

Wśród pracowników telewizji było parę osób, które z nami sympatyzowały, dodawały mi odwagi przed programem, dyskretnie ściskały rękę. Jednak trzon ekipy telewizyjnej miał za zadanie przeszkodzić moim wystąpieniom. W tym celu chwytali się różnych sztuczek. Wszędzie rozstawiono półlitrowe butelki z wodą: w charakteryzatorni, w pokoju wypoczynkowym i w samym studiu. Z uporem, niemal natrętnie proponowano nam, żebyśmy się napili tej wody, ale pamiętaliśmy przypadek z Domaszem i równie uparcie odmawialiśmy. W 2001 roku opozycyjny kandydat na prezydenta Siamion Domasz podczas nagrywania swojego wystąpienia napił się wody z zapobiegliwie przygotowanej buteleczki, trafił do szpitala i w rezultacie wypadł z kampanii prezydenckiej. Przynosiliśmy swoją wodę. Piszę w liczbie mnogiej, ponieważ do telewizji nie jeździłem sam, tylko z grupą wsparcia: Źmicierem Bandarenką i jego żoną Olgą, z Natallą Radziną, Władem Kobiecem.

Uprzedzono mnie, że w telewizji mogą być hipnotyzerzy, pracujący dla KGB. Zadaniem ich było zakłócić normalny stan psychiczny kandydata i nie dopuścić do jego wystąpienia. Taki specjalista pojawił się podczas mojego drugiego wystąpienia. Odszedłem od moich przyjaciół, żeby sobie jeszcze raz powtórzyć tezy, gdy podprowadzono jakiegoś niepokaźnego człowieka, przedstawiając go jako prawnika telewizji. Otworzył teczkę, którą trzymał w ręce, i zaczął coś mówić o dokumentach prawnych, jakie jakoby byłem obowiązany podpisać. Był niższy ode mnie o głowę, mówił gdzieś w bok, monotonnie, równym cichym głosem. Zmuszało mnie to do nachylenia się ku niemu, aby usłyszeć jego mamrotanie. Ten niezwykły obrazek zauważył Źmicier, szybko podszedł do mnie, stanął między nami, a następnie odprowadził mnie na bok, po czym dosadnie i niecenzuralnie poradził człowiekowi, żeby sobie poszedł.

Uparcie proponowano mi charakteryzację w studiu. Obawiając się podstępów, ucharakteryzowałem się w biurze przed programem.

Świństwa trwały także w samym studiu. Ustawiono bardzo ostre światło, bezlitosne dla twarzy występującego. Potem w sekrecie opowiedziano mi, że Łukaszenki nie wolno nagrywać bez specjalnych kosztownych filtrów ani przy ostrym świetle. Operator cały czas starał się ustawić obraz tak, żebym nie był w centrum i coś kombinował z ujęciami.

W studiu znajdowała się kobieta, która przedstawiła się jako redaktorka, przez cały czas wydawała operatorowi i oświetleniowcom takie polecenia, które w sposób oczywisty pogarszały jakość obrazu. W czasie drugiego wystąpienia zaczęła demonstracyjnie kasłać, robiąc wrażenie, że nie może opanować kaszlu, nie wychodziła przy tym ze studia. Kiedy mówisz, a w tym samym czasie ktoś kaszle, ciebie też mimo woli zaczyna drapać w gardle.

W czasie drugiego wystąpienia dowiedzieliśmy się ciekawej rzeczy. Byłem zajęty w biurze, wyjechaliśmy nieco później niż trzeba i jeszcze natrafiliśmy na korek. Wystąpienie miałem o 19.30, ale należało przyjechać o 18.30, żeby sprawdzić studio i przygotować się, ponieważ między wystąpieniami kandydatów nie było przerw. Od razu po jednym kandydacie wchodził następny i zaczynał się program na żywo. Przyjechaliśmy po 19.00. Przede mną, zgodnie z losowaniem miał występować Kastusiou. Nie liczyliśmy już, że uda się wejść do studia trochę wcześniej. I nagle mówią nam, że studio jest wolne, można się przygotować. Okazało się, że po pierwszym wystąpieniu Kastusiowa, podczas którego bardzo się denerwował i trzęsły mu się ręce, do telewizji wpłynęło polecenie, by nagrać jego wystąpienie wcześniej na taśmę. Pracownicy telewizji powiedzieli nam, że nagrano kilka dubli.

Z wystąpieniami telewizyjnymi daliśmy radę, pozostały jeszcze debaty telewizyjne z udziałem wszystkich kandydatów. Należało spodziewać się podstępów. Telewizja trzymała w absolutnej tajemnicy informacje o koncepcji debaty i osobach prowadzących. Nawet kiedy wszyscy kandydaci i członkowie ekip zebrali się w telewizji i zażądali informacji, kto będzie prowadzącym, odmówiono jej nam. Umówiliśmy się zatem, że będziemy ignorować prowadzących, jeśli ci będą nas prowokować. Prowadzący, a było ich dwoje, pojawili się w ostatniej chwili, kiedy program już się zaczął. Nie wiadomo, dlaczego ukrywano nazwiska szeregowych osób.

Teledebaty dodały ludziom pewności, że przemiany są możliwe. Łukaszenko, zgodnie z przewidywaniami, w ogóle się na nich nie pojawił. Jeden z kandydatów, Niaklajeu, na znak protestu, opuścił studio zaraz po rozpoczęciu debaty. (Nawet mnie o tym przygotowanym proteście nie uprzedził, taki to był nasz „sojusz".) Natomiast pozostali wystąpili dość zgodnie, zamknęli usta prowadzącym, którzy niezgrabnie próbowali kontrolować sytuację, i powiedzieli wszystko, co chcieli powiedzieć wyborcom: zwrócili się bezpośrednio do ludzi, wezwali na Plac, skrytykowali politykę dyktatora i zaproponowali swoją wizję przyszłości Białorusi. Nawet jawnie popierający Łukaszenkę kandydat Ciareszczanka, były pracownik jego administracji, wystąpił dość krytycznie, aby nie wyłamywać się ze wspólnej linii. Nie dyskutowaliśmy między sobą i nie prowadziliśmy sporów, co wzmocniło wrażenie jedności kandydatów i nadzieję na zmiany.

Teledebaty były ostatnią możliwością bezpośredniego zaprezentowania swojego stanowiska wyborcom. Odbyły się 4 grudnia 2010, a po nich na wszystkich kanałach królował tylko jeden kandydat – dyktator Łukaszenko i jego kamaryla.

Jednakże nawet te dwa tygodnie rozdętej propagandy przeciw opozycji i wychwalania kołchozowej dyktatury nie pomogły Łukaszence odwrócić sytuacji. Ludzie włączyli się do kampanii, zechcieli zmienić swoje życie.

SPOTKANIA Z WYBORCAMI

Podróże po kraju pozwalały zorientować się w nastrojach społecznych. Odwiedziliśmy wszystkie miasta obwodowe i wiele rejonowych. Nigdzie nie było pustych sal, nawet na początku kampanii. Bliżej 19 grudnia sale były wręcz przepełnione. Nie pomogły aktywne działania KGB – zastraszanie obywateli, zakaz uczestnictwa w spotkaniach z kandydatami, który dotyczył pracowników urzędów i instytucji.

Nasza kampania miała jeszcze jedną świetną cechę, z której możemy być dumni. Żadne spotkanie nie zostało zakłócone przez prowokatorów. Innym kandydatom takie rzeczy zdarzały się często. Na nasze spotkania podsyłano oczywiście prowokatorów, działali według posiadanych instrukcji, ale ani razu nie zdołali zerwać czy też poważnie wpłynąć na przebieg spotkania. Najprzyjemniejsze było to, że ani ja, ani ekipa nie musieliśmy dokładać starań, żeby unieszkodliwić „posłańców". Sala sama sobie z nimi radziła. Jeśli nawiązujesz kontakt z audytorium, jeśli zebranych interesuje spotkanie z tobą, to otrzymujesz olbrzymią twórczą energię sali, która nie będzie tolerować kagiebowskiego wtrącania się do dialogu. Było kilka typów prowokatorów i jeśli na początku kampanii przysyłano jednego–dwóch, to pod koniec władza wykorzystywała w zasadzie cały arsenał. Najbardziej zdyscyplinowani byli BRZM-owcy (Białoruski Republikański Związek Młodzieży), powszechnie znani w społeczeństwie jako „Hitlerjugend" Łukaszenki lub „Łukomoł". Przychodzili z wyuczonymi hasłami – pytaniami i śmiało je wygłaszali. Dalej już im nie szło, bo nie uczono ich polemik, tylko posłuszeństwa. Dlatego sprawa ograniczała się do pytań, bo kiedy przy akompaniamencie oklasków sali mówiłem, że BRZM zostanie pozbawiony finansowania państwowego, a tym samym ulegnie likwidacji, młodzi członkowie tej organizacji wpadali w osłupienie.

Druga grupą aktywistów byli weterani – emeryci. Jak mi później mówiono, niektórzy z nich byli fałszywi, ale ordery na piersiach mieli w olbrzymiej ilości. Z patosem wychwalali władze i straszyli NATO. Nawet jeśli nie byli na wojnie, to z powodzeniem używali słownictwa z okresu zimnej wojny, wbitego do głowy przez sowiecką propagandę. Było mi ich żal. Widziałem, że żyje im się ciężko, w niedostatku, rzucała się w oczy bezmyślność tych prób w obronie swojej wegetacji. Nie należało im tego wypominać. Wystarczyło okazać szacunek, a większość natychmiast zapominała o swojej misji i przyłączała się do grona wyborców. Nie można było zarzucić mi braku szacunku dla weteranów, a mój program nie przewidywał członkostwa w NATO.

Następną kategorię stanowiły osoby nietrzeźwe. W zamierzeniu osób pociągających za sznurki, miały one wywoływać awantury, zachowywać się agresywnie, przerywać występującym. Nie wychodziło im to. Sala nie pozwalała rozrabiać, na dodatek osoby te znane były miejscowym, którzy nie zamierzali ich tolerować, zwłaszcza że sami chcieli zabierać głos. Pamiętam pewnego człowieczka, który co rusz usiłował coś wykrzyknąć, chwiejnie wstawał

z fotela, a sąsiedzi sadzali go z powrotem. Osuwał się na miejsce i znowu zaczynał powoli się gramolić. Ne mogłem patrzeć na jego męki, więc poprosiłem, żeby pozwolono mu się wypowiedzieć. Doczekał się upragnionego mikrofonu i powiedział:
– Ja chciałem... a ona, czego ona..
– Kto ona? – spytałem, niczego nie rozumiejąc.
– Żona, ja chciałem, a ona...
– Co, nie puszczała, czy co?
– No... – usiadł na miejsce i rozpłakał się.

Wkrótce potem zasnął, uważając zadanie za wykonane, chociaż przez cały czas miętosił w ręce kartkę papieru i próbował do niej zaglądać. Zapewne było na niej pytanie, którego nie zdołał zadać.

Później sympatyzujący ze mną pracownicy okręgów wyborczych, w których miałem spotkania, pokazywali mi takie karteczki. Mieli rozdać je ludziom przed spotkaniem. Zawierały podchwytliwe pytania lub wypowiedzi.

Kategorią podobną do emerytów byli „społecznicy". Przedstawiali się jako pracownicy miejscowych urzędów, nauczyciele, inżynierowie i lekarze. Ich zadaniem było wychwalanie osiągnięć władz w zakresie spraw socjalnych i edukacji. Podyskutowałbym z nimi chętnie, ale nie było sposobu. Audytorium, które każdego dnia stykało się z tymi problemami, praktycznie nie pozwalało mi na polemikę ze „społecznikami". Rzucano się na nich jeszcze bardziej niż na inne kategorie „posłańców", każdy miał swoje argumenty, negujące całą zwycięską retorykę „społeczników".

Kategoria „intelektualistów" była nieliczna, ale mogli oni faktycznie rozłożyć każde spotkanie. Byli niezmiernie poprawni w swoim słownictwie i zachowaniu, ale pletli pseudonaukowe bzdury, zmuszając do uważnego przysłuchiwania się temu, co mówili. Nie można było zrozumieć sensu i przesłania ich wystąpień, ale nie chodziło im o zrozumienie. Mieli osłabić tempo dyskusji i ograniczyć kontakt z innymi uczestnikami. Jeden z takich „intelektualistów" był na spotkaniu w mojej Alma Mater, w Mińskim

Uniwersytecie Lingwistycznym. Długo i rozwlekle próbował wyłożyć swoją wersję teorii leninowsko-marksistowskiej. Szkoda mi było jego studentów.

Ostatnią kategorią byli ewidentni prowokatorzy. Posługiwali się kompromitującymi pytaniami. Zgodnie z zamysłem służb specjalnych powinni byli „wystrzelić" z czymś kompromitującym w najdogodniejszym momencie, w czasie ożywionej dyskusji z salą. Tak właśnie robili, ale albo się nie nauczyli instrukcji, albo nie chcieli się narażać sali, gdyż zamiast kompromitujących informacji ujawniali jakieś niejasne szczegóły, głównie na temat mojej pracy w MSZ. Reagować na takie sprawy było łatwo, w końcu to ja pracowałem w MSZ, a nie oni, więc lepiej od nich wiedziałem, co, jak i dlaczego robiłem.

Spotkania odbywały się w różnych pomieszczeniach: od sal na tysiące miejsc jak w Mohylewie lub Grodnie po małe pomieszczenia klubowe jak w Słonimiu lub Kobryniu. Staraliśmy się o jak największe lokale. Miejscowe władze próbowały szkodzić w drobiazgach – a to światła w salach nie było i trzeba było występować w półmroku, a to „zapomniano" włączyć ogrzewanie. Niekiedy przedstawiciele komitetów wyborczych próbowali kierować spotkaniem, ale przerywaliśmy te próby i prowadziliśmy spotkania sami. Tak naprawdę te czynione nam szkody były drobne i nieliczne. Więcej zdarzało się cichych obietnic pomocy ze strony komitetów wyborczych oraz miejscowych urzędników, byłych i obecnie pracujących.

Oczywiście przed każdym spotkaniem denerwowałem się, na każdym starałem się określić główne zagadnienia, które interesowały audytorium, uwzględnić sprawy lokalne.

Po każdym wiecu przedwyborczym odbywały się rozmowy. Przychodzili do mnie biznesmeni, byli menadżerowie białoruscy, zmuszeni do wyjazdu do Rosji lub na Ukrainę, wojskowi w stanie spoczynku. Wyjaśnialiśmy sobie jakieś sprawy. Widać było, że mają nadzieję na zmianę władzy. Niektórzy ostrożnie sondowali, jakie będą mieli możliwości w razie zmiany sytuacji, niektórzy deklarowali, że można na nich liczyć. Wszystko było w porządku, tylko nikt nie zamierzał udzielać konkretnej pomocy, zwłaszcza finansowej. Typowe białoruskie myślenie: ty zwyciężaj, a my zobaczymy.

Spotkania z wyborcami dostarczały największego ładunku energii i pewności, że robimy coś słusznego. Prawie nigdy nie występowałem sam. Jeździli ze mną, pomagali, uzupełniali i wspierali mnie Stanisłau Szuszkiewicz, Mieczysłau Hryb, Pawał Kazłouski, Waleryj Frałou, Natalla Radzina, Mikoła Chalezin, Leanid Złotnikau, Aleś Maraczkin i oczywiście Iryna Chalip. Podróżowano ze mną lub beze mnie. Zaufani ludzie jeździli do tych miast, na które już nie starczało mi czasu. Z wyborcami spotykali się Wiktar Iwaszkiewicz, Pawał Kazłouski, Mieczysłau Hryb, Leanid Złotnikau i inni.

Organizacja była znakomita i była to zasługa Dzmitryja Barodki, Uładzimira Lemiesza, Andreja Babickiego, Maksima Siergijca oraz oczywiście Włada Kobieca, Łarisy Korolenko, Leonida Nawickiego. Uładzimir Czerwonienko i Wiktar Bołdzin organizowali największe spotkania w Grodnie i Mohylewie. Solidnie pomagali w sprawach zbierania podpisów i organizacji spotkań członkowie partii Szuszkiewicza, Wiktar Sazonau z Grodna i niezastąpiony anioł stróż Białoruskiej Partii Socjaldemokratycznej (Hramady) Światłana Gubiejko.

Po podróżach i spotkaniach z ludźmi nie odczuwaliśmy fizycznego zmęczenia, emocje brały górę. Często po powrocie do Mińska długo nie można było zasnąć. Nie zawsze udawało się zachować równowagę psychiczną, zwłaszcza kiedy rozmawiałem z ludźmi o trudnych sprawach, w których nie mogłem pomóc, a rady były wątpliwą pomocą. Przerażająca była skala milicyjnego i sądowniczego bezprawia, nieludzki stosunek do osób ciężko chorych, poziom korupcji w całym kraju, bezczelność i bezkarność miejscowych notabli. Problemy te były znane, ale czytać o nich – to jedno, a mieć kontakt z ludźmi, którzy z powodu tych problemów cierpią – to drugie.

Białoruś była w strasznym stanie. Kołchozowa klika, która dorwała się do władzy, stworzyła system niepohamowanego złodziejstwa, poniżania ludzi, pełnej bezkarności za przestępstwa. Po szaleńczej orgii władzy Łukaszenki, która trwa na Białorusi już dwadzieścia lat, doprowadzenie kraju do porządku będzie wymagało wielkiego wysiłku, ale – wolność czyni cuda. Przykładem są nasi sąsiedzi, którzy w krótkim czasie stali się członkami Unii Europejskiej i żyją znacznie lepiej od nas. Przykładem może być początek lat dziewięćdziesiątych ubiegłego wieku, kiedy Białoruś uzyskała niezależność, idąc drogą do wolności. W tamtym okresie, mimo oporu nomenklatury, udało się zrobić dla państwowości i niezależności Białorusi więcej, niż zrobił Łukaszenko w czasie wszystkich lat swojej bezprawnej władzy.

Oprócz kłopotów, ludzie dzielili się swoimi przemyśleniami o przyszłości Białorusi. Karteczek z sali przychodziło dość sporo. Po każdym spotkaniu pozostawał stos pytań, na które nie zdążyłem odpowiedzieć. Zabierałem je, czytałem uważnie i starałem się uwzględnić w kolejnych wystąpieniach i wywiadach.

Przed którymś spotkaniem z wyborcami podszedł do mnie mężczyzna w średnim wieku, odciągnął na bok i wręczył kilkadziesiąt odręcznie zapisanych karteczek z „podstępnymi" pytaniami. Był z miejscowego urzędu, a karteczki wręczył mu funkcjonariusz KGB z zaleceniem, aby je rozdać wśród zaufanych ludzi w celu odczytania. Wziąłem karteczki, rzuciłem na nie okiem i schowałem do kieszeni. Ku mojemu zdziwieniu, niektóre z tych karteczkowych spraw nagłośniono w czasie spotkania. Albo urzędnik miał jeszcze inne egzemplarze i rozdał je, albo zrobili to kagiebiści, żeby się zabezpieczyć.

Czasem na spotkaniach z wyborcami towarzyszyli nam zagraniczni dziennikarze i fotoreporterzy.

PRASA

Zgrzeszyłbym, gdybym skarżył się na prasę, z którą miałem do czynienia podczas kampanii. Walkę wyborczą opisywano, pokazywano i relacjonowano nie tylko na Białorusi, lecz także w Rosji, Ukrainie i Litwie, w Polsce, Łotwie, w Niemczech, Wielkiej Brytanii, Austrii, Hiszpanii, Szwecji, Finlandii, Danii, Słowacji, Czechach, na Węgrzech, we Francji, w USA itd.

Białoruska niezależna prasa najpierw sceptycznie odniosła się do kampanii prezydenckiej z powodu dużej liczby kandydatów, ale w miarę rozwoju sytuacji wsparła kampanię, co spowodowało wzrost pozytywnych nastrojów. Została uruchomiona opinia publiczna. Ludzie zaczęli dyskutować o możliwościach zmiany sytuacji, powstało społeczne zapotrzebowanie na przedmiotową i pogłębioną analizę.

Jestem wdzięczny niezależnej prasie za kampanię. Bardzo pomogła „Narodnaja Wola" i jej redaktor naczelny Iosif Siaredzicz. Krótko przed rozpoczęciem kampanii przyjął mnie do pracy w charakterze komentatora politycznego i długo nie zwalniał, nawet już po moim uwięzieniu. Udzielając różnych wywiadów, starałem się wykorzystywać nawet prowokacyjne pytania, żeby przedstawić swoje stanowisko. Szczegółowo wykładałem istotę sprawy, nie wdając się w omawianie tematów marginalnych. Wywiady przeprowadzały ze mną również te media, które nie sympatyzowały z opozycją, ale i one rzetelnie prezentowały kampanię.

Wiele oczywiście zależy od dziennikarza. Miałem do nich szczęście. Niezły wywiad pojawił się w gazecie „Obozriewatiel", nielubianej w środowisku prasy niezależnej i niebędącej zwolenniczką opozycji. Miałem wątpliwości, czy warto się godzić na rozmowę, ale wywiad robiła Swiatłana Martauska, w której uczciwość nie wątpiłem. Wyszła z tego normalna rozmowa o znaczeniu klasy przedsiębiorców.

Prasa zagraniczna stopniowo zaczęła się poważnie odnosić do naszych wyborów, choć w jej materiałach nie brakowało sceptycyzmu. Udzieliłem kilku głośnych wywiadów, pokazywano migawki w telewizji. Rozeszły się słuchy, że mam dość pieniędzy na wykupienie czasu antenowego. W rzeczywistości pieniędzy nie starczyłoby nawet na parę minut, na przykład w rosyjskich stacjach, które są oglądane na Białorusi. Nie prostowałem tych plotek – niech sobie myślą, że jesteśmy zasobni w środki finansowe... Trudno to sobie wyobrazić, ale wszystkie materiały i wywiady w znaczących mediach były rezultatem przyjaznych kontaktów, moich i kolegów z ekipy, z dziennikarzami, wzajemnego zaufania i szczerości naszych wysiłków. Nie trzeba było „przebijać się" do mediów. Co więcej, z niektórych wywiadów trzeba było zrezygnować.

Raz pomogły mi kontakty rodzinne. Ira od dawna pracuje dorywczo w popularnym rosyjskim niezależnym radiu „Echo Moskwy", dlatego w sposób zupełnie naturalny ustaliła przeprowadzenie wywiadu ze mną. Wątpię, czy można nazwać to wykorzystaniem kontaktów Iry, ponieważ „Echo" interesowało się wyborami na Białorusi, zapraszało do swoich audycji innych kandydatów, szczególnie Niaklajewa i Romańczuka. Byłem w radiu dwa razy. Za każdym razem rozmowa była interesująca. W tym czasie audycje „Echa" transmitowano na kanale RTVi, który przypadkowo jest w pakietach telewizji satelitarnej na Białorusi. W ten sposób uzyskałem jeszcze jedną możliwość dostępu do telewizji.

Po pierwszym programie w „Echu", kiedy byłem jeszcze w Moskwie, nieoczekiwanie odebrałem telefon z Mińska. Dzwonił Aleś Maraczkin. Oglądał akurat transmisję w RTVi i był zachwycony. Jego entuzjazm był spowodowany tym, że na pytanie o języki, odpowiedziałem, że na Białorusi językiem urzędowym powinien być jeden język – białoruski. Nie zwróciłem uwagi na tę odpowiedź, było to jedno z założeń programu, ale Aleś wyjaśnił, jak ważne jest to, żeby te słowa popłynęły właśnie z Moskwy, co stało się, według niego, znaczącym wydarzeniem.

W „Echu" było komfortowo. Za każdym razem przed programem zapraszał nas do siebie Aleksiej Wieniediktow, z którym dyskutowaliśmy o sytuacji na Białorusi. Nie dzielił się informacjami z kuluarów Kremla, raczej ich nie miał. Rozmawialiśmy na luźne tematy z Jewgieniją Albac, Witalijem Dymarskim i Olgą Byczkową, która prowadziła mój pierwszy program. Drugi program prowadzili Aleksiej Durnowo i Antonina Samsonowa. Było przyjemnie, kiedy po zakończeniu programu szczerze życzyli mi powodzenia, ponieważ uwierzyli, że moje zamiary, plany i kandydatura są poważne.

Znajomi z Wielkiej Brytanii zorganizowali rozmowę w liczącym się programie BBC „Hard Talk". Nawet nie byli to moi znajomi, ale przyjaciele Natalli Kalady i Mikoły Chalezina z białoruskiego Teatru Wolnego. Było to wspaniałe wydarzenie – po raz pierwszy białoruski polityk pojawił się w popularnym programie wiodącej światowej stacji. Redaktorzy programu wykazali się wielką gorliwością – pytania w większości były obrzydliwe. Odniosłem wrażenie, że zebrali materiały do wywiadu wspólnie z moimi wrogami ze strony opozycji i reżimu. Zrozumiał to prowadzący program Stephen Sackur, który po zakończeniu spotkania powiedział, że go przekonałem, a z nagrania wyciął niezręczne fragmenty. „Hard Talk" (Twarda Rozmowa) doprowadził do wzrostu zainteresowania zachodnich mediów moją kampanią.

Ekskluzywnego wywiadu udzieliłem RTVi. Tu również pomogli przyjaciele, którzy w tym czasie należeli do kierownictwa tej stacji. Nagrywałem wywiad w Berlinie podczas nieczęstej w trakcie kampanii podróży zagranicznej. W niewielkim studiu telewizyjnym RTVi w Berlinie panowało lekkie napięcie. Pół żartem, pół serio powiedzieli mi, że nie chcieliby mieć kłopotów ze strony służb Łukaszenki. Zdziwiło mnie to, ale wyjaśnili, że miewali już nieprzyjemne kontakty z białoruską agenturą. Ogólnie w Berlinie nagranie odbywało się w warunkach prawie domowych, przy niewidzialnym udziale KGB.

Ciekawie jest nawet dziś przeczytać fragmenty wywiadu udzielonego ukraińskiemu wydaniu internetowemu „Gławkom". Miało ono miejsce przed drugim Majdanem, a mowa była i o Majdanie, i o polityce Ukrainy względem Białorusi.

– Kiedy mówi pan o roli ulicy w wyborach prezydenckich – jak rozumiem, o ewentualnym białoruskim Majdanie i o gotowości ludzi do wyjścia na ulicę – to można znaleźć analogię z wydarzeniami na Ukrainie w 2000 roku. Wtedy wielu ludzi było gotowych wyjść na ulicę, ale skończyło się na niczym. Wydarzenia roku 2004 pokazały, że aby osiągnąć efekt, niezbędne są duże pieniądze, aktywna kampania kandydata i struktury gotowe zająć się tym wszystkim: poczynając od zakupu namiotów dla ludzi, którzy na tym Majdanie będą żyć, a kończąc na systemie łączności, podobnej do naszej „Pory", który będzie efektywnie rozpowszechniać informacje o protestach. Jak pan widzi to na Białorusi? Skąd wziąć pieniądze, kto się tym wszystkim zajmie?

Przede wszystkim nie mówię o wybieraniu prezydenta przez ulicę, mówię o proteście przeciw przyszłemu fałszowaniu wyborów, a o tym, jak ten protest ma się odbywać, porozmawiajmy później. Ale ma pan absolutną rację, na Białorusi nie ma takich możliwości, jakie były na Majdanie. Mówię to od razu i nie odkrywam żadnych tajemnic.

Z drugiej strony, na Ukrainie mamy obecnie czwartego prezydenta. Majdan był buntem narodu przeciw drugiemu prezydentowi i jego protegowanym. A my już szesnaście lat oglądamy ten sam serial, który wszystkich zmęczył. Odzew na zbliżające się wybory, z którym spotykam się w czasie kontaktów z ludźmi, stwarza nadzieję na to, że naród da sobie radę – po pierwsze, zorganizować się, a po drugie, zadziałać. Ukraińscy demokraci w czasie Majdanu osiągnęli to, że ludzie przestali być obserwatorami opozycji i zrozumieli, że sami mogą o czymś decydować. U nas opozycja i jej stronnicy walczyli z reżimem, wychodzili na ulice, a ludzie obserwowali i mówili: jak im się uda, to się przyłączymy. Chcę, aby ludzie przyłączyli się wcześniej. Jeśli to się uda, to wszystko będzie możliwe.

– W swoim czasie białoruska opozycja liczyła na „pomarańczową rewolucję" na Ukrainie i wzorowała się na niej. Czy dziś wiąże jakieś nadzieje z obecnymi władzami Ukrainy?

Rozczarowaliśmy się bardzo „pomarańczowymi" władzami Ukrainy. Nie tylko wiązaliśmy z nimi nadzieje – setki Białorusinów były na Majdanie od pierwszego dnia. Nawet ich nie poklepano po ramieniu i nie powiedziano „dziękujemy". Setki Białorusinów biły się za wolność Ukrainy, jak za swoją własną. Oczekiwaliśmy, że nowe demokratyczne władze Ukrainy poprą siły demokratyczne na Białorusi. Nic podobnego nie nastąpiło, dlatego rozczarowanie jest wielkie. Prezydent Juszczenko ani razu nie spotkał się z liderami opozycji białoruskiej. To bardzo poważny sygnał. Nieprzyjemnym odkryciem stała się dla mnie przyjaźń Juszczenki z Łukaszenką pod koniec kadencji waszego szefa państwa.

Co więcej, nie bez powodu Łukaszenko mówi, że Juszczenko jest jego najlepszym przyjacielem, ponieważ lobbował za jego interesami w Europie i twierdził, że nie należy izolować Białorusi... Mamy tu do czynienia z pomyleniem pojęć. Samoizolacja Łukaszenki została nazwana izolowaniem Białorusi. Z jakiegoś powodu, gdy się mówi, że nie należy obrażać narodu białoruskiego, zapomina się, że najbardziej Białorusinów obraża reżim dyktatora Łukaszenki. Nie rozumie się, że nie można rezygnować z zasad moralnych i praw człowieka. Nie można zapominać o kwestii więźniów politycznych, którą obserwujemy w ostatnim czasie.

Moim marzeniem jest – mówię o tym wszystkim moim przyjaciołom – aby Ukraina została liderem regionalnym. Bez zaangażowania się w sprawy Białorusi będzie to niemożliwe.

Niestety, jak dotychczas na Ukrainie nas nie usłyszano, ale to już inna historia.

PLAC, 19 GRUDNIA 2010

Był to dzień bogaty w wydarzenia zarówno w moim życiu osobistym, jak i w życiu mojego kraju.

Był to dzień nieśmiałej nadziei, który skończył się krwawym rozczarowaniem.

Był to dzień wyborów prezydenckich na Białorusi.

Postanowiliśmy, że pójdziemy głosować całą rodziną. Wstaliśmy wcześnie, aby być w punkcie wyborczym około 9.00 rano. Głosowaliśmy w Gimnazjum nr 18 przy ulicy Kalinina, zgodnie z moim zameldowaniem. Przyszło wielu dziennikarzy. Dańka był nieco oszołomiony tłumem ludzi w lokalu wyborczym, ale bardzo odpowiedzialnie potraktował swoją misję – publiczne towarzyszenie rodzicom. Wszedłem do kabiny, wypełniłem kartkę, następnie we trójkę podeszliśmy do urny wyborczej i w obecności kamer wrzuciliśmy do niej mój głos. Wygłosiłem krótki komentarz dla dziennikarzy, po czym pojechaliśmy do drugiego punktu wyborczego. Jesteśmy z Irą zameldowani w różnych miejscach i dlatego głosowaliśmy w różnych lokalach. Ira głosowała w Gimnazjum nr 7 koło naszego domu. Tu dziennikarzy było mniej, w przeciwieństwie do wtyk. Po głosowaniu poszliśmy do domu. Trzeba było czekać do wieczora. Czas płynął raz szybciej, raz wolniej. Było wiele obaw, ale przeważała nadzieja, że dziś sytuacja na Białorusi zacznie się zmieniać. Przecież poświęciliśmy temu tyle sił...

Pod wieczór zaczęliśmy zbierać się na Placu. Gdy wychodziłem z domu, około wpół do ósmej zadzwoniła Natalla Kalada, powiedziała, że pobito Niaklajewa i przewożą go do szpitala. Obawialiśmy się, że nie zdołamy dotrzeć na Plac.

Zgodnie z radą Żmiciera Bandarenki postanowiliśmy przebić się na plac Październikowy nie od strony domu, ale od strony przeciwnej – od GUM-u. Dlatego podjechaliśmy autem bliżej prospektu i ulicy Komsomolskiej, wysiedliśmy i przyłączyliśmy się do sporej grupy ludzi, którzy szli od strony dworca, gdzie mieli się spotkać aktywiści Rymaszeuskiego i Statkiewicza. My wezwaliśmy swoich zwolenników do przyjścia od razu na plac Październikowy, który po wypadkach 2006 roku młodzież nazywała placem imienia białoruskiego bohatera Kastusia Kalinowskiego[70].

Władze oczekiwały, że po zastraszaniu i groźbach w telewizji ludzie nie wyjdą na ulice. W momencie naszego przyjścia na placu znajdowało się już kilka tysięcy osób. Specsłużby zorganizowały wszystko tak, by przeszkodzić ludziom w wiecu. W centrum placu została wylana wielka ślizgawka, na której było sporo łyżwiarzy, podejrzewam, że byli to „łyżwiarze w cywilu". Włączono głośną muzykę, rosyjski pop.

Ludzi ciągle przybywało, ale z aparatury nagłaśniającej początkowo mieliśmy do dyspozycji jedynie megafony. Stało się jasne, że władze postanowiły zrobić bałagan. Tym niemniej udało się zorganizować na stopniach Pałacu Związków Zawodowych krótki wiec, pojawiła się pod koniec aparatura nagłaśniająca, dostarczona przez aktywistów Europejskiej Białorusi, którzy przywykli działać maksymalnie skutecznie i w konspiracji.

Zebrali się prawie wszyscy kandydaci na prezydenta i członkowie ich sztabów. Na placu zostały pokazane pierwsze wstępne wyniki wyborów, podane przez ukraińskie, rosyjskie i białoruskie niezależne organizacje społeczne. Według nich Łukaszenko zdobył około 40 procent głosów, a zatem powinna się odbyć druga tura wyborów prezydenckich.

Plac Kalinowskiego (Październikowy) zapełnił się, rosyjski pop był coraz głośniejszy. Ludzie ruszyli w stronę placu Niepodległości, gdzie mieściła się siedziba Centralnej Komisji Wyborczej. Wyszliśmy na jezdnię prospektu i ruszyliśmy z tłumem. Na wylocie z placu drogę zagradzał rząd milicjantów drogówki. Podeszliśmy, zaczęliśmy rozmawiać, przekonywać, żeby przepuścili manifestantów. Drogówka blokowała ruch bardziej na pokaz niż faktycznie. Po bokach „zapory" z milicjantów było wystarczająco dużo miejsca, żeby przejść. Ludzie omijali ich i szli dalej. W końcu funkcjonariusze rozstąpili się, a my pomaszerowaliśmy przed siebie po głównej ulicy Mińska.

Pokojowy pochód w centrum Mińska był kulminacją dnia 19 grudnia 2010 roku, prawdziwym powiewem wolności. Nagle cała centralna część prospektu zapełniła się ludźmi – stojący po obu stronach ulicy i nieco dalej, widząc ruszający tłum, włączyli się do wspólnej kolumny. Masa demonstrantów, poruszająca się od placu do placu, pełną piersią oddychała tą wolnością, która rozlała się w centrum miasta.

„Niech żyje Białoruś!", „Uciekaj!", „Wierzymy, możemy, damy radę!", „Re-wo-lu-cja!" – podchwyciły tysiące głosów.

Miasto, pobudzone przez tę ludzką energię, zapłonęło fantastycznym światłem. Wydawało się, że wszystko jest możliwe. Wydawało się, że na taki zryw narodu nie można odpowiedzieć siłą. Wydawało się, że jesteśmy bliscy przebicia się przez niewzruszoną, szarą ścianę dyktatury. Nikt nie chciał niczego szturmować ani przejmować. Prowadziła nas nadzieja, że nadchodzący nieunikniony kryzys zmusi władze do zmian.

Oczywiście był to idealizm. Romantyzm czystej wody. W głowie się nie mieściło, że w chwili takiego duchowego zrywu w centrum Mińska, gdzieś tam w bunkrze dyktator i jego świta trzęsą się ze strachu i myślą nie o ratowaniu kraju, ale o zachowaniu swojej podłej władzy. Nie wątpię, że tak było. Przerażony Łukaszenko rozkazał siłą rozpędzić pokojową demonstrację. Jego strach był widoczny w trakcie każdego wystąpienia telewizyjnego przed wyborami i po wyborach, choć starał się go ukrywać.

Doszliśmy do placu Niepodległości i tam przegrupowaliśmy się. Prasa do dziś próbuje wyjaśnić, jakie plany mieli poszczególni kandydaci na Placu. To zrozumiałe. Mogę mówić tylko za siebie i za swoją ekipę.

Do tamtej chwili na Białorusi ukształtowała się już pewna tradycja. Pierwszego dnia demonstracji i mityngów po wyborach parlamentarnych czy prezydenckich ludzi nie ruszano. Powodem nie był humanitaryzm reżimu, ale obecność w dniu wyborów wielu korespondentów zagranicznych, obserwatorów, polityków i deputowanych. Podły i tchórzliwy reżim bał się pokazać swoją prawdziwą twarz obcym telewizjom i zagranicznym politykom. Po wyjeździe gości zagranicznych – inna sprawa – można było tłuc pałkami do upadłego.

Postawiłem sobie dwa zadania: pozostać na Placu do końca, choćby nie wiem co się działo, i wystać całą noc. Poprzedni kandydaci na prezydentów ze strony opozycji, [Uładzimir] Hanczaryk i Milinkiewicz, zamierzali wcześniej opuścić protestujących ludzi, a tym samym pozbawić nas szans na zwycięstwo. Ważne było, aby pozostać na noc, dlatego że doświadczenia ukraińskiego Majdanu, w którym uczestniczyło wielu Białorusinów, pokazywały, że następnego dnia po wyborach liczba protestujących rośnie w postępie geometrycznym. Nazajutrz można by już było tworzyć wspólny sztab. Rozumieliśmy, że minimum 50 tysięcy Białorusinów, którzy wyszli 19 grudnia, to dopiero początek lawiny. Białorusini już tacy są, że potrzebują choćby krótkiego czasu, żeby się zorganizować.

Wiedział o tym Łukaszenko i dlatego skierował przeciwko nam całą swoją machinę represji tuż po wyborach.

Naród, opozycja i władze straciły realną szansę skierowania historii Białorusi na właściwe tory. Ale w historii dzień ten zapisał się jako dzień walki Białorusinów o wolność.

Miałem niedawno szczęście słuchać Andrzeja Wajdy, który opowiadał o Powstaniu Warszawskim 1944 roku. Legendarny reżyser przedstawił swój film dokumentalny o tym wydarzeniu. W spotkaniu uczestniczył także drugi reżyser, Andrzej Kotkowski. Opowiedział porażającą historię o swoim spotkaniu z powstańcem, który przeszedł piekło. Młody Polak został ciężko ranny. Jakimś cudem przedostał się na drugi brzeg Wisły, gdzie opuściły go siły i stracił na długo przytomność. Powinien umrzeć, ale po paru dniach znaleziono go w ruinach pod mostem. Trafił do szpitala. Został kaleką i jego leczenie zajęło dwa lata. Wyleczono go, ale zaraz trafił do stalinowskich łagrów na Syberii. W łagrach zabijano go jeszcze przez dziesięć lat. Wyszedł w 1956 roku, po XX Zjeździe KPZR, na którym zdemaskowano stalinizm. Reżyser Andrzej Kotkowski rozmawiał z powstańcem w latach dziewięćdziesiątych. Spytał starego okaleczonego człowieka, który ledwo przeżył: „Gdybyś wiedział, co będzie z tobą po powstaniu, czy dziś wziąłbyś w nim udział?". Weteran bez namysłu odpowiedział: „Nie wahałbym się ani sekundy. Przeżyłem wtedy najszczęśliwsze dni w życiu". Dyskusje o Powstaniu Warszawskim, jego celowości i szansach nie cichną w Polsce do dziś. Nikt nie kwestionuje jednak bohaterstwa jego uczestników.

Wydarzenia na Placu 19 grudnia 2010 roku w Mińsku były powstaniem, powstaniem pokojowym, absolutnie nieprzewidującym użycia siły z naszej strony i dlatego moralnie czystym, pełnym ofiar, ponieważ przeciwnik bez wahania zastosował przemoc wobec pokojowych manifestantów. Obserwująca to Europa postanowiła nie mieszać się w nadziei na „nawrócenie się" dyktatora po takiej lekcji. Stanęliśmy twarzą w twarz z tępą siłą zwierzęcego strachu tyrana Łukaszenki wobec przegranej w zorganizowanych przez niego wyborach.

Może się okazać, że wydarzenia z 2010 roku na Placu w Mińsku stały się ostatnią romantyczną akcją protestu przeciwko autorytaryzmowi i dyktaturze, mocno zakorzenionym na całym terytorium byłego ZSRR. Na ukraińskim Majdanie 2013–14 roku byli zabici, a obrońcy wolności zostali zmuszeni do przekroczenia granicy niesprzeciwiania się złu siłą.

Czasem wspominam wydarzenia na Placu. Były momenty trudne, kiedy przybiegali do nas jacyś nieznajomi ludzie, ewidentni prowokatorzy, którzy żądali, aby wydać rozkaz do szturmu na Dom Rządu.

Pamiętam także inne chwile. Do trybuny-pomnika Lenina, z której przeprowadzaliśmy mityng, dotarł nasz znany poeta Andrej Chadanowicz i zaczął coś krzyczeć z dołu. Schyliłem się, aby lepiej słyszeć:

– Panie Andreju, znajdzie się gitara?
– Co?
– Gitara.
– Jaka gitara?
– Jakakolwiek.
– Po co?
– Zaśpiewałbym.
– Można i bez gitary.
– No dobra, jak nie ma...

Wydawało mi się to trochę nie w porę, ale poprosiłem, by przepuścili Chadanowicza na trybunę. Andrej wdrapał się na pomnik i postukując dłonią w rękawiczce to w leninowską trybunę, to w siebie samego, zaczął śpiewać pieśń *Mury*:

Wyrwij murom zęby krat,
Zerwij kajdany, połam bat,
A mury runą, runą, runą
I pogrzebią stary świat!

Ta katalońska pieśń z lat sześćdziesiątych stała się jednym z hymnów polskiej „Solidarności". Andrej przetłumaczył ją na białoruski. Jego wykonanie trudno było nazwać śpiewem, raczej próbą melorecytacji. Ale było to bardzo potrzebne. Takie chwile zapamiętuje się na całe życie. Widać było, że Chadanowicz bardzo chce rzucić tę pieśń w masy, podarować ją Placowi. Jego wiara i siła były zaraźliwe. Ludzie na Placu odpowiedzieli. Podchwycili pieśń. Pozornie niezręczna z początku prośba o gitarę przekształciła się w jedną z najbardziej podniosłych chwil na Placu.

Nawet po tym, jak w Domu Rządu zaczęto rozbijać szyby, absolutna większość uczestników mityngu nie dała się sprowokować. Ludzie stali obok budynku rządowego i skandowali: „Milicja z narodem!" i „Jesteśmy jednym narodem!". Wtedy z Domu Rządu wyskoczyli specnazowcy i zaczęli bić pierwsze szeregi demonstrantów, po czym wycofali się.

Kandydaci na prezydentów, w tym ja, wezwali zebranych, aby nie dali się sprowokować. Podjęto rezolucję, w której mówiło się o konieczności rozpoczęcia rozmów opozycji z rządem na temat wyjścia z sytuacji kryzysowej. W tym momencie wezwano nas do Domu Rządu na rozmowy z dowództwem milicji. Na placu przed Domem Rządu ludzie zrobili przejście. Razem z Mikołą Statkiewiczem poszliśmy w stronę budynku. Podeszliśmy do drzwi, zaczęliśmy przez rozbite szyby wzywać dowódców. Odpowiedziało nam milczenie.

Bardzo dobrze pamiętam oczy specnazowca po tamtej stronie rozbitych drzwi. Widać było tylko oczy, od góry hełm, od dołu tarcza. Oczy przestraszone.

Nikogo się nie doczekaliśmy, obejrzeliśmy się ze zdumieniem i odeszliśmy od drzwi. Zanim wróciliśmy, prowokacja z wybijaniem szyb została zażegnana. Kandydaci na prezydenta zaapelowali do ludzi o zachowanie spokoju, a nas wezwano na rozmowy.

Sytuacja na Placu była pod pełną kontrolą.

W tym momencie dyktatura zaatakowała. Bez powodu, z czystej podłości. Zaczęła się bitwa. Omonowcy i specnazowcy dosłownie dostali szału. Bili ludzi pałkami jak bydło, nie patrząc na nic. Kopali nogami w ciężkich buciorach, spychali ciężkimi stalowymi tarczami.

W pewnym momencie razem z Irą i Leonidem Nawickim, który mnie osłaniał, znaleźliśmy się jak gdyby w próżni. Przed nami rząd specnazowców, uderzających pałkami po tarczach. Z tyłu OMON[71], który urządził prawdziwą rzeźnię.

Instynkt samozachowawczy i logika podpowiadały, że trzeba się wydostać z tej pułapki. Pomyślałem, że jeśli zawrócę, będzie koniec. Jestem kandydatem na prezydenta, pokażę plecy – zdradzę siebie i ludzi.

Zrobiłem krok w stronę tarcz...

POSŁOWIE

Z kolonii wyszedłem 14 kwietnia 2012. Białorusią jak dawniej rządził Łukaszenko, kraj nadal czekał na lepsze czasy.
Przyjechałem do domu jeszcze przesiąknięty więzieniem, jeszcze nie mogłem uwierzyć, że jestem na wolności, ale już nie byłem w niewoli. Cieszyłem się, że wróciłem w nocy, nie chciałem, żeby pięcioletni Dańka zobaczył mnie w takim stanie. Szybkie przejście z trzydziestoosobowego baraku do własnego mieszkania spowodowało dziwne uczucie powrotu do przeszłości, która już do mnie nie należała.
W pierwszych dniach mało rozmawialiśmy z Irą. Tak często z nią rozmawiałem w myślach, iż wydawało się, że wszystko już powiedziałem. Ona także. Każde z nas z przyzwyczajenia prowadziło rozmowy wewnętrzne. Kiedy jednak wróciliśmy do rzeczywistości, nie mogliśmy się nagadać.
Dańka następnego dnia po moim powrocie przede wszystkim ostrożnie przejechał mi paluszkiem po policzkach i podbródku.

Pamiętał ojca z brodą. A ja byłem teraz bez brody, w kolonii jest ona zabroniona, ale szczecina już zaczęła odrastać. Przekonawszy się, że broda odrasta, Dańka uspokoił się, uwierzył, że ten wychudły poczerniały dziad naprawdę może być jego tatą.

Nazajutrz zwolniono Żmiciera Bandarenkę. W następnym dniu zorganizowaliśmy konferencję prasową. Przyszło dużo ludzi. Opowiedzieliśmy o swoim uwięzieniu, wezwaliśmy do jeszcze większej solidarności z więźniami politycznymi. Stwierdziliśmy, że cały kraj jest obozem koncentracyjnym. To wystarczyło, aby Łukaszenko wyszedł z siebie. Po paru dniach we wszystkich programach telewizyjnych, a potem w gazetach zagroził nam, że wyśle nas z powrotem do kolonii, jeśli nie będziemy milczeć. Strach nie opuszczał dyktatora.

Pierwsze dni na wolności nie należały do łatwych. Po wymuszonej izolacji w więzieniu i koloniach trudno było, wychodząc z domu, pogodzić się z tym, że wiele osób mnie rozpoznaje. Miałem wrażenie, że kampania wyborcza trwa nadal – nieznajomi ludzie podchodzili, witali się, zaczynali rozmowy, proponowali pomoc. Wielu mówiło, że głosowali na mnie z całymi rodzinami.

Nie oczekiwałem takiego zainteresowania, ale było ono cennym potwierdzeniem słuszności naszych działań. Prowadziliśmy kampanię uczciwą, chcąc wyprowadzić Białoruś ze ślepego zaułka, i byliśmy blisko celu. Łukaszenko przegrał wybory, ale władzę utrzymał. Po raz kolejny uratował go Kreml, przyznając na ratunek reżimu w końcu 2011 roku osiem miliardów dolarów. Kreml ratował swoich, wspierał pokrewny, dyktatorski reżim.

Dało się zauważyć, że po Placu 2010 roku w Rosji uległy przyspieszeniu procesy powielania metod Łukaszenki: sprawy karne przeciwko opozycji, zamykanie niezależnych mediów, „punktowe" represje przeciwko mącicielom spokoju, wyproszenie z kraju organizacji zachodnich. Śmieszne było, że judoka Putin, idąc w ślady swego białoruskiego pobratymca, zaczął także grać w hokeja.

Putin szybko przeszedł drogę Łukaszenki. Przekonawszy się o efektywności i funkcjonalności złowieszczego modelu dyktatury, a także o braku reakcji Zachodu, przystąpił do realizacji swoich krwawych planów – rozpętał wojnę na Ukrainie, mierząc przy tym w Europę.

Wydarzenia na kijowskim Majdanie i i rosyjska agresja na Ukrainie zastały mnie za granicą, na emigracji. Decyzja o wyjeździe była najtrudniejszą sprawą w moim życiu. Na tej wymuszonej emigracji znalazło się też wielu moich przyjaciół, członków naszej ekipy wyborczej. Wyrwaliśmy się spod „klosza" KGB, aby kontynuować nasze działania, żeby pomóc Białorusi odzyskać wolność.

Rana zadana mojemu krajowi 19 grudnia 2010 roku, w dniu wyborów prezydenckich, nie zagoiła się do dziś. Żywa jest jednak także wiara w skrywane przez ludzi dążenie do wolności.

„Ostatnia dyktatura Europy" z pewnością upadnie, a Europa stanie się wolna. Wspólna i wolna Europa nie jest możliwa bez wolnej Białorusi, bez nas jest ona niepełna.

Mińsk–Londyn–Warszawa, 2010–2015

PRZYPISY

1/ Mowa o wielotysięcznej demonstracji 19 grudnia 2010 na placu Niepodległości w Mińsku przeciwko sfałszowaniu wyników wyborów, podczas której aresztowano wielu działaczy opozycji białoruskiej, w tym Autora.

2/ Iryna Chalip (ur. 1967) – białoruska dziennikarka, korespondentka rosyjskiej „Nowej Gaziety", laureatka wielu nagród dziennikarskich. Aresztowana 19 grudnia 2010, spędziła półtora miesiąca w więzieniu KGB i 4 miesiące w areszcie domowym, w maju 2011 skazana na 2 lata pozbawienia wolności w zawieszeniu (musiała przez ten czas m.in. co tydzień meldować się w komendzie milicji, po 22.00 nie wolno jej było wychodzić z domu, nie mogła opuszczać terenu Białorusi). W 2013 roku uhonorowana brytyjską nagrodą PEN/Pinter (przyznawaną osobom, których życie było zagrożone w wyniku głoszonych przez nie przekonań).

3/ Karta '97 (biał. Chartyja '97) – białoruska inicjatywa obywatelska na rzecz obrony praw człowieka i zjednoczenia sił opozycyjnych wobec władzy prezydenta Aleksandra Łukaszenki. Została ogłoszona 10 listopada 1997, jej inicjatorami byli dziennikarze niezależnych mediów, w skład komitetu organizacyjnego inicjatywy w różnych okresach wchodzili m.in. Andrej Sannikau, Wiktar Iwaszkiewicz, Piotr Marcau, Jury Chaszczawacki, Alaksandr Milinkiewicz, Uładzimir Mackiewicz. Obecnie opozycyjny portal charter97.org jest jednym z najbardziej popularnych niezależnych portali internetowych na Białorusi.

4/ Żmicier Bandarenka (ur. 1963) – białoruski działacz społeczny i polityczny, koordynator kampanii obywatelskiej Europejska Białoruś, podczas wyborów 2010 szef kampanii Andreja Sannikowa, przyjaciel Autora. Aresztowany 20 grudnia 2010 i skazany na 2 lata kolonii karnej. Obecnie wraz z rodziną przebywa w Polsce.

5/ Natalla Radzina (ur. 1979) – obecnie redaktor naczelna serwisu internetowego charter97.org. Została aresztowana w jego siedzibie w Mińsku w nocy 19 grudnia 2010. Zwolniona miesiąc później, po złożeniu zobowiązania o nieopuszczaniu Białorusi. Udało jej się potajemnie wyjechać do Litwy. Obecnie mieszka w Warszawie.

6/ Stanisłau Szuszkiewicz (ur. 1934) – białoruski polityk, profesor fizyki (kierownik Katedry Fizyki Jądrowej i Elektroniki Białoruskiego Uniwersytetu Państwowego). W latach 1991–94 przewodniczący Rady Najwyższej Republiki Białorusi, współtwórca i sygnatariusz Wspólnoty Niepodległych Państw. Od 1998 roku przewodniczący Białoruskiej Socjaldemokratycznej Gromady.

7/ W pałacyku rządowym dla prominentnych działaczy sowieckich w Wiskulach (kilka kilometrów od granicy z Polską, w Puszczy Białowieskiej) 8 grudnia 1991 przywódcy republik: rosyjskiej (Borys Jelcyn), ukraińskiej (Leonid Krawczuk) i białoruskiej zawarli układ białowieski, który głosił, że Związek Socjalistycznych Republik Radzieckich przestał istnieć, a na jego miejsce suwerenne kraje powołują WNP.

8/ Alaksandr Milinkiewicz (ur. 1947) – matematyk i fizyk; wiceburmistrz Grodna w latach 1990–96. Wspólny kandydat sił opozycyjnych w wyborach prezydenckich w 2006 roku. 3 maja 2010 ogłosił start w wyborach prezydenckich, później jednak zrezygnował i poparł kandydaturę Ryhora Kastusiowa. Obecnie stoi na czele Ruchu Społecznego „O Wolność".

9/ Aleh Biabenin (1974–2010) – białoruski dziennikarz, opozycjonista, założyciel (1998) i redaktor strony internetowej charter97.org. Zmarł tuż przed wyborami prezydenckimi (2 lub 3 września 2010), istnieją podejrzenia, że został zabity.

10/ „Gazeta Wyborcza" nr 274 z 25 listopada 2003.

11/ Leanid Małachau (ur. 1965) – działacz społeczny, przedsiębiorca; przewodniczący Ogólnopaństwowego Społecznego Stowarzyszenia „Własność Prywatna".

12/ Alaksandr Wasilieu (ur. 1946) – przedsiębiorca, wiceprzewodniczący Ogólnobiałoruskiego Komitetu Strajkowego Przedsiębiorców, skazany na 2 lata pobytu w kolonii karnej za „obrazę prezydenta". San Sanycz – skrót od Aleksandr Aleksandrawicz.

13/ Młody Front (biał. Małady Front) – międzynarodowy ruch młodzieży białoruskiej (powstał w 1997 roku, oficjalnie zarejestrowany w Czechach), promujący wartości demokratyczne. Białoruski Ruch Oporu „Żubr" (biał. Biełaruski Ruch Supraciwu „Zubr") – działająca w latach 2001–06 organizacja młodzieżowa, opozycyjna wobec prezydenta Aleksandra Łukaszenki.

14/ Uładzimir Kobiec (ur. 1971) – działacz społeczny i polityczny, m.in. współorganizator ruchu „Żubr".

15/ Alaksandr Atroszczankau (ur. 1981) – sekretarz prasowy sztabu wyborczego Andreja Sannikowa.

16/ Biał.: Biełaruski Narodny Front – opozycyjne ugrupowanie polityczne o programie konserwatywnym, założone w 1988 roku (pierwotnie jako organizacja społeczna pod nazwą Białoruski Front Ludowy na rzecz Pieriestrojki „Odrodzenie").

17/ Fiodar Pauluczenka – redaktor białoruskiego portalu informacyjnego electroname.com.

18/ Tekst napisany w grudniu 2010. (Przyp. Aut.)

19/ Łukaszenko. (Przyp. Aut.)

20/ Wiktor Szejman (ur. 1958) – wojskowy, polityk, jeden z najbliższych współpracowników Aleksandra Łukaszenki, główny podejrzany o zlecanie porwań i zabójstw jego przeciwników politycznych.

21/ Źmicier Zawadzki (ur. 1972) – dziennikarz i operator telewizyjny, w latach 1994–97 osobisty kamerzysta Łukaszenki. Zaginął w lipcu 2000, w 2001 roku skazano za jego porwanie cztery osoby (trzech byłych funkcjonariuszy służb i jednego kryminalistę), ale nie wyjaśniono jego losu.

22/ Hienadź Karpienka (1949–1999) – polityk opozycyjny, wiceprzewodniczący parlamentu, w latach 1996–99 przewodniczący Narodowego Komitetu Wykonawczego (białoruskiego „gabinetu cieni"). Zdaniem działaczy opozycji zmarł w nie do końca wyjaśnionych okolicznościach, niewykluczone, że w wyniku zabójstwa.

23/ Komitet „Współpraca Obywatelska" – rosyjska organizacja humanitarna, wspierająca uchodźców i migrantów, powstała w 1990 roku.

24/ Mikoła Statkiewicz (ur. 1956) – lider opozycyjnej Białoruskiej Partii Socjaldemokratycznej (Narodnaja Hramada), jeden z niezależnych kandydatów w wyborach prezydenckich w 2010 roku. Aresztowany 19 grudnia, w maju 2011 skazany na 6 lat pozbawienia wolności, zwolniony w sierpniu 2015.

25/ Anastasija Daszkiewicz (z d. Pałażanka, ur. 1990) – działaczka młodzieżowa, wiceprzewodnicząca organizacji Młody Front (2008–14), od 2014 członkini ruchu Mów Prawdę! (Hawary Praudu!). W nocy z 19 na 20 grudnia 2010 aresztowana, skazana 20 maja 2011 na rok pozbawienia wolności w zawieszeniu.

26/ We wrześniu 2011. (Przyp. Aut.)

27/ Tzn. w więziennych spacerniakach.

28/ Wadim Zajcew (ur. 1964) – generał, przewodniczący Komitetu Bezpieczeństwa Państwowego Republiki Białorusi w latach 2008–12. Główny inicjator rozkazów skutkujących bezprawnym nękaniem opozycji demokratycznej, torturami oraz okrutnym traktowaniem więźniów. Był odpowiedzialny za upowszechnianie za pośrednictwem mediów fałszywych informacji o demonstrantach z 19 grudnia 2010.

29/ Władimir Gusinski (ur. 1952), Boris Bieriezowski (1946–2013) – rosyjscy oligarchowie, prześladowani przez władze putinowskie.

30/ Uładzimir Niaklajeu (ur. 1946) – działacz społeczno-polityczny, poeta, prozaik, laureat wielu nagród za twórczość literacką. Od lutego 2010 szef ruchu Mów Prawdę!, kandydat na prezydenta Białorusi w 2010 roku. W dniu wyborów pobity do nieprzytomności, a następnie porwany ze szpitala, osadzony w areszcie śledczym KGB.

31/ Aleh Manajeu (ur. 1952) – profesor socjologii, autor licznych prac na temat środków masowego przekazu, społeczeństwa obywatelskiego, założyciel NIESPI

(Niezawisimyj Institut Ekonomiczeskich i Socyalno-Politiczeskich Issledowanij) – Niezależnego Instytutu Badań Ekonomicznych i Społeczno-Politycznych. (W 2005 roku był zmuszony zarejestrować Instytut na terenie Litwy, na Białorusi działa on teraz jako grupa prywatnych ekspertów.)

32/ Ryhor Baradulin (1935–2014) – wybitny białoruski poeta, eseista i tłumacz, działacz ruchu narodowego.

33/ Dwaj studenci Fiodar Mirzajanau i Ilja Wasiljewicz zostali skazani na 3 lata pozbawienia wolności, działacz kampanii Mów Prawdę! Aleh Hniedczyk – na 3,5 roku, aktywista Młodego Frontu Uładzimir Jaromienak – na 3 lata. Wszystkich zwolniono we wrześniu 2011.

34/ Aleś Kirkiewicz (ur. 1989) – zastępca przewodniczącego Młodego Frontu. Aresztowany 19 grudnia 2010, skazany na 4 lata pozbawienia wolności. 1 września 2011 ułaskawiony i uwolniony.

35/ Alaksandr Bialacki (ur. 1962) – działacz społeczny, polityk i obrońca praw człowieka; m.in. szef Centrum Praw Człowieka „Wiasna".

36/ Walancin Hołubieu (ur. 1955) – historyk i polityk; w latach 1990–95 deputowany do białoruskiej Rady Najwyższej; członek Białoruskiego Frontu Ludowego.

37/ Ludmiła Hraznowa (ur. 1953) – ekonomistka i polityk, deputowana do białoruskiej Rady Najwyższej, wiceprzewodnicząca opozycyjnej Zjednoczonej Partii Obywatelskiej.

38/ Etap – w terminologii więziennej określenie transportów między miejscami uwięzienia i areszty lub więzienia przesyłowe.

39/ „Stołypin" – wagon podobny do pasażerskiego z przedziałami, kratami zamiast drzwi i pomieszczeniem dla strażników. (Nazwa pochodzi od nazwiska Piotra Stołypina, który wprowadził na początku XX wieku wagony do transportu rodzin chłopskich z bydłem na Syberię, przerobione po rewolucji bolszewickiej na więźniarki.)

40/ Mikita Lichawid (ur. 1990) – działacz Ruchu Społecznego „O Wolność". Zatrzymany 19 grudnia 2010 na placu Niepodległości, skazany na 3,5 roku pozbawienia wolności w kolonii o zaostrzonym rygorze. Wyrok odbywał w kolonii karnej nr 10 w Nowopołocku. Ułaskawiony 14 września 2011.

41/ „Szwadronem śmierci" nazywano jednostkę sformowaną z funkcjonariuszy Specjalnego Oddziału Szybkiego Reagowania. Wasiljew odbywał karę 21 lat pozbawienia wolności za morderstwo.

42/ Kolonia karna nr 10 w Nowopołocku – jedna z najcięższych na Białorusi.

43/ Tzn. kolonię karną.

44/ *Zek* – więzień, słowo pochodzi od rosyjskiego terminu *zakluczonnyj kanałoarmiejec* (po raz pierwszy to określenie pojawiło się w latach 20. w związku z budową Kanału Białomorsko-Bałtyckiego przez więźniów Gułagu), zapisywanego skrótowo z/k.

45/ Juryj Zacharanka (ur. 1952) – w latach 1994–95 minister spraw wewnętrznych Białorusi; od 1996 roku związany z opozycją. 7 maja 1999 porwany przez nieznanych sprawców i do dziś nieodnaleziony.

46/ Wiktar Hanczar (ur. 1957) – od 1994 roku wicepremier ds. gospodarki, w 1995 szef Centralnej Komisji Wyborczej, od 1996 roku działacz opozycji. Zaginął bez wieści, ostatni raz widziany w Mińsku 16 września 1999 z Anatolem Krasouskim (ur. 1952; biznesmen, pedagog, polityk opozycyjny). Do dziś ich sprawy nie zostały zamknięte.

47/ Ogólnonarodową kampanię społeczną Europejska Białoruś, której celem jest wprowadzenie Białorusi do Unii Europejskiej, powołał w 2008 roku Andrej Sannikau wraz z Mikałajem Statkiewiczem, Wiktarem Iwaszkiewiczem, Michaiłem Maryniczem.

48/ Siarhiej Kawalenka (ur. 1976) – działacz społeczny, członek Białoruskiego Frontu Ludowego.

49/ Siarhiej Parsiukiewicz (ur. 1967) – były major milicji, przedsiębiorca, przewodniczący Rady Indywidualnych Przedsiębiorców „Smoleński Rynek" w Witebsku. Skazany na 2,5 roku pozbawienia wolności w ramach represji za działalność opozycyjną.

50/ Ruś Siedząca – rosyjska niezależna organizacja pozarządowa, broniąca praw więźniów i walcząca z korupcją w systemie penitencjarnym, założona przez Olgę Romanową.

51/ Więźniowie polityczni w okresie ZSRR: Natalia Gorbaniewska (1936–2013) – poetka, dziennikarka, tłumaczka literatury polskiej; posiadała obywatelstwo polskie. Władimir Bukowski (ur. 1942) – pisarz, obrońca praw człowieka. Boris Pustyncew (1935–2014) – tłumacz, obrońca praw człowieka.

52/ RJN, Rosyjska Jedność Narodowa – skrajnie nacjonalistyczna organizacja prorosyjska.

53/ Michaił Chodorkowski (szef koncernu naftowego Jukos, uważany za najbogatszego człowieka w Rosji) i Płaton Lebiediew (członek zarządu Jukosu) zostali skazani na ponad 10 lat pobytu w kolonii karnej – formalnie za nadużycia gospodarcze, faktycznie – za krytykę władz putinowskich.

54/ Boris Niemcow (ur. 1959) – rosyjski polityk, działacz demokratyczny, obrońca praw człowieka. 27 lutego 2015 został zastrzelony w centrum Moskwy przez nieznanych sprawców.

55/ Pavol Demeš (ur. 1956) – słowacki naukowiec, urzędnik państwowy, polityk i działacz społeczny, minister stosunków międzynarodowych Republiki Słowackiej w latach 1991–92. Joerg Forbrig – ekspert Niemieckiej Fundacji Marshalla Stanów Zjednoczonych, dyrektor Funduszu na rzecz Białoruskiej Demokracji.

56/ „Nowaja Gazieta" – pismo o profilu liberalnym, ukazujące się w Moskwie, wybranych regionach Rosji i poza jej granicami.

57/ 14 maja 1995 na Białorusi odbyło się referendum, w którym obywatelom zadano cztery pytania, m.in. o zmianę symboli państwowych. Za zmianą, według oficjalnych danych, było ponad 75 procent głosujących (zdaniem niezależnych obserwatorów, wyniki referendum zostały sfałszowane). Dotychczasowy herb z Pogonią i flagę biało-czerwono-białą zastąpiono godłem opartym na istniejącym przed 1991 rokiem symbolu Białoruskiej Socjalistycznej Republiki Radzieckiej.

58/ Lawon Barszczeuski (ur. 1958) – filolog, tłumacz, pisarz, poeta i polityk. W latach 1990–95 deputowany do Rady Najwyższej, członek BNF, w latach 2007–09 jego przewodniczący (w lutym 2011 opuścił partię).

59/ Alaksandr Kazulin (ur. 1955) – polityk, do 2008 roku szef opozycyjnej Białoruskiej Partii Socjaldemokratycznej Hramada, kandydat w wyborach prezydenckich 2006 roku.

60/ Ryhor Kastusiou (ur. 1957) – działacz BNF, kandydat na urząd prezydenta Białorusi w 2010 roku.

61/ Wital Rymaszeuski (ur. 1975) – polityk, współprzewodniczący opozycyjnej partii Białoruska Chrześcijańska Demokracja, kandydat w wyborach prezydenckich 2010. Podczas demonstracji 19 grudnia pobity przez służby bezpieczeństwa, aresztowany podczas opuszczania szpitala. 20 maja 2011 skazany na 2 lata pozbawienia wolności w zawieszeniu.

62/ Paweł Siewiaryniec (ur. 1976) – dziennikarz, publicysta, polityk. W latach 1999–2003 wiceprzewodniczący BNF, w latach 1999–2004 przewodniczący Młodego Frontu, obecnie przewodniczący komitetu organizacyjnego Białoruskiej Demokracji Chrześcijańskiej.

63/ Wiktar Ciareszczanka (ur. 1950) – deputowany do Rady Najwyższej, kandydat nauk ekonomicznych. Podejmował próby startowania w wyborach prezydenckich w latach 1994 i 2001, kandydat na prezydenta w wyborach 2010 roku.

64/ Zjednoczona Partia Obywatelska – liberalno-demokratyczna i konserwatywna partia polityczna, opozycyjna wobec reżimu Aleksandra Łukaszenki, założona w 1995 roku.

65/ Jarosław Romańczuk (ur. 1966) – polityk, ekonomista, założyciel i przewodniczący Centrum Naukowo-Badawczego im. Misesa, kandydat na prezydenta Białorusi w 2010 roku.

66/ Lidzija Jermoszyna (ur. 1953) – prawniczka, działaczka państwowa, przewodnicząca Centralnej Komisji ds. Wyborów i Prowadzenia Republikańskich Referendów Republiki Białorusi. Objęta sankcjami Unii Europejskiej za fałszowanie wyborów.

67/ Chodzi o Hugo Cháveza (1954–2013) – autokratycznego prezydenta Wenezueli.

68/ Drozdy – strzeżona przez służbę bezpieczeństwa wieś pod Mińskiem, w której swoje domy mają tylko Aleksandr Łukaszenko i zaufani, najwyżsi rangą przedstawiciele białoruskiej elity rządzącej, m.in. szef Rady Bezpieczeństwa, ministrowie, przewodniczący obu izb parlamentu, funkcjonariusze służb specjalnych.

69/ BRZM, Białoruski Republikański Związek Młodzieży – organizacja prorządowa.

70/ Wincenty Konstanty Kalinowski (1838–1864) – dziennikarz, prawnik, rewolucjonista (uczestnik powstania styczniowego, bohater narodowy Białorusi, Polski i Litwy).

71/ Rządowe jednostki specjalne.

SPIS TREŚCI

Od Wydawcy	4
Idź i pozostań człowiekiem	8
Swietłana Aleksijewicz	
Przedmowa	11
Sfora	14
Początek	20
Ekipa	27
Aleh	36
Amerykanka	46
Anonimowy świadek	49
Tortury w Amerykance	58
Aleś Michalewicz	58
Ihar Aliniewicz	61
Natalla Radzina	65
Wład Kobiec	72

Damski „Stalin"	79
Histeryczny klawisz	85
Człowiek bez nazwiska	91
Pozostali śledczy	95
Wybuch w metrze	106
Proces jak łyk wolności	112
Ostatnie słowo	122
Wołodarka	128
Pozostaję kandydatem na prezydenta	131
„Dziesiątka"	134
Totalne bezprawie	153
Solidarny bunt	162
Otrucie	168
Izolacja	173
Zwolnienie	179
Żyć nie umierać	182
Bajki	184
Haiku	191
Nowa ziemia	195
Rodzina	197
Przyjaciele	209
Dlaczego poszedłem w prezydenty	223
Kampania wyborcza	230
W poszukiwaniu sojuszników	234
Startujemy	239
Wyzwanie rzucone dyktaturze	244
Spotkania z wyborcami	260
Prasa	266
Plac, 19 grudnia 2010	272
Posłowie	280
Przypisy	283

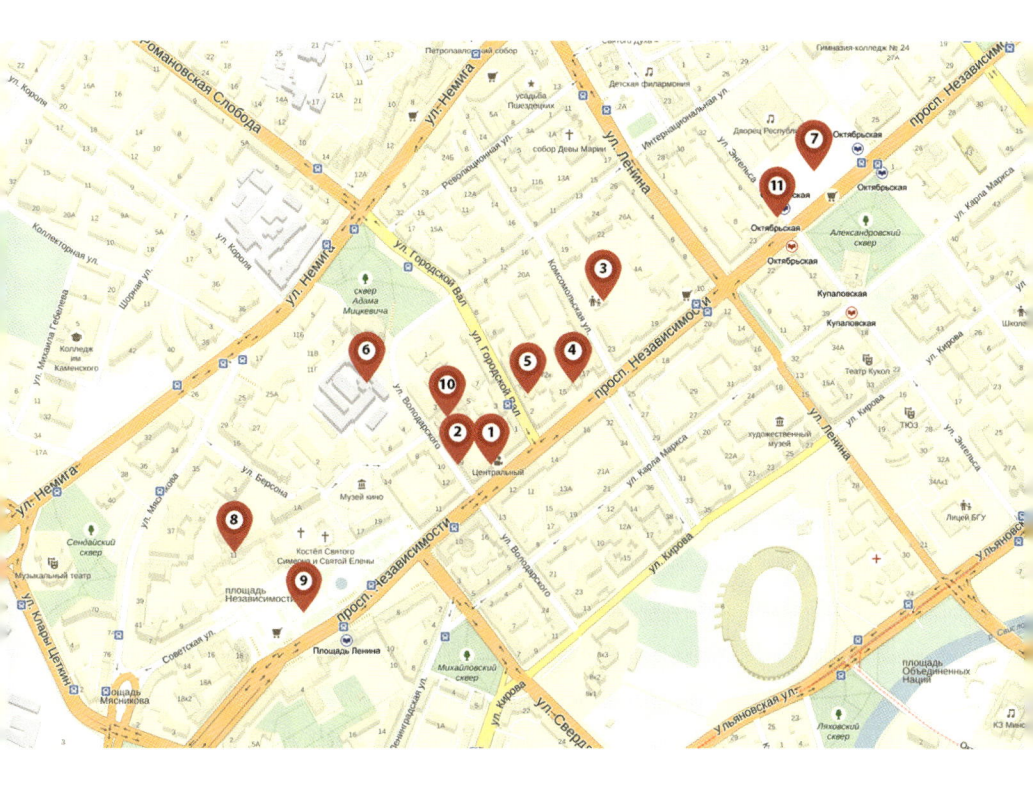

Centrum Mińska:
1. Dom pod nr. 13, w którym mieszkał Autor, mieściło się tam również kino „Centralne"
2. Szpital Położniczy nr 1, w którym urodził się Autor
3. Szkoła nr 42
4. Siedziba MSW i KGB
5. Więzienie Amerykanka
6. Więzienie Wołodarka
7. Plac Październikowy (biał. Kastrycznickaja, ros. Oktiabrskaja, dawniej Centralny)
8. Dom Rządu
9. Plac Niepodległości (biał. Płoszcza Niezależnasci)
10. Rosyjski Teatr im. Gorkiego (dawna synagoga)
11. Stacja metra Kastrycznickaja (ros. Oktiabrskaja), gdzie 11 kwietnia 2011 miał miejsce zamach bombowy

Warszawa, 2004. Andrej Sannikau z Janem Nowakiem
Jeziorańskim (Zdjęcia bez podanego autora pochodzą
ze zbiorów prywatnych Andreja Sannikowa)

Bruksela, 2007. Z Bronisławem Geremkiem.
Fot. Pavol Demeš

Gdańsk, 2009. Spotkanie u Lecha Wałęsy
ze Stanisławem Szuszkiewiczem i Żmicierem Bandarenką

Z Andrzejem Wajdą

Mińsk, 2005. Podczas demonstracji opozycji:
„Alehowi Biabeninowi podobało się to zdjęcie.
Ładnie idziemy – mówił"

Mińsk, 2008. „Znów nas rozpędzają" – na prawo od Andreja Sannikowa: jego żona Iryna Chalip, Natalla Kalada, Aleh Biabenin

Mińsk, 2006. Żmicier Bandarenka
wyprowadzany z placu Niepodległości

Mińsk, 1999. Andrej Sannikau z Alehem Biabeninem
i Żmicierem Bandarenką podczas konferencji prasowej
po napaści na nich przez członków Rosyjskiej Jedności
Narodowej. Fot. Uładzimir Karmiłkin

Mińsk, 2010. Z żoną Iryną Chalip
podczas akcji protestacyjnej
upamiętniającej zaginionych opozycjonistów

Wilno, 2010. Talk show „Forum", w czasie którego Andrej Sannikau ogłosił decyzję o starcie w wyborach prezydenckich; po jego prawej siedzą: Wincuk Wiaczorka, Stanisłau Szuszkiewicz, Siarhiej Kalakin

Mińsk, 2010. Podczas zbierania podpisów
w czasie kampanii wyborczej

Andrej Sannikau z żoną Iryną Chalip
i synem Dańką: „To rodzinne zdjęcie wybrał
do kampanii prezydenckiej Aleh Biabenin"

Mińsk, listopad 2010. Na posiedzeniu Centralnej
Komisji Wyborczej z Wiktarem Iwaszkiewiczem

Mińsk, 19 grudnia 2010. W dniu wyborów:
„Głosujemy całą rodziną"

Mińsk, plac Niepodległości, 19 grudnia 2010.
Napis na transparencie: „Czas wymienić łysą gumę"

Mińsk, plac Niepodległości, 19 grudnia 2010.
Fot. Maria Söderberg

Mińsk, plac Niepodległości,
19 grudnia 2010

Mińsk, plac Niepodległości, 19 grudnia 2010.
Na pierwszym planie – Natalla Radzina.
Fot. Pavol Demeš

Mińsk, plac Niepodległości, 19 grudnia 2010.
Fot. Pavol Demeš

Mińsk, więzienie Amerykanka

„Maski" – specjalny oddział
służb więziennych w Amerykance

Mińsk, kwiecień 2011. Andrej Sannikau
podczas rozprawy sądowej

Mińsk, maj 2011. Iryna Chalip, po ogłoszeniu wyroku
w jej sprawie, ze swoimi rodzicami – Lucyną i Uładzimirem

Mińsk, grudzień 2011. Konferencja prasowa żon więźniów politycznych, od lewej: Iryna Chalip, Maryna Adamowicz, Olga Bandarenka

Mińsk, 2011. Żmicier Bandarenka
podczas rozprawy sądowej

Mińsk, 2011. Matka Andreja Sannikowa – Ałła.
Fot. Andrej Dubynin

Londyn, 2011. Siostra Andreja Sannikowa
– Iryna Bogdanowa

Mińsk, 2011. Żona Andreja Sannikowa – Iryna Chalip.
Fot. Andrej Dubynin

„To prorocze zdjęcie fotografik Igor Ganża wykonał miesiąc przed wyborami. Robi dokładnie wrażenie, że jestem w pojedynce, z więziennym kubkiem"

Moskwa, 2010. Protest pod ambasadą białoruską, od prawej: Marina Tokariewa, Aleksandr Ryłkin, Boris Niemcow

Londyn, 2011. Protest przeciwko prześladowaniom politycznym pod ambasadą białoruską, na zdjęciu: Jude Law, Kevin Spacey, Iryna Bogdanowa (z prawej), Natalla Kalada

Mińsk, kwiecień 2012. Po zwolnieniu w drodze
na konferencję prasową ze Żmicierem Bandarenką

Wilno, 2012. Wkrótce po zwolnieniu z Borisem Niemcowem, Natallą Radziną i litewskim parlamentarzystą Emanuelisem Zingerisem

Londyn, 2013. „Opowiedziałem Judowi Law
o zdarzeniu w KGB z jego filmem"

Liberec (Czechy), maj 2013. Z René Lewinskim,
autorem spektaklu *Przelecieć przez tęczę* – inscenizacji
opowiadań pisanych w więzieniu przez Andreja
Sannikowa, po premierze przedstawienia

Warszawa, 2015. Z Pavlem Demešem i Mikołą Statkiewiczem (zwolnionym z więzienia dwa miesiące wcześniej) na konferencji OBWE. Fot. Iwan Mieżuj